U0369635

华章经典·金融投资

短线狙击手
高胜率短线交易秘诀

SNIPER TRADING

Essential Short-Term Money-Making Secrets
for Trading Stocks, Options and Futures

［美］乔治·安杰尔 著　金鞠 译
GEORGE ANGELL

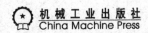
机械工业出版社
China Machine Press

图书在版编目（CIP）数据

短线狙击手：高胜率短线交易秘诀 /（美）乔治·安杰尔（George Angell）著；金鞠译. 一北京：机械工业出版社，2020.9（2024.12 重印）

（华章经典·金融投资）

书名原文：Sniper Trading: Essential Short-Term Money-Making Secrets for Trading Stocks, Options and Futures

ISBN 978-7-111-66382-9

I. 短… II. ① 乔… ② 金… III. 股票交易 – 基本知识 IV. F830.91

中国版本图书馆 CIP 数据核字（2020）第 166032 号

北京市版权局著作权合同登记　图字：01-2020-3854 号。

George Angell. Sniper Trading: Essential Short-Term Money-Making Secrets for Trading Stocks, Options and Futures.

ISBN 0-471-39422-X

短线狙击手：高胜率短线交易秘诀

出版发行：机械工业出版社（北京市西城区百万庄大街 22 号　邮政编码：100037）	
责任编辑：赵陈碑	责任校对：殷　虹
印　　刷：北京虎彩文化传播有限公司	版　　次：2024 年 12 月第 1 版第 5 次印刷
开　　本：170mm×230mm　1/16	印　　张：18.75
书　　号：ISBN 978-7-111-66382-9	定　　价：79.00 元

客服电话：（010）88361066　68326294

　　交易，正如作者所说，是城里节奏最快的游戏。来到市场，看到时时刻刻上下翻飞的 K 线，便立刻能感觉到此处生机勃勃，处处萌动着希望，财富在交易者间飞快地转移，盈亏的大起大落令人肾上腺素飙升，似乎得交易者便得天下。于是交易者纷纷"以智力相雄长"，然而，几家欢喜几家愁，每天都有无数悲喜剧在上演。

　　表面上看，交易者都在分析市场，开单做多做空，但进一步分析可将交易者分为两类：不知道自己在干什么的交易者和知道自己在干什么的交易者。前者被称为"韭菜"，能够享受开仓的乐趣；后者被称为"镰刀"，能够享受平仓的乐趣。

　　每一棵"韭菜"都有成为"镰刀"的梦想，但除了少数天赋异禀的天才之外，绝大多数人都需要多年的苦心学习、实践才能打磨好交易这门手艺。本书便是为有志于交易事业的准交易者写的经典指南。

　　本书成书年代较早，原版出版于 2002 年，至今已近 20 年，书中描述的很多交易场景诸如电话下单、场内马甲，对现在的交易者来说已经十分陌生，而作者大力推崇的电脑辅助指标，对当下的交易者来说已如家常便饭，但作者对市场的深刻理解和交易的经验之谈却是永远不会过时的。因为市场的涨跌，永远由人性的贪婪和恐惧驱动。正如利弗莫尔所言，投机像山岳一样古老。

就短线交易来说，大多数人的认识是，它接近于赌博。短线的走势变化多端，让人感觉无计可施。作者在本书中重点介绍了短线交易的狙击交易法，分为三个方面：时间与价格空间对称、阻力和支撑的算法、周内特定交易日的表现。书中介绍的交易技术很有价值，而背后的理念更是值得参悟。对短线交易者来说，本书颇具参考价值。

第一，时间与价格空间对称。作者认为短线走势会用同样的时间和波幅构成走势对称。在我看来，背后体现的是"顺势而为"的理念。市场的走势可分为简单清晰的趋势行情和复杂的盘整行情，例如一段上涨趋势结束后，必然进入盘整，此时，未进场的多头因价格已经走高而不愿进场；未进场的空头开始幻想这里就是最高点而蠢蠢欲动；已进场的多头无法承受浮盈波动的撩拨，动摇了持仓的信念；已进场的空头持有浮亏头寸，持单至此处遇到盘整，内心稍定，于是选择继续持仓，放松了止损。可以理解，这些交易者都是受到贪婪与恐惧情绪的驱动，认为趋势不会延续。但实际上，市场的趋势延续时间往往会出乎大多数人意料，对趋势特性有深刻理解的交易者会坚定持仓信念，扛过第一波盘整，甚至进场加仓，于是趋势在盘整行情后，往往延续出第二段来。而第二段趋势的目标位，除了显著的阻力、支撑位置之外，便是与第一段趋势等波幅的位置了。为什么会这样？或许是因为对称在视觉上是和谐的，也或许是因为对称的位置体现的盈亏比对短线交易来说十分合理。"世上本没有路，走的人多了，也便成了路。"所以，对称的具体原因其实不重要，交易者能够运用好这一理念才重要。对市场来说，交易本质上交易的是预期，没有信念，便没有交易本身。

第二，阻力和支撑数值的算法。作者认为，以近期走势的相应参数（如高开低收价格）进行算法处理，叠加到最近的收盘价上，能够得出近期走势的关键阻力、支撑位置。在我看来，这背后体现的是，市场往往以通道的形式运行的理念。健康的趋势中，单位时间出现的涨幅和跌幅基本相同。如果把单位时间出现的涨幅和跌幅，看作市场的一种力度，那么在健康的趋势中，这种力度大致是维持不变的。若出现了力度的明显增大，便是趋势开始加速的迹象。此时市场参与者的情绪剧烈波动也许是浮亏的头寸终于开始恐惧，选择平仓止损，也许是未进场的头寸受不了贪婪引诱开始开仓追击，不管何种原因，短线趋势中的加速迹象通常是趋势接近尾声的信号。若出现了力度的明显减小，便是趋势衰竭的迹象，此时构成了走势背离的现象，市场正在酝酿潜在的反转。唯有在价格通道中，多空双方才能维持相对的平衡，趋势才会尽可能持久地展开。

第三，周内特定交易日的表现。作者通过统计历史行情，发现一周内每个交易日的走势风格鲜明。对牛市来说，周一、周二容易上涨，周三走势比较混沌，周四容易回调，周五容易延续上涨。对熊市来说，刚好相反。我对这一点的理解是，走势是立体的，需要大小周期走势的配合。例如，若是周线级别的上涨行情，周 K 线以阳线为主，这需要周末的价格高于周初的价格。对日 K 线来说，有两种方式完成周 K 线的阳线，其一是一周的上半段上涨，下半段回撤，其二是一周的上半段回撤，下半段上涨。如果是后一种方式，多头需要付出更大的代价，消耗更大的能量，才能取得和前一种方式一样的周 K 线涨跌效果。而前一种方式，更加符合多头进场、拉高、获利了结的操作节奏。因此有理由相信，对大周期上涨趋势的 K 线来说，价格倾向于在小周期的前半段上涨，后半段回调。

我认为，本书介绍的交易技术对交易者分析短线走势会很有帮助。

在理解交易之术之余，吃透背后的交易之道，细细体会背后的交易理念，才能避免画虎不成反类犬，加快交易者形成自己的交易风格和加深对市场的独有理解。

当今时代的大国竞争、强权博弈，正越来越倾向于借道金融市场展开，谈笑间"财富"便灰飞烟灭。

我在翻译此书期间，有幸不断见证历史，美股的连续熔断跌停、原油市场出现骇人听闻的负油价，让人越发敬畏市场的力量。想必在市场面前，交易者总是能感觉到自己永远年轻，永远热泪盈眶。

交易事业是伟大的，值得我们付出热情和心血。愿交易者们都能博览群书，博采众长，取真经，悟真理，早日锤炼出属于自己的"屠龙宝刀"。

"今日长缨在手，何时缚住苍龙？"

能够承担本书的翻译任务，我感到十分荣幸。我也有多年交易经验，读本书时，对作者所谈所思常常能产生深深的共鸣，常常启发良多，能与作者"相谈甚欢"，令人大感快慰。我历时4个多月才完成此书翻译，在翻译时未删改任何内容，追求词句流畅易懂，希望能展现本书的原汁原味，但因才学水平有限，时间紧迫，疏漏在所难免，盼读者批评、海涵，敬请专业人士赐教、指正。

在译书期间，特别感谢家人对我工作占用许多时间的理解，也特别感谢机械工业出版社的支持和帮助，没有你们的理解帮助，本书翻译恐怕难以完成。在此向你们表达诚挚的谢意。

金鞠

| 致　谢 |

　　本书是基于我将近30年的期货、期权、股票交易心得写成的。这些年来，我有幸结识很多贵人，他们给了我莫大的帮助和启迪。我尤其要感谢之前8本书的忠实读者，他们的千呼万唤令我笔耕不辍、不敢懈怠。

　　我要感谢约翰·威利父子出版公司的编辑帕梅拉·范·吉森（Pamela van Giessen），他永远能耐心地面对纷纭的意见。在本书刚写了寥寥几千字的时候，他便看出了本书的潜在价值。我要把本书献给我的朋友乔尔·哈里斯（Joel Harris），言语已经不足以表达我对他的感激之情。乔尔是如此慷慨大度，在期货交易上的知识是如此渊博，又乐于与我分享，他走进并点亮了我的人生。早在芝加哥商业交易所（Chicago Mercantile Exchange，CME，简称芝商所）还是以鸡蛋和黄油期货交易著称时，乔尔便是它的会员。拉萨尔街上的交易者无人不知乔尔的大名，为朋友他总是两肋插刀。有一次，一个主流经纪公司的总裁打电话对我发火，他误以为我欠了他们公司的债。我马上联系了乔尔，第二天那个冒犯者就打电话给我，并向我郑重道歉。伴着美食与美酒，我和乔尔共进过多次晚餐，但乔尔从不让我买单。他对家人非常眷恋，常常三句话离不开家人。我很想念他。

　　我也要感谢杜安·戴维斯（Duane Davis），本书涉及的统计数据和交易系统背后的研究工作都要归功于他。没有他的帮助，我就永远无法理解为什么周四会这么适合做空。另外，我还想对以下人士致以谢意：克拉克森·琼斯（Clarkson Jones）、乔·斯特里克兰（Joe Strickland）、彼得·麦凯（Peter McKay）、约翰·迪布（John Deeb）、约翰·帕斯（Jone Parce）、格雷格·普罗塔诺（Greg Protano）、托德·阿克塞尔罗德（Todd Axelrod）、比尔·索博列维斯基（Bill Sobolewski）、汤姆·梅尔基奥尔和桑迪·梅尔基奥尔（Tom and Sandy Melchior）。是你们让我的生命更加精彩，谢谢你们。

　　最后，我想感谢科罗拉多CQG公司的布拉德·詹森（Brad Janssen）和迈阿密的欧米茄研究公司的比尔·克鲁兹（Bill Cruz），这两位绅士都给我提供了一流的软件程序，让市场行情触手可及。我向所有有志于投身交易事业的交易者推荐他们的产品。

城里节奏最快的游戏

　　学会交易，是相当艰难的挑战。交易（trading）的技术，少有人能轻易掌握，但它一定是可以教会与学会的。在投资的世界里，交易好比是走钢丝。这是一个充满了激情与奇迹的世界，但若马失前蹄，同样也会奏出哀歌。可能这个比喻是最恰当的，因为成功的交易者必须在勇气和克制间取得平衡，同时又要对瞬息万变的市场行情做出严谨的分析判断。它是一门左右脑综合运用的艺术。一方面，需要空想家和诗人的浪漫色彩，另一方面又需要火箭科学家的细致分析。若能在不确定性面前敢于出手，不论结果如何依然享受交易的过程，那么对于交易也会大有好处。对已然跻身赢家行列的交易者来说，交易是终极自由的体验。他们从事着自己热爱的工作，收获了丰厚的报酬，还有什么能比这更幸福的吗？

　　想想今天职场上的普遍看法：星期三是驼峰日（hump day），仅剩两个工作日就到周末了，到那时，上班族又可以享受生活了。*Take This Job and Shove It* 这首歌会这么火，是有道理的。很多人并不喜欢为生计而工作的体验。而对一名交易者来说，心态则完全是颠倒的，他对周一的到来翘首以盼，因为市场一开门，他就又能和市场斗智斗勇了，并且在这个过程中因为自己的努力而获取丰厚的报酬。说起来，要是假期太长反而会让他难受。当你交易时，时间过得飞快，你全身心投入到里面。制定出盈利的策略，并且付诸行动，一点儿都不会让人觉得无聊。一旦学会了交易，你就再也不会对老本行感兴趣了。这不仅是钱的问题，它还关系到自由，关系到你能不能真正从事自己热爱的事业的自由。

如果你运气不错，你可能会发现以你热爱的交易事业为生是非常快乐的事情。也许你早就涉足了交易世界，你想要找到一些好的规则和策略，来帮你提升交易业绩。或许你已经是个成功的企业家，小有成就，正在寻找另一个领域来征服。无论你背景如何，面对交易，你都需要发挥出全部的聪明才智，才能战胜挑战，掌握投资的策略。并且只能是你自己亲身投入这一高风险、高回报的活动，别人无法替代你。交易需要你投入很多资源，但它很快便会让你感到心满意足。精确执行交易计划并顺利离场，这种激动人心的体验无与伦比。甚至存在这样的方法，能够让你精确预知市场将在什么时间点（精确到分钟）到达什么价位，我把它称为时间与价格的交易体系（"time and price" trading）。它能让你看懂（understandable）市场的纤毫举动，这感觉想想就美妙极了。我必须谨慎地使用"看懂"这样的词，因为市场中太多的走势看起来既随机又毫无意义。但只要交易者学会了与不确定性共舞，他就能拥抱自由。要想赢，我们就要先学会放轻松、放开手，只有这样，盈利才会开始堆积。

很多准交易者最终没能成为成功的交易者，是因为他们并未真正理解自己的所作所为。虽说市场上评论家、权威人士、大师多如牛毛，但真正在交易上有真知灼见的人却寥寥无几。为什么有人会认为成为好的交易者，要比成为好的厨师、飞行员或警官容易呢？作为交易者，你必须先打好基础，吃透基本概念。一旦你掌握了这些基础，你就要逐渐探索行之有效的交易手法。关于交易，有的概念容易理解，有的概念艰深难懂，但我保证每个概念都可以学会并被掌握。

交易的能力是后天培养的，而不是先天具备的。虽说有些交易者在交易方面有很不错的直觉和天赋，但大多数交易者都是通过努力和勤奋而掌握交易技能的。交易给人们提供了无限的可能性。为了实现这些可能性，你必须开发出自己的潜能，磨炼自己对市场的感知力、洞察力。优秀的交易者能够真正理解市场当下的处境，这与打听消息、妄加猜测、观看财经节目或者沉迷于自己的观点毫无关系。我希望本书能够为你指明提升交易能力的道路。基于我做过的翔实的市场研究，我将介绍从开盘（opening bell，不确定性最高，同时获利机会最大）到收盘（closing bell，市场为明天的走势做准备的环节）与交易有关的最重要的概念。市场中上演的每一个情节都有它的节奏和道理。你越早掌握这些互相关联的概念，你就能越早踏上稳步获利的康庄大道。

本书内容是以非常翔实的研究作为基础的。本书不但展示了我自己的市场观点，还为你提供了行之有效的研究技术，让你在未来探索新的交易可能。我将循序渐进地引领你克服交易上的挫折，最终理解并掌握交易的学习曲线。

28年前，在我第一次入市交易时，市面上连一本关于交易的书都找不到。新手交易者最主要的学习场所就是市场，在实战中摸爬滚打，过去要这么做，现在依然要这么做。在市场中，谁又没有付过高昂的学费呢？

随着时光流逝，我付的学费越来越多，但我对市场的热情有增无减。然后，在 20 世纪 80 年代早期，我遇到了我后来的研究员和程序员杜安·戴维斯（Duane Davis）。杜安热衷于研究期货市场，我问他是否愿意测试我的交易理念，看看有没有效果。他同意了，我们发展出一段延续至今的长期合作关系。我的目标是找到经得起时间检验（test of time）的交易方法。我对他说，我想要找到能够在不同市场条件下运行良好的短线交易策略（short-term strategy），不管它是牛市（bull market），还是熊市（bear market），或者横盘（side way）的行情。我起先希望这些信息为我自己所用，但后来我认识到，这些信息被分享出去也没有什么关系。毕竟，无数的经验告诉我，种善因才能得善果。

几年后，我们一起确立了"以交易为生"（Trade for a Living）的理念。怎样才能成为全职交易者呢？交易盈利的法门有千千万，短线交易仅仅是其中的一种而已。交易者可以选择股票或者股票期权、期货或者期货期权，进行价差交易（spread trade）或者季节性交易（seasonal trade），而交易的方法简直太多了。我们也很清楚，很多投资者把交易理解为跟周末去赌城豪赌一把之类的事情一样。摇摇骰子一把全押，没准就发财了。但我们追求的是稳定的盈利，是能够源源不断输送到你银行账户里的东西，而不是鲁莽的赌博行为。稳定获利究竟有什么诀窍？交易专家的秘密到底是什么？交易中，什么才是有效的？

这些问题，没有一个是容易回答的。多年来，我的学生和读者都指望我提供优质的资料。如果我们不能真正带来交易理念上的突破，想别人所未想，写别人所未写，又何苦自找麻烦呢？我知道我有一批忠实的追随者，我也不想让他们失望。并且一如既往，我希望这些资料首先对我自己的交易有帮助，这就是我总是把验证交易系统

（trading system）放在首位的原因。帮助那些不够专业的交易者成功确立以交易为生的方式，为他们指明通往稳定获利的交易之路，说起来容易，做起来难。

虽说我对交易注入了半生的热情，但我也知道我所做的工作仅仅对我适用。这些年来，我们已经找出了很多持续有效的方法，但例外情况总是存在。比如，为什么有时候我们要在下午的高点（the high of the day）买入？同时我也知道一些公式（formulas）使用效果不错，但偶尔它们也会让我们失望。我想，肯定有办法过滤掉那些不够理想的交易机会。周内特定交易日（day-of-the-week）有没有可能会有影响？作为一个喜欢做空（sell）的交易者，我总是偏爱周四的交易机会。但我从不知道为什么会有这种感觉。时至今日，我可以充满自信地说，在牛市里，周四就是一周内表现最疲弱的日子（weakest day），而在熊市里，周四又反而容易出现逆势的上涨（countertrend day）。关于周内特定交易日的奇特之处，我还有很多想说的，但这里毕竟是前言，我应该保持克制。

问题在于，你是否真的能学会像专业交易者一样交易？

显而易见，这不是人人都能办到的。但对大多数人来说，专业交易者从市场中获得的经验和教训，是可以吸收消化的。我们所处的时代，充斥着前所未有的机遇。而其中一种抓住机会的方式，就是玩好这个城里节奏最快的游戏——交易。对有志于踏上交易之路的读者来说，本书就是你的旅行指南。

乔治·安杰尔（George Angell）

2001 年 3 月

|目　录|

踏空的交易机会

那是一个 1 月下旬的周五早上，为了那个机会我已经等待了整整一周，市场已经连续两天上涨，由于昨晚全球期货（Globex）交易市场的劲升，今天高开几乎是板上钉钉的事。那阵子我和朋友汤姆·梅尔基奥尔一起交易，他身兼数职，既是律师，又是科罗拉多几家银行的执行官。当我抵达办公室时，他已等候多时，为可预见的市场强劲高开兴奋不已。我立即拨通电话，通知经纪人以开盘时市价卖掉 5 手标准普尔股指期货（S&P's，或称为标普 500 股指期货，标准普尔又简称为标普）。

"这已经是第三天上涨了，"我对汤姆说，"市场高开后会妥妥地走一个迅猛回调（strong break off）。"

市场一开盘，多头（buyer）尝试上攻，却很快败下阵来，这一刻我知道我的交易决策是正确的。我的 5 手空单马上就有了一点儿浮盈（profitable）。现在只需要等待，看市场能不能继续向下突破。汤姆也放空了几手，加入我们空头（seller）阵营。

当时是美东区上午 9:37，市场一潭死水，陷入了盘整。我很清楚时间（火候）至关重要，市场必须及时向下突破才能让空头行情继续，我打算多给这笔交易 5 分钟的时间。

我承认这个行为有点儿冒险，毕竟空头持仓只有一点点浮盈，而且我们这些空头很可能会吃到一根大阳线（rally，回升），被迫在更高价位止损（bail out）。

时间在一点一滴流逝。

突然价格开始小幅上涨，由于感知到潜在的危险，我抓起电话，拨下号码，通知经纪人以市价将我空单补回（buy back）。汤姆也跟着我一道处理了头寸。这下我们没有头寸了。

为什么要离场？因为这笔交易已经消耗太多时间了，而且我一点儿也不想在新高价位跟一群多头鏖战。目前可能是冲顶走势，这次做空损失不大，我依旧困惑不已：所有迹象都指向下跌，而市场价格却创出新高，这完全没有道理可讲，这怎么回事？

随后市场开始下滑（slip），先是回到盘整区间（consolidation），之前多空在那一带争夺了 15 分钟，接着击破了盘整底部（bottom），一去不复返了。行情急转直下，令我目瞪口呆。看着价格跳水，我既不想追空，也不想当个抄底的大神。1 小时后，我发现如果没有在顶部砍掉那 5 手空单，现在本应该有 18 000 美元的利润了，真是令人懊恼！

我对汤姆说，游戏结束了，我们看到了——但错失了——早上的行情。现在已经无可奈何，只能干等三四个小时，看看下午的行情会不会给点儿机会。正好那天风和日丽，我们打算先去游个泳，再去吃个午饭。

吃完午餐回来，我发现市场正在前低（low）附近盘整，距离早上我做空失败的高位下来，已有好几千点了。我又忍不住叹息那笔错失的交易。但覆水难收，我们应该继续关注下午的行情，考虑到还有不到 1 小时就收盘了，必须速战速决。早上的踏空让我心烦意乱，不过我最终恢复了平静，把这些恼人的思绪赶出了脑海。1 分钟图目前走势混乱，从中看不出什么。

"我们不妨看看 5 分钟图。"我一边提议道，一边动动鼠标切换行情图。换个角度看问题确实有用，我立马发现了再明显不过的事实："5 分钟图在上涨！"

当时 5 分钟图展现的是经典的向下破位陷阱（failure swing to the downside），前后有 3 次下探均以失败告终。背靠坚实的前低支撑，第 3 次下探终于遇到了凶猛的买盘。这时价格已经从低点涨上来不少，当机立断，我们必须马上采取行动。

"给我（按）市价买 3 手标普。"我对着电话喊道。

20 秒后他们给我成交回执，市场价格已经走得更高了，又过了 2 分钟，开始挑战下午早些时候创下的高点了，目前看这笔交易还不错。

"我要加仓。"我说道。我意识到价格上涨还没有结束。汤姆也早已跟进，之前他在低位也进了几手多单。接着市场开始往上冲起来。

我们的加仓得手了。现在还有个关键的问题要解决：到哪里出场？虽然那个周五（市场）上涨非常强劲，但我也很清楚它不会永远涨下去。到某个时候，大量的获利盘就会蜂拥而来打压市场，一群想法一致的多头慌不择路地平仓，价格就会（至少短期）快速回落。所以我打定主意见好就收，趁着涨势还在，及时出场。最后一个铜板就留给别人去赚吧！

经过一番时间与价格（time and price）快速测算，我发现还有七八分钟会有一个短期顶部（top），也许有机会成为这个下午的高点。于是我们持仓等待，不禁欣喜起来。

汤姆的情绪是我们接近市场顶部的重要指标，他总是在接近顶部时强烈看涨，当然这是人类的普遍天性，无可厚非。

"快要到出场的时候了，"我宣布，"再给它最后 1 分钟。"

这真是漫长的 1 分钟，感觉好像过了几个小时。我们都紧握电话，我已经打通了电话。"市价平仓！"我听到自己的咆哮声回荡在电话里。我们双双在顶部出场，接着市场就走出了获利盘踩踏离场的行情（正如预料的那样），最后在盘整中收了盘。

这笔交易盈利不少，只差几百美元就凑整到 10 000 美元了，虽然比不上早上踏空的 18 000 美元利润，但也够称得上这一周盈利的完美收官。

我们预订了晚上 7:30 的船票，准备当晚去日落岛（Sunset Key）享用晚餐，这是基韦斯特（Key West）边上的一座私人小岛。

那天晚上，漫步在沙滩上，四周篝火环绕，我对汤姆说，我们今天遇到的是大家熟悉的周五尾盘上攻形态（Friday's late-afternoon rally into the close）。我们研究了过去 10 年的 577 个周五，下午遇到的行情正是这种典型例子：早盘破位下跌，中午触底横盘，下午先创新低再迅猛回升，节奏丝毫不差，正如我们预料的那样。也得益于那笔交易，我们得以在夜晚的沙滩上享受漫步。总之，交易是个概率事件，认识到这一点的交易者可以一次又一次让知识发挥作用。

经验与教训

回顾过去，我想，除了自己为交易决策承担责任之外，别无选择。你不应该在错误中自我沦陷。有时候你要大胆冒险，有时候你又需要小心谨慎，具体情况需要具体分析。如果在错误的交易中心存侥幸，还期待市场的解救，那就注定是徒劳的挣扎，只会让自己越陷越深。记住，一旦错失机会，你必须无条件按纪律执行，等待更好的时机，正如 1 月那个早盘发生的事一样。

期货市场静若处子，动如脱兔，交易机会像流水一样难以把握，这一切让交易者身心俱疲，备受折磨。到底如何判断出手的时机？为什么顶尖的交易者总是拥抱风险，而其他人总是执着于追求确定性？什么样的交易理念是真正有效的？我们该如何把握交易的学习曲线？我们如何成为赢家，并一直赢下去？

以上这些问题，以及类似的更多问题，就是本书想要尝试回答的。诚然，交易注定是一段艰难的旅程，市场的真知灼见也很难轻易获得。我的朋友乔尔·哈里斯是 20 世纪 60 年代早期芝商所的交易会员，有一次，他向我抱怨道："期货上的利润，是我赚过最辛苦的容易钱，实在是太难了。"这番言论可以算是发自肺腑了。然而我接到过数不胜数的电话，他们信誓旦旦告诉我真的想以交易为生。试问我们有谁不想？每个人都想窥破交易的天机。单单过去的 24 个小时里，就有不下五个人过来告诉我，他们考虑开始交易。一位是我新房子的承包商，一位是卖给我新房橱柜的老板娘的丈夫，一位是我所在社区的保安大叔，还有两位过去读过我的作品。

短线交易注定是少数人的游戏

这五个人背景迥异，但他们都想从事交易。我怀疑他们对其中的困难与挑战一无所知。短线交易的陷阱很多，但其中蕴含的巨大风险可不算众所周知。没有人会喜欢亏损，但所有的交易者都会有输钱的时候。所以交易的核心就是管理风险。

就在不久前，电视秀《60 分钟》（60 Minutes）播放了一期谈论交易风险的节目。这些交易新手，还想从老手那里赚钱，结果当然是亏惨了。他们觉得自己被陷害了，甚至打算起诉某些人。随后，他们无视了所有劝他们罢手的理智忠告，一头钻进短线交易中无法自拔。这充分展示了短线交易容易成瘾的特点。事情的结局简单又令人难过：所有输红了眼的赌徒都得到了他们应有的下场。

对我们这些已经在市场上有点经验的老玩家来说，学习交易有点像学习攀岩。学会抓住第一块立足点可以算是可喜的成就。在某个时刻，经历了无数次攀登与回踩、开仓与平仓，我们偶尔从高处向下望去，只见视野开阔、风景秀丽、一马平川，我们也不禁会发出由衷的赞叹："我居然有幸攀登到这样的高度，真是意想不到的奇迹。"

为了取得短线交易的成功，有些规则是你必须遵守的。这都是些耳熟能详的大道理：管理风险、坚守纪律、把握好贪婪和恐惧的边界。

然而除此以外，仍然有一些细如毫发、微不可见的特质，让交易的赢家在芸芸众生中脱颖而出。

尝试，尝试，再尝试

我曾经是芝商所的一名场内交易员，也曾在市场上为生存而吃尽苦头。然而回顾那几年场内交易生涯，我可以很笃定地说，场内交易员的岁月对每一位交易新手来说都是最宝贵的经历。一方面，你必须持之以恒地与交易对手战斗，以防他们在你身上获取利润。另一方面，这日复一日的交易，也是与情绪（贪婪或恐惧，等等）死磕的历程。

在场内交易员的那个年代，交易所里就有一帮老伙计，形成了紧密的老男孩小圈子（old-boy network）。那些老手已经在交易所活跃了很长时间，他们不喜欢与初来乍到的交易员做交易。这也意味着，新来的交易员和外面的大众交易者一样无法在任何一笔交易中获得买卖盘口的价差（edge）优势。新来的交易员没有选择，必须放弃这个价差。出于可以理解的动机，这帮老伙计也只喜欢和他们认识的朋友做交易，他们每天做来做去就那么几个交易对手。他们清楚这些对手是专业的，和熟人做交易就不用担心头寸和清算上有什么问题。要知道这种差错一旦铸就，就是大几千美元的损失。所以他们对交易所出现的新面孔保持高度警惕，也就不足为奇了。此外，对交易所的新手来说，有一个规矩是他们必须学的。那就是，必须冷静观察，稳住阵脚，沉着应对，不要被其他场内交易员的伎俩吓到。他们也许会使出各种伎俩恐吓你，但是只要你挺过前6个月，你的声誉就在场内建立起来了，你很可能就被这帮交易员接纳了。

我们在市场上交易会遇到数不胜数的困难挑战，也许我们会很容易把交易的逆境怪罪到那些恶棍场内交易员头上，但是必须承认，交易中真正存在的挑战与阻碍，就是你自己。正如在生活中，除非我们真正承担起责任来，否则我们只会一次又一次让自己扮演受难者的角色，无法自拔。在交易中，你终究会理解你的每一个选择都至关重要，大多数人终究会从市场交易中学到宝贵的一课，但问题是，学费往往很高昂。

我自己初入期货市场的经历可能与本书大多数读者差不多。大概28年前，我鲁莽地杀进铜市场。新手的运气出奇地好，我正巧在货币贬值之前买进。后来大宗商品的涨势让我的账户出现了可观的浮盈。正如所有新手一样，我天真地以为市场已经成为我的提款机了。仅仅一周的时间里，我用金字塔加仓的方式（pyramiding），就让账户增长了好几倍。在这之后，我用涨停价（limit up，就是市场当天允许交易的最高价格）报单，疯狂地买进了更多合约。很快，好日子就到头了，价格跳水，一路杀到跌停板，在那里只有沉重的抛单，看不到一张买单。要不是当时我进场的时机和点位幸运，也许我到今天都还负债累累。看来我对杠杆交易会如何威胁我微薄的银行账户真的是一无所知。但至少我学到了重要的一课：在搞清楚市场交易到底如何进行之前，我可不能再拿账户冒险了。

那时候，我对前方的道路所知甚少。在经历了一次又一次失败的开仓、平仓后，忽然有一天，我找到了属于我的立足点，能够让我在期货市场中获胜的立足点。为了在交易中保持胜算，你需要坚持毫不含糊的纪律和规则。让我再说一次，那些你耳熟能详的道理都是真的：管理风险，严明纪律，承担可承担的风险，把握好贪婪和恐惧的度。大多数人可能会把职业交易员的工作想象得很浪漫、很有激情，实际上，这些是不存在的。我的交易生涯就是辛勤工作、挥洒汗水。功夫不负有心人，当我终于看到自己的一点儿进展，当我开始认真地把自己视作一个期货交易员，我知道自己已经上道了。

到了20世纪80年代中期，我长期以来渴望的实现盈利的梦想，终于实现了。在场内交易员的日子里，他们会这样建议你："如果你能够挺过6个月保持账户不赢不亏，你注定会赚上一大笔钱。"这可不是我当时想听到的，真的，我只想一夜暴富。但事实证明这真的是很好的建议。我挺过了一天又一天的盘整，日内进进出出，价格上上下下，我都挺过去了，我的账户里还有钱。在那段夹缝中求生存的日子里，我学到的最宝贵的一课就是，我必须坚持，必须不停地尝试。交易是一场战斗，一脚踏上战场，就是拳拳到肉的搏击，汗水与血水交替流下，你需要为这场战斗付出一切，然而这还远远不够。

作为交易者，你可能上一秒在天堂，下一秒就坠入地狱。每天你会分泌出大量的肾上腺素。屡战屡败，屡败屡战。这种激烈的战斗以及由此带来的情绪扰动，不由让我想起文斯·隆巴迪（Vince Lombardi）的名言："你是否被打倒真的不重要，重要的是你是否能重新站起来。"

那时候起，交易就融入了我的血液。交易员就像警察，他们的职业承担着无数风险和挑战，只有其他交易员才会真正理解并感同身受。可能真的很难向外行说清楚，交易员每一天到底都在干些什么。他们要么看到你光鲜亮丽的一面，觉得你找到了传说中的黄金国，要么只盯着你的亏损，觉得你是一个一掷千金的傻瓜赌棍。你知道，他们不自己试一试，拿账户冒一冒险，是无法真正理解的。然而作为交易员又不完全像警察，其他人可不会主动去留意一个警察，但其他交易员会主动留意你的一举一动。有个朋友跟我说："如果你盈利了，他们会讨厌你；如果你亏了，他们会鄙视你。"

拥抱风险

我已经在期货市场里交了好多年的学费。其他交易员犯过的错误，我一个不落地犯过，后来我学会了如何在市场中存活下来。我被市场狠狠地击倒过很多次，但我终于学会了如何与风险共舞。我一直在努力避免由恐惧和贪婪导致的错误决策。恐惧和贪婪，是市场中最主要的情绪驱动因素。对这些错误进行深刻的反思，让我逐渐增长了见识。不知多少次，因为恐惧，我向市场卑躬屈膝，仅仅看一眼市场也会让我战栗不止。但我终于受够了因为恐惧而亏钱，我想，我还不如坦然拥抱风险，真正地挺起胸膛，为盈利而战呢！至少这样我可以确定，我已经尽我所能。敢做敢当，不正是赢家的品质吗？想想看，什么样的品质才能让你在市场中取得成功？误打误撞地，我就发现了一项交易基本原则：拥抱风险。

赢家品质

在后来的几年里，我一次又一次地发现，能够在交易游戏中获胜的赢家，到底具备什么品质。第一，他们是自己的掌控者。鲁莽的牛仔在市场中横冲直撞，或许偶尔运气不错捞一笔，在芝商所的交易池里获得了吹牛的资本。他们的事迹也许充满传奇色彩，但注定是昙花一现。场内交易员的流失率可是高达每周 1%。场内交易员，尤其是那些手气正旺的交易员，总是很难避免爆仓的厄运。少数幸存者，懂得敬畏风险。每当市场转向，他们就步步为营，跟随趋势。

几年后，我曾经的一位经纪人，她有位新客户想要直接进场，自己下单做交易。她不建议这位新客户直接去场内做交易。客户沮丧地抗议道："你都让乔治（指的是作者）进场内了。"

她一脸平静地回复："乔治知道何时收手。"

她以前有很多客户在市场剧烈行情中被彻底击垮，就好像鹿在车灯前呆若木鸡一样。她再也不想看到客户爆仓了，因为如果客户穿仓了，还要由她这个经纪人来赔钱。后来我才了解到，我是她这么多客户里面唯一被允许直接进场内做交易的客户。她清楚我的账户有六位数的资金，并且我从来不会做威胁账户安全的傻事。

第二，稳定盈利的交易员掌握了一套交易的方法，他们理解基本的规则，并且有坚持按规则操作的自律。我打赌你也知道这些规则，它们都是些耳熟能详的股谚，但你未必能坚持自律。对交易来说，管理风险是一条重要的规则，而且我相信，期货赚钱之道就是管理风险的艺术。但恰恰是这一条规则，很多新手交易员无法遵守。他们任由小的损失逐渐变大。当有一点儿浮盈时，他们又急于了结，可能他们觉得获利了结总不会让人爆仓破产吧。不幸的是，考虑到期货市场的杠杆，如果你总是蒙受大的亏损和获得小的盈利，那么破产几乎是必然。事实上，这样做恰恰必然导致失败。

每当有人问我知不知道市场会怎么走，我就明白这家伙一点儿都不懂交易。真相是，没有人真的"知道"市场会怎么走。但专业的交易员懂得在不确定性中做交易。经验丰富的行家里手很清楚盈利不过是概率的游戏。理解这些概率，正是产生利润的关键。对我们大多数人来说，短线交易确实有难度，需要我们掌握学习曲线，加快学习进程。

我已经提到过，交易归根结底有赖于左脑和右脑的共同配合。掌握交易原理是一回事，在实际交易中融会贯通又是另一回事。一方面，也许你想从模拟盘入手，而不拿真金白银去冒险，用模拟的方式跟踪交易绩效。但另一方面，就算拿一点点钱冒险，也会明显强化你的感知和情绪，这种体验是模拟交易永远不会带给你的。另外，以持仓数量衡量的风险大小，肯定会对你正常交易时的思考方式产生重要影响。

因此，你无法找到实盘交易的完美替代品。你也许能尝试仿真交易，但你迟早要面对实盘的波涛汹涌。我们的目标就是，让这个转变的过程尽量顺利，没有太多痛苦。

我认识一个在芝商所交易标普股指期货的朋友。他一度想让女友学会做交易，于是他给女友购买了交易所的会员资格，让她跟着自己进场内。他第一天就强迫她做了一笔交易，告诉她一直观望是没有好处的。她在第一年就赚了 10 万美元，这当然不是新手的运气。因为她男友已经是一个成功的交易员，他会告诉她何时该买、何时该卖。他坚持让她做交易，恰好帮她克服了任何新手都会遇到的心理障碍，那就是对亏损的恐惧感。

当我在 20 世纪 70 年代早期开始交易生涯时，讨论期货市场的相关书籍简直屈指可数。时至今日，相关书籍就已至少几十本了。跟本书的很多读者一样，我在交易起步时可谓筚路蓝缕，除了内心坚定的信念，就剩下囊中羞涩的账户了。在抵达芝加哥后，我用微不足道的小账户开启了交易员生涯。我逐渐意识到，不论其他交易员在开盘前有多么热情，一旦交易铃声响起，你就只能孤军奋战了。交易就像在惊涛骇浪中学游泳，学不会，就淹死，就这么简单。

好在我在"死"之前可以靠交易期货勉强糊口了。通过认真记录我的错误，并且努力改正它们，我终于学会了合理地承担风险。我学会了赢家是怎么做交易的（天天赢钱，鲜有例外），并效仿他们的一举一动。老实说，这些赢家干的事情真的是远远超过了我刚入行时的心理承受能力。但最终，我认识到我只有两个选择：要么就像业余者一样一败涂地，要么就学着像专业的交易员一样，赢下去。我下定决心要取得交易的成功。

科技的发展打开了交易的方便之门

现如今，新手交易员的交易环境，相比 10 ～ 15 年前，已经不可同日而语。伴随各种互联网数据服务和电子交易盘的问世，场外的新手可以通过电脑轻松获得报价和发出报单，场内交易员已经不再具备独有的优势。近几年来交易席位的价格可谓一落千丈，这也是一条重要的线索，告诉我们场外交易员已经不再处于几年前那样的严重的劣势地位。确实，有时候程序辅助的场外交易（computer-assisted trading）还能略胜场内一筹。比如，我会用标普股指期货价格与屏幕下方的慢速随机摆动指标（slow stochastic）之间的背离关系（divergence），作为判断市场反转即将到来的重要信号。我可以在电脑上同时用"时间"和"价格"的视角，来分析一分钟图的走势。我的市场行情软件可以提供 100 多种指标，随时供我调取查看。当下的信息技术，给短线交易员带来了前所未有的优势。

但请注意，对今天的交易员来说，科技虽然毫无疑问大有裨益，但它仍然是一个工具而已（虽说是很重要的工具）。我想起了之前一位学员，他竟然把自己的亏损怪罪于显示器不够多。但他已经有 7 个显示器了，还想怎样？请记住，如果你自己一直在犯一些典型的交易错误，科技手段对此是爱莫能助的。而且，这也不应该是靠科技来解决的问题。交易要想获得成功，有合适的指标还不够，更重要的是要知道，该如何正确地理解指标提供的信息。顺便提一下，这也正是新手会这么迷恋技术指标的原因。他觉得好像奥妙在于找到正确的算法和数字，但实际上可能个人的心理素质才需要为亏损承担更大的责任。

有时候，你已经具备成功的一切必要因素：资金充裕的账户、一流的电脑与程序、高效的交易清算公司，甚至有一套能够盈利的交易系统，万事俱备，但你仍然亏损。这时候，你就要后退一步，认真审视你的交易风格。你究竟是如何产生了亏损？你究竟犯下了哪些交易错误？也许我们需要效仿那些在交易上已经取得成功的人，学习他们高明的交易策略。

学着做一名专业人士

据我多年来在交易大厅的仔细观察，每一个真正取得成功的交易者都是某一市场领域的专家。也许新手会想当然地企图同时染指十几个期货市场，但专业的场内交易员总是专注于某类特定的市场，专注于某种特定的交易手法。所以你总是会听说，某某是豆类交易员，或者债券交易员，或者股指期货交易员，或者木材交易员，或者外汇交易员（currency trader）。因此专业的交易员不会为了找一次交易机会，而不停地在一个又一个交易市场之间来回奔波。此外，专业的交易员总会以他特定的手法见长：炒单者、短线交易者、价差交易者，等等。他会日复一日干着同样的事情，甚至每天都站在交易池中同样的位置，每天和同样的对象做交易。显然，他就是自己从事的这个特定的交易领域中顶尖的专家。每个市场都有属于自己的节奏。通过日复一日的刻意练习，专业的交易员会非常深刻地理解市场的节奏，达到其他人望尘莫及的程度。

对市场的这种认识，会带给你超乎想象的优势。这正是我只交易标普股指期货的原因。通过日复一日的反复操练，我渐渐地对市场产生了直觉，我能够敏锐地感知到市场脱离正常轨道的迹象。另外，我擅长激进的短线交易。我对过去几天的市场走势细节了如指掌。我敢打赌每个场内交易员，都知道昨天的高低点所在，更不用说今天白天的高低点了，因为这些点位对于判断止损单预埋位置，以及突破行情触发位置，有相当重要的意义。把这些交易员放进另一个市场，他们很可能会一脸茫然、手足无措。而你每进入一个特定的市场，都要与这样的专业交易员展开激烈的竞争。现在你应该承认，面对这种特定市场中经验丰富的交易员，你已经严重处于劣势了吧？那么你是愿意不经意地随便下单，还是全力以赴、开发最大潜能与这些市场专家对抗？

在我的"以交易为生"的培训中，已经涉及了多个有用的交易方法。但我不推荐你逐个尝试，而是希望你能够有所专精，不论是炒单、短线交易，还是价差交易，你都要在你的领域尽你所能地做到顶尖。当我提到自己仅仅交易标普股指期货时，很多人都惊讶不已。当然，这些年来，和大多数交易者一样，我也尝试了各种市场和各种交易手法。结果有好有坏。十年前，我做日内的外汇交易还相当不错。我一般交易 8 手合约，一个点的价值是 100 美元，我常常能抓到 10～50 个点（point）的波动，也就是 1000～5000 美元的样子。但后来怪事出现了，我在收盘前还有 10～20 点的浮盈，然后一眨眼就消失不见了。我不喜欢这种感觉，因此我最后放弃了外汇交易，开始专注于股指期货。

以人为师

要想提升自己的交易水平，一种最好的办法就是找到某个可以给你提供指导和支持的导师。我很幸运遇到几位良师，恰好在我需要的时候走进了我的生活。他们比我年长，也许是在我身上看到了他们年轻时同样具备的潜能，他们通常能给出靠谱的建议。我记得有一次请教其中一位导师："我该如何报答您的恩情？"他摇头谢绝了。他说："我已经财富自由了，你一点儿都不欠我什么。"这些绅士半数以上，多年来一直无私给予我帮助，因此我总是一有机会就报答他们的慷慨奉献。在我一度怀疑自己能否以交易为生的时候，很幸运有位导师出现了。他得知我的艰难处境，在一天下午一起在交易所对面的咖啡店喝咖啡时，他给我提供了指导。

经受过交易大厅狂风骤雨的洗礼，在那个午后，他对我说："听着，我发现你一直在高点买进、低点卖出，你这样子是干不了多久的。"随后他掏出一份交易报单，放在吧台上，他说："只有在这种情况下，我才会亏钱。"说着他画出了震荡剧烈的锯齿状走势。这正是那种典型的寻找－破坏交易形态[⊖]，高点被不断抬高，但低点也在不断刷新，判断方向非常困难。他又说："幸运的是，这种行情不会天天都出现。你通常会在开盘后遇到一波趋势，要么上涨，要么下跌。如果做错了，就加大头寸，反手操作。如果你前一次输了 10 跳（tick），加仓反手后你只需要 5 跳的行情就可以回本了。"

我问道："亏了怎么办？"

他说："别去想亏钱的事情，放手去做就行了。"

我记得我第一次加仓反手的时候，非常不安，但它居然真的有效，自那以后，我和这位导师就成了好朋友，我经常会咨询他的建议。

"你是怎么知道市场方向的？"有一天我们在交易后共度咖啡时光时，我问他。

⊖　search-and-destroy trading pattern，也称为喇叭口形态。——译者注

"我不知道方向。这就是为什么开盘时我总是一脸迷惑地站在交易大厅里。我会耐心等待市场自己走出清晰的方向，然后在回调时进场。"

"那么，该何时离场呢？"我又问道。

"每当走势破位，急涨急跌时，我就会做个获利了结。这种情况下必须获利了结。"他说得非常轻松，就仿佛获利了结是再正常不过的事情。

直觉性的交易，以数字的面目出现

每当我取得一点账面浮盈，又因为贪得无厌，而眼睁睁地看着浮盈蒸发殆尽，这种打击总是格外令人感受深刻。在几年以后，我才逐渐意识到，我导师的做法与我后来自己做的以量化时间和价格为特点的狙击交易软件（Sniper Trading Program）原理一样，只不过他已经内化到交易的直觉层面了。他发现市场中存在走势的对称（symmetry），而认识并利用这种走势对称就能从市场中获利。在我看来，这种走势的对称天天都会发生。就在今天下午，股指期货上出现了 10 分钟、400 点波幅的回升走势，接着是一段回调走势。再后面呢？又是一段 400 点波幅的回升走势，差别只有一跳，不过时间长达 11 分钟，而不是上一段的 10 分钟。时间上多了 60 秒，但钱都赚到了，谁会计较这点儿差别呢？

如果你掌握市场下一步**应该**发生的走势，那么一旦它没有及时出现，你就获得了一条宝贵的线索。如果遇到时间或者价格其中一个无法完成对称的情况，那么可能预示着市场已面临反转。要想在趋势发展的过程中辨认其中两个趋势段，就得经过专门的练习。不过我可以在一周内教会学员，以较高的准确度锁定趋势。但问题是，大多数新手交易员根本没有耐心等待趋势正常发展。而我的众多学员中最成功的那位，在培训结束一周后告诉我，是我教会了他对市场保持耐心。我认为这是相当高的评价。但我也知道，除了耐心之外，新手交易员想成为老手，要学习的东西还多着呢!

最近几年来,我们得以对市场做充分的研究,来检验策略是否有效。你交易的限制条件越多,这笔交易满足的条件越多,你就越有可能取得理想的结果。我们也对一周中每个交易日分别做了专门的研究,将这一特定交易日的市场表现,与过去一天和五天的市场走势进行对比。对这些历史数据的回测结果相当鼓舞人心地证明了,各种走势在概率上不是均匀分布的。比如,我们观察了过去 577 个周一的标普股指期货的表现发现,若前一交易日走势满足特定的条件,接下来的周一很大概率是上涨的走势。多年来,我一直很享受在周四的交易,但我自己也从来不知道为什么。现在通过数据的检测,我们有了实质性的证据,证明长期以来,周四总是一周中走势最弱的一天,而我自己又恰好是一个做空上瘾的家伙。以前还停留在直觉层面上的认识,到今天,我完全可以用证据证明。相信我,掌握概率上真实可靠的优势,会极大地增强你交易的信心。

行动的勇气

我知道如果你不敢拿起电话真正下一单,再怎么研究,都毫无意义。承认吧,交易就不是人人都能做的事情,我认为大多数人就是不适合做交易。但若你能同时掌握分析的理智与交易行动的果敢,你就已进入潜在的赢家的行列。走势形态(pattern)与算法(formula),以及选择时间(timing)的方法,我都可以教给你,但你自己必须具备威廉·江恩(W.D. Gann)所称的"胆量"(nerve),你要敢于做交易。恐怕这是最难的部分。就我自己的经验来看,顶尖的交易者能够同时控制自己的恐惧与贪婪。只有保持平常心,才能发挥出最大的潜能。

为了获得行动的勇气以及交易的胆量,要做的其中一件事就是认识到各种各样的走势形态。它们就如同活生生的人一样，是客观存在的对象。我开始研究乔治·道格拉斯·泰勒（George Douglas Taylor）的"预测法则"（Book Method）——后来演化为我自己的 LSS 三日循环法则（将在后面章节介绍）——我发现了对市场的一种独特的观察角度，它时至今日依旧如 50 年前泰勒发表研究时那样有效。泰勒说，市场是由内在的动力引擎驱动的。价格要先下跌，才会吸引内部人士买入力量涌现。而当市场终于上涨，它又被持续推升，直到第三日，明智的持仓者开始卖出，一切又将推倒重来。

我初次将这些理念运用到期货市场上时，它们与实际行情相当吻合，这令我惊讶不已：下跌是为了上涨，上涨是为了下跌。在场内交易的世界里，这种现象将一次又一次被我们观察到。一整个早上，大众都在持续买入，而场内交易者卖出。而到了下午晚些时候，价格会破位下跌，持有多头的大众就会惊恐地蜂拥卖出，此时场内交易员就可以从容不迫地收下眼前的报单，平掉手中的空头头寸，从而狠狠地赚上一笔。这种场内专业人士和场外大众的博弈，几乎天天都会上演，并且大多数情况下，都以场内交易员的胜利告终。至少对那些少数的、具有更好的交易直觉的、善于抓住交易良机的场内交易员来说，他们总会获利胜出。

我记得一个周五下午，我们正在交易债券。场内交易员有不少是专门做点差的（edge trader），他们在低的买入价（bid）买入，同时在高的卖出价（offer）卖出。那天下午他们正在从事日常工作，对大众的报单进行"蚊子腿上割肉"一般的点差抽取活动。你要理解，相当大比例的场内交易员就靠剥削这点儿微薄的买卖价差养家糊口。不管市场上涨、下跌还是盘整，他们都风雨无阻地从事这门生意。事实上，对这些场内交易者来说，把点差让给其他场内交易者已经够愚蠢了，而把它让给来报单的大众就更加不可理喻。因此可想而知，当我得知那天下午，与我亦师亦友的交易员开始对买入价报单直接做空时，我是多么惊讶。

他喊道："给我卖出！卖出！卖出！"

他吃掉了每一笔市场中存在的买单，而点差交易者简直不敢相信自己会有这样的好运气，眼皮底下居然有一位高手场内交易员正在当散财童子。在场内交易者的认识里，这种事情可谓闻所未闻。场内交易员通常一分钱也不愿意让交易对手赚走，为了一跳的价差他们也会争得头破血流。或许来自专业人士的这样义无反顾的做空，本身就应该是一个警告的信号，预示着大事不妙，否则何以解释这位享誉场内交易界的专业人士，忽然间就这样放弃点差呢？

那些倒霉的买入者，很快就发现价格开始像黄河决堤一样势不可挡，而那些刚刚买入的交易者现在恐慌了，他们疯狂地卖出，这导致价格继续自由落体般坠落。

"你的买价是多少！？我说！买价！！是多少！？"那些魂飞魄散的交易员向我朋友吼叫道。

他只是双手抱胸看着他们，笑了，以同样大声的咆哮回敬道："我没有买价！！因为市场还没跌完呢！！"

在价格的持续下跌中，那些空头互相踩踏，一时血流成河，场面不忍直视。

那天傍晚，在街边温馨的咖啡店里，我们对一整天的交易做了一次复盘。

我问他："你是怎么知道市场将要下跌的呢？"他的回答引人深思。"那些点差交易员，认为在买入价买入，在卖出价卖出就能轻松挣钱。一个月有20个交易日，他们做19次赚19次。但只要有一个像今天下午这样的行情，就会让他们损失掉一整个月的收益，白白为人做嫁衣。与其注定要像今天下午这样在恐慌的抛售中损失全部利润，倒不如从未拥有过呢！"

在交易中保持主见，要好过人云亦云。最好深刻理解市场的运行逻辑，以便看清趋势的发展。我眼前的这位专家朋友，知道何时该对大多数人的立场保持淡然，甚至敢于以整个场内交易界为对手，并赢得无法否认的胜利。他对交易的理解已经上升到了直觉层面，以至于其他人都无法窥得个中玄机。他会按自己的主观理解来判断市场的走向。每一周过去，都会有四五次足够多的小规模恐慌性行情出现，每当这时，那些场内交易员发现自己"站"错了市场方向，他们为了斩仓离场，就不得不放弃计较点差，甚至会为了断臂求生，达到就算急速推高或拉低价格也在所不惜的程度，每当这样的机会出现，就能让我这位朋友赚上一大笔钱。他说："这就是我一直在等待的机会，这种机会必须重仓进场。"

真令我吃惊，我居然有幸接受这样专业的交易员的指导。他是一个背景平凡的人，却找到了自己得心应手的事业，通过发掘自己的才能并且善加利用，成了极其成功的交易员。相比之下，我呢，总是一直在犯愚蠢的错误，每当市场即将给我的头寸解套前，我早就已经放弃了。确实，我还是太在乎钱了。因为我确实资金不足，没有太多钱可以亏。和大多数新手交易员一样，我刚刚进入这一行时，总是一直在寻找简单的算法，能够让我进场，设置止损，然后期待好事发生。通常会出现一点儿浮盈，但是市场很快会反转，打到止损单，我便又受到一次打击。又是一次糟糕的交易！甚至我还发现自己有点儿贪得无厌。我总是想要买在最低点，卖在最高点，这几乎是不可能的事情。有时候，我会开盘买进，等到收盘再出场。等待几个小时，我眼睁睁看着价格走上去10步，看着市场反转，再看着价格走下来10步。我就会想，一定还存在具有魔力的算法，只是我还没有发现罢了。这种经历对你来说，是否似曾相识？

幸运的是，市场对我的这种残酷锤炼，没有经年累月地持续下去。

看着曾经辉煌一时的各种各样的交易员在市场上身败名裂，我逐渐认识到，通过保持专注与耐心，稳定地获取收益是完全可以接受的。我是在开始绘制账户权益图（equity charting）一段时间后，才认识到这一点的。确实，当我连续几次做出大额收益时，权益走势会出现显著的向上攀升。但亏损的周期会不可避免地降临，我又一夜回到从前了。所以说，渐进却稳定的权益增长要好过"辛辛苦苦好几周，一天掉回原点"的大起大落。我永远忘不了那些点差交易员，一个月里面 19 天赚钱，却在最后的周五下午的恐慌行情中输个精光。

在充分认识了我自己的优缺点以后，我决定努力学习识别趋势的方法，并且追求在趋势中上车，驭势而行，争取把握住其中大多数的利润。我由经验得知，抱牢头寸不放往往导致损失一部分乃至全部的利润。我愿意效仿那位场内交易的导师，他总是能在趋势的开端进场，并持有到趋势的结束，然后及时离场。我不必追求在最低点买，也不必追求在最高点卖。我的目标很简单，就是赚钱。如果下午市场正在走高，我买入的价格稍微高一点儿又有什么关系？如果价格正在下破，我卖的价格低一点儿也无妨吧？这些交易理念给了我极大的解脱。现在我可以轻松自如地买在新高或者卖在新低，甚至如果上午的交易情况很理想，我 10 点钟就会让自己收工下班，做人嘛，开心最要紧。

破茧

当我能够以量化的方式来观察一度被看作是直觉交易（intuitive trading）的方法，我才真正地在交易中实现了突破。直觉交易的高手会告诉你，他在潜意识里看到市场即将运动的方向。他会在市场还在盘整，或者表面看起来平平无奇时买入。他知道行情的发展需要时间，他也知道何时应该放手离场。有趣的是，大多数的交易者在本应该激进时保守，却又在本应该保守时激进。当市场即将向一个方向大幅波动时，他却吓得一动也不动，坐失良机。更坏的情况是，他往往要等到突破出现，才慢腾腾地进场，承担了巨大的风险。

我一直在寻找能够撇开情绪的方法，能够让我理智地在概率的基础上交易，而不是任由恐惧支配操作。我的交易直觉还不错，但和很多交易者一样，我花了很长时间才渐渐学会信任它的意见。在与不确定性的多年斗争中，我形成了所谓"矛盾事件"（paradoxical event）的概念，这也改变了一切。现在我可以接受，甚至期待市场的走势与传统的经验完全相反的情况。我尽力去理解市场。从根本上来说，市场走势有它的规律，有它的形态，这决定了市场何以走出特定的行情。这就不得不提到威廉·江恩作为先驱，在很多年前就提出的"市场对称"（market symmetry）的概念。市场确实有形态的存在，并且它就在我眼前。

时间与价格

这就是衡量市场对称的方法。在每分钟、每天或每周的价格上上下下中，上涨之后跟随着获利了结带来的下跌，而下跌之后跟随着抄底买入而导致的上涨。每当新闻事件出现，信息将被市场吸收，就会导致上下起伏的市场走势，然后到达盘整或者市场的均衡点。再然后，上涨或者下跌会继续，以一种完全对称的形态再次上演。

这就是用数字来量化市场形态的方法。我对"时间与价格"的理念充满信心，以至于我敢说，如果你不知道市场将到达哪个位置（误差一跳以内）、在哪个时间点到达，你就不必做交易了。时间与价格的市场形态，总是在一天又一天的走势行情中反复上演。

市场的运行自有其道，它不会在乎你的想法，但你要在乎它的想法。幸运的是，对那些用心倾听和观察的人来说，它总是毫不遮掩自己的意图。但要辨认市场的形态，需要技巧，也需要对其走向做出合理的假设。由于市场对称的本质，那些在非常明显的对称形态中无力上涨的行情，就会转而开启下跌。这就是所谓的 V 形反转（V-pattern，直下直上）或者倒 V 形反转（inverted V-pattern，直上直下）背后的原理所在。价格常常用"回到起始点"来宣告自己形态的完成，这绝对不是巧合。

当我再次面对老生常谈的问题"市场将往何处去"，发现自己有了数量化的回答时，我感到兴奋不已。另外，如果将时间也纳入考虑范围，还可以进一步解决"市场将何时到位"的问题。我还补充了对风险的估计："市场运行在什么范围，才会维持当下的方向判断不变？"或者换个方式说："到什么地步，走势就坏了，我们就该离场了？"总而言之，我相信自己找到了以下几个关键问题——"市场往何处去""何时到达""到哪里表示走势已坏，我该离场"——的答案。至此，我还会加一条宝贵的建议，那就是，如果对称失效，往往意味着市场的反转。学会计算这些数值，我看市场就会洞若观火。

我再也不必主观臆断市场的走向了。当然，假突破（misleading breakout）或者假破位（false move）总是在所难免的。在见证了这么多打击人心的假突破之后，我唯一能说的就是，基于当前市场表现给出的证据，它大概率地将要在多少多少分钟里，从 A 位置走到 B 位置。

当我开始以时间和价格的视角切入交易，这些交易策略精准地在时间和空间上锁定底部和顶部的能力，往往令我震惊。然而很快我就发现，时间与价格的对称用在日内真正的趋势上（通常早上一波下午一波），才是最有效的。而用在日内价格运动的大多数小幅波动上，意义不大。如果你确实要用这种方法交易，就必须对机会精挑细选，保持耐心。另外，我发现要想保持稳定的盈利，就必须密切地跟踪观察市场。只有这样，才能第一时间发现形态的失效，并且离场甚至反手操作。提前掌握市场

本应该出现的表现，是十分重要的交易优势。如果价格形态没有如预期那样展开，你就常常可以选择平仓，获利了结。当然，前提是你知道自己在期待什么东西，并且能够辨认失效的征兆。通常，高质量的趋势形态很容易辨别，单单是波动幅度大小就足以说明市场涨跌的意愿。每当我看到这样的波幅，由经验就得知，一个 80% 以上高胜算的交易机会已在我眼前。再也没有比这更可靠的交易机会了。

当我开始理解时间和价格交易的细节以后，我感觉自己揭开了一个了不起的秘密。我能够理解大多数交易者对交易系统的怀疑眼光，尤其是对那些纯粹机械化执行的、缺少灵活性的交易系统。但我这里给出的是一个任何具备常识的人都能够从中获利的交易系统。但考虑到这种类型的交易并不适合每一个人，我已经预料到反对声音要出现了。但万万没想到的是，很多人拒绝这个交易理念的原因居然是因为这里面要付出的努力太多了。在拉斯维加斯的培训上，有人这样质问我："你怎么知道他们是在故意触发止损盘？"另一个问道："你一定要花这么久的时间观察市场走势吗？"还有一个："我没有电脑，怎么办？"这些统统都是借口，因为他们觉得我给出的答案不够简单。虽然饱受学员各种怪异的质疑，但这并不妨碍我用这种交易理念以很低的风险赚取丰厚的收益。

用时间和价格交易法，我确定只要能够找到日内的两波主要趋势，就可以赚很多钱。每波主要趋势有两个波段（leg），只要找到第一个波段，通过简单的计算，我就能识别出第二个波段的目标位置、最大幅度回调的范围，以及趋势发展所需要的时间。简而言之，我已经获得了抓住第二个波段所需的一切信息。不过交易的拼图还缺少一块，我们接着往下探讨。

日内走势形态

我其中一些最成功的交易，得益于对日内走势的预先判断。我多年以来，一直很喜欢在周四交易。周四，似乎有一种让我超常盈利的魔力。我是在内心深处，乃至在直觉层面上认同这一点的。但到最近几年我才真正搞清楚，为什么我在周四的交易表现要好于周内其他交易日。原因很简单，我自己喜欢做空，而周四，简单来说，就是一周里最适合做空的日子。我用不容置辩的口吻表达这一点，是因为我们做的大量历史数据研究已经充分验证了这一判断。如果市场大势看涨，你又一定要选择一个交易日做空，那就选周四吧。如果是整体下跌的市场，周四的方向同样会逆势而动，倾向于上涨。

从做多的角度来说，你必须关注周一。道理很简单，还是统计研究。对过去 13 年以上的历史数据的研究，证明周一非常适合买入标普股指期货。当然，我这里也不是说你看到周一就买，看到周四就卖，没这么简单。但你最好对 1 周里面每一天的独有特点有所了解。如果以其他的重要指标（indicator）诸如上一日价格区间（previous day's range）、最近五日强度指标（recent 5-day strength）、上一日强度指标（previous day's strength）作为过滤条件，一周里面不同交易日的表现差别就会更加显著。这些林林总总的因子会造成相当复杂的分析，但正是这样的分析，才能在市场交易中给予你宝贵的优势。

在《精确执行有利可图的日内交易》（*Profitable Day-Trading with Precision*）一书中，我已经介绍了 LSS 三日循环的理念，它的原理是基于市场中一再重复的周期性表现。但我那时候还没有将这种周期循环与每日走势形态结合起来。在我最新的"以交易为生"的培训讲座和教学视频中，我不但谈到了一周中每个交易日的特有表现，而且具体到了每天的具体形态，比如具体某个交易日早盘和下午盘的涨跌特点。我再强调一遍，你需要通过其他指标的视角，来观察特定的交易日，才能够更好地把握当日的行情。在这一点上，不少苦心钻研的学员已经取得了丰厚的回报。

如果对市场历史数据的研究跨越了较长的时间，就还需要将价格的绝对波动转化为百分比的波动，这样才能前后对应比较。这是我们必须要克服的困难之一。因为如果你同时比较低波动性和高波动性的市场，你不能直接用绝对价格的变化来互相比较，这样得不出有价值的结论。1987年夏天，我记得我在开盘逐步走低的日子买入，总是能收获利润。如果遇到走势不利，那就继续加仓好了。后来，那个夏天市场几乎天天在上涨。而到13年后的今天（本书写作于2000年）呢，也许理论概念仍然成立，但波动性变高，让这个策略相当致命。你怎么知道市场在止跌反弹之前，不会先跌1000点来热热身？然而，我们绘制的复合价格走势图，仍然能为"市场在特定的交易日应当如何运行"提供宝贵的洞察力，前提是与其他关键的指标结合使用。

都有哪些指标呢？说起来，这里面数量还不少。我使用关键点突破的买入和卖出价格（pivot breakout buy and sell number）来标记出市场重要的支撑（support）和阻力（resistance）位置。这种买入和卖出价格在交易者群体中有相当大的追随者，因此它们能较好地指出市场的突破位置。

我会用五日平均波幅（5-day average-range）这个数字，来把握当天市场潜在的波幅，并且预期获利离场的目标点位。当然，这并不是百发百中的事情，但这里我玩的是概率游戏。我会用五日摆动指标（5-day oscillator）来衡量市场是否超买（overbought）或超卖（oversold）。如果市场已经上涨到离谱的高点，就不要买了；如果市场已经经历了一轮狂风暴雨般的卖压，就不要卖了。摆动指标会告诉你，你当前处于牛熊周期的哪个环节。而且，我会将特定的指标与特定的周内交易日结合起来，因为历史行情研究提供了相当丰富的信息，来告诉我们周内特定交易日会有怎样的表现。将这么多指标有机结合到一起，这才是真正的交易艺术。

算法与公式

以前，场内交易大厅里有个人专门从事贩卖阻力、支撑数字的生意。每天早上，他就站在大厅入口处，给他的客户分发他独家炮制的绝密信息。不难想象，他视这些宝贝数字为独家版权所有，未经许可，严格禁止对外散播。有一天，他撞见我朋友和我在互相比较数字（我自己有一套买入、卖出的数字，写在 3×5 英寸⊖的卡片上），他对我们怒斥了一番，说别再指望我卖给你数字了。大概就在这段时间里，我从一本讲述交易的书中发现了一个简单的公式，我将它融合到我 LSS 交易系统的早期版本中。大概几年后，有位场内交易员从我这儿得到了这个公式，然后以他自己的名字命名了。这个时候，人们就跑来跟我说，你拿了谁谁的公式。不，我解释道，我是从另一个人手里拿到这个公式的，至于你提到的那个人，他是从我这里得到的灵感。

我曾经听一位非常有成就的交易员说过，交易时就算做了错误的选择，也有可能赚到钱。但问题是，长年累月以后，统计的规律总是会渐渐显露出来，你就不得不回吐大多数乃至全部的获利。公式本身并不足以猎取华尔街或者拉萨尔街的财富，但它的确是解决问题的一个环节。你不可能单靠几个公式就取得成功，但如果没有这几个公式的帮助，你也不可能取得成功。如何运用这些公式，以及如何将公式与你的交易理念结合起来，决定了你的交易胜算有多大。

⊖　1 英寸约为 2.54 厘米。

我想起了几年前的那个 3 月，我基本上每笔交易都赚钱。在连续胜利的刺激下，我的信心开始膨胀。现在回头看，这本应该是警告的信号，我应该缩减持仓的数量，并更加低调地做交易才对。你应该猜得到事情的结局，我用了 4 月一个月的时间，将辛辛苦苦赚的钱全部还给了市场。怎么回事？因为市场节奏变了，而我没能将市场的变化纳入考虑范围。

总会有这样的日子，你在市场创下新高时追涨，依然能赚钱。你的报价单被执行得好不好，或者你是否买在短期的高点，根本无关紧要。只要你抱紧头寸不放，持有到收盘就能赚钱。当然，也有一些时候，就算在牛市环境中，你的买入机会也需要精挑细选才行。这些道理反过来对做空也适用。

公式的作用就是指出对交易有利的价格区间和条件。它们给你提供的是市场中非常宝贵的观点（point of view）。我不是说它们每次都能产生效果，直觉优秀的交易者知道何时该抛弃教条。但对那些直觉不太理想的交易者来说，他们就必须将策略建立在概率优势的基础上，这样才能在整体上取得理想的交易结果。

成功的交易者会坚持做正确的事情，他们会保持适度的灵活性（flexibility）。与之相反，墨守成规的保守派倾向于寻找一个规则或者公式，然后不打折扣地将其推广使用，并全然不顾公式的使用前提和限制条件。要是交易有这么简单就好了。另外，看蜡烛图（candlestick）的人就基本不看竹线图（bar chart）；研究摆动指标的人，就不会注意移动平均线。如果在上一次交易中，交易者用移动平均线获取了盈利，这个指标可就要成为他的主打兵器了，而且他还会迫不及待地要向世界证明，移动平均线才是王道。但对我来说，我没有特定的偏好，只要管用，我就用一用。只是据我的经验看，如果过分死守一个指标，而无视其他合理的信息，最后就只会给交易者带来迷茫和失望。

　　有一些条件的出现，可以证明市场已经有了多头或空头的大势氛围。在这些条件下，有洞察力的交易者就能一次次取得胜利。比如标普股指期货，周五下午收盘强势，那么下周一就最好早早地买入，等待市场接下来出现大幅上涨的行情。如果周一的开盘直接跳空上涨，超过了周五的高点，出现强势行情的概率就更加大了。但如果按兵不动，等到午盘时分，市场正好处在日内高点附近，接下来就很可能出现获利了结，市场会收回前期部分涨幅。我有个深刻的教训，就是3月中旬通常是强烈的多头控盘。但如果是4月中旬，市场就很可能已经出现近期的高点，季节性的趋势方向可能要向下发展了。这不是说，4月中旬的周一上午要是出现强势行情，你就不能做多了，只不过是说，季节性的趋势方向有向下发展的倾向而已。

　　市场通常是有偏好的。有时候这种偏好相当明显，比如在多头市场中，价格从低位涨上来，会在出现突破行情之前反复冲击阻力位置。如果是空头市场，道理完全一样。这种市场的偏好，在场内交易大厅里表现得尤为明显，你从多头和空头喧嚣的叫嚷声中就能分辨出来哪一方正处在上风。有些场外的交易者，企图利用场内的这种声音方面的信息来做决策参考，而恰好有这样一种收费服务，专门提供场内的声音，偶尔夹杂一点市场评论。我就订阅过这种服务，老实说我很喜欢。但新手交易者容易被这种服务引入歧途，因为他们不知道市场在价格出现新高或者新低时，总会变得更吵闹，而且要是他们错误地把其中夹带的市场评论当成很正经的分析，那就更危险了。事实上，我就知道有几个交易者，他们误以为自己获得了来自场内交易的第一手绝密信息，结果只是给自己招来了麻烦，因为给他们提供信息的人只是一个远远坐着围观别人做交易的纸上谈兵的家伙。你知道"美林在进场买入"这条信息很吸引人，但你也别忘记了，此时此刻有另外的人正在卖给他们呢。

公式算法的设计，就是为了用量化的方式表达出市场的偏好方向。把它转变成数字，你就可以和另一个数字互相联系比较。我发现当这种量化的分析验证了我的交易直觉时，这样的分析就会特别有用。虽然如此，你还是应该保持耐心，等待最佳的交易机会。但只要整体趋势方向把握得没问题，抓住机会就是早晚的事情。遇到机会，就大胆进场吧。

最好的交易机会不会天天遇到。在联储报告（Fed report）出来之前，市场也许一直横盘整理。但当价格确实开始上涨的时候，一直关注着机会的交易者就必须敢于入市。市场的确有表现平平的时间段，比如圣诞节前后的交易日。但就我们当下所处的这个激动人心的大时代来说，交易的机会总是很充足的。不过其中关键在于，你要判断出何种机会应该大胆出手，何种机会又应该全程回避，这是相当不容易的。

交易的成功有赖于两个要素的相互配合：其一，你具备分析技能（analytical skill），能够理解市场的意图。我很确信这一技能是可以后天培养的；其二，你必须对自己的交易技能有充分的自信（confidence），敢于用真金白银去冒险。通常这一点被当作"资金管理"，但更确切地说，它应该被叫作"自我管理"。换句话说，知道市场的去向是一回事，能不能利用这个具体的机会来获益是另一回事。据我所知，一些分析能力极强的专家，就偏偏一点都不具备交易的能力。他们可以指出市场的去向，但就是无法利用这一信息赚钱。

经过一些改进，我现在对市场的技术分析方面的理解相当不错。在经过多年的交易以后，我也有了充足的经验，再也不会犯一些愚蠢的错误。但是，我对自我管理这方面的认识远远称不上乐观。我只知道，如果不能遵守资金管理的规则，就算配上最绝妙的分析也会一败涂地。另外，交易者不但要做好资金管理，还要选择合适的进出场时机。尽管我做了这么多年的交易，但交易择时方面我还有很大的进步空间。有时候，进场或出场差了几分钟，就能让一笔本来相当不错的交易变得臭不可闻。确实，我发现有两种截然不同的症状：一种是过于谨慎，迟迟不愿进场；另一种是自信爆棚，随时做好了大杀四方的准备。这两种都不可取，我只知道在交易策略的帮助下，要尽量在这两种理念之间取得平衡。

很多新手交易者倾向于遵照传统做法。他们想交易一手头寸，设好止损，然后寄希望于价格游走，碰上预先设置的止盈点离场。如果这种策略成功了，这些新手下一步就会想着放大头寸量。虽然这种思路看起来没问题，但实际上是没用的。理由在于：不管交易者使用的是什么交易策略，**真正的利润总是由少数的交易产生**。那些真正在交易中盈利的家伙，他们具备不可思议的能力，能够识别出真正赚大钱的机会，并且通过放大头寸量来利用好这种机会。我们会在场内交易的赢家身上，一次又一次观察到这一现象。那些真正的交易赢家，会用很小的头寸来投石问路，如果觉得时机合适，就会重仓杀入。也就是说，他们的头寸大小取决于对交易的自信程度。另外，他们会设置买入和卖出的价格区间，只要还在区间里运行，就认为交易机会还没有走坏，就还可以加仓来优化成本。但一察觉苗头不对，同样这批人，就会第一时间清仓离场，放弃点差，就算让利给另一位场内交易者也要离场，从而确保损失最小。

我前面提过，真正大幅的盈利，总是出现在极少数的交易机会中。这就意味着大多数的交易机会，要么稍微亏一点，要么盈亏持平。现在问题就变成了：如何识别真正绝佳的交易机会？你该如何预判这样的机会的到来？

保持耐心，慎重选择交易的机会

显然，一个答案是保持耐心（patience）。另一个答案是慎重选择

（selection）交易的机会。简而言之，在每一个交易日，真正好的交易机
会只有两三个。如果这一观察迄今为止有效，那么那些一天交易 9 次、
10 次的人就有点不可思议了。

　　过度交易的交易者，唯一高兴的就是他的经纪人，因为只有经纪人
赚了钱（佣金）。根据这一条推广开，就很容易得出"一周的行情里真正
好的交易机会也就两三个"的判断。你要是遇到市场上下起伏、没有明
确方向的寻找－破坏（search-and-destroy）行情，就知道我的意思了。幸
运的是，我们的研究证明，这种现象在周三出现的概率最大。仅仅知道
这一信息，就能够帮助你在日历上做好标记，避开（avoid）一些交易日。
不交易的时候，完全可以出去打打高尔夫，这种没有方向的令人绝望的
行情，何不留给其他人去享用呢？

　　人人都喜欢高概率的盈利机会，但很少有人有耐心等待这种机会出
现。交易者需要坐禅一样的耐心，坚信事情终将瓜熟蒂落。我不得不在
此引用老生常谈的道理：不做交易不赔钱，也胜过一做交易就赔钱。那
些新手交易者总是强迫自己必须交易，妄想时时刻刻把握市场踪迹，这
种想法就像用瓶子抓住闪电一样天真。我知道市场看起来好像机会无处
不在，可能事情也确实如此，但另一方面，机会多并不代表你就能抓住。

　　这里我想再次强调保持适度（middle path）的重要性。我自认耐心
并不好，但是市场会给我们上两堂课：第一堂，对确定性的执着会不可
避免地导致灾难性后果（不存在所谓确定的事情）；第二堂，对那些腰里
别着一把枪，来到市场上"生死看淡，不服就干"的人来说，鲁莽的交
易就像鲁莽的驾驶行为一样，结果自明。

尊重金钱

　　顶尖的交易者能十分明智地运用资金。他们尊重金钱（respect money），

绝不会浪费每一分辛苦拼搏换来的财富。我很幸运地结识了不少富人。撇开少数继承家业的不谈，他们大多数是白手创富的人，都拥有的共同品质，就是绝不浪费，而且他们中大多数人都十分慷慨，并勤勉工作，从不认为自己是被抛弃的受难者。简而言之，他们是靠谱的人，过去、现在、未来，一直如此。他们特有的气质吸引金钱造访，保障了他们舒适的生活。识别出市场上真正的赢家很重要，太多的人并不适合在交易中盈利。那些已经致富的交易者未来会变得更富，而还未跨入富人行列的交易者可以通过效仿成功者来受益。

　　每当有人告诉我，他们看淡金钱，视钱财如粪土，我总是会保持警惕，对他的人品充满怀疑。可以理解，这样的人也不会有多少钱。实际上他们觉得自己理所应当拥有一切，而自己壮志未酬就是因为别人的过错。同样是这种人一次次刷爆信用卡，过上了超出他们承受能力的生活。在金融市场上，我们会看到这样的人逐渐地被自己的绝望情绪支配。他们渴望的就是用最快的方式赚到最多的钱，最好还不用付出太多努力。每当有人亲自给我打电话，只为告诉我，我的书和视频是多么没用，他们无法靠这些轻松地赚到钱。我不会感到生气，而是觉得好笑。实际上，在交易中盈利需要辛苦付出，需要耐心和几年如一日的恒心，这些品质恰恰是这种人不具备的。

　　交易者必须学会关注市场，而不是金钱，虽然这一点我也知道很难做到。辨别出新手交易者的一大特征就是，他们几乎总是想着资金的变化，对其他因素都视而不见，亏损的头寸不及时止损，反而任由头寸套牢套深，以至于下不了手割肉。市场显然不会对任何交易者有什么好恶。市场只会做自己该做的事情，不会考虑任何个别的交易者的头寸持仓。所以在交易时，不要关注错误的对象，免得混淆了自己的思路。

　　众所周知，杠杆（leverage）是一把双刃剑。你必须将风险控制在合理的水平，让杠杆为你所用。多年来，我一直在寻找测算合理风险的算法。对于保证金比例，我有一个经验之谈，那就是持仓不能够超过让你开始担心资金的程度。另外，我喜欢轻仓交易（being underleveraged）的理念，在持仓保证金之外拥有足够多的钱，就算交易出了差错也不用担心钱的问题。对于风险，你可以用金钱或者点数来衡量，我自己喜欢用点数，因为想到金钱就会激活和钱有关的思维，可能会进一步诱发错误的思考方式。

再说一遍，交易者必须时刻关注市场本身，而不是关注自己能亏多少。波动性大的市场也需要更大的止损空间。对高波动性的行情来说，把止损设置得离市场价格过近，根本就毫无意义。这是自欺欺人的交易方式，它唯一能确保的就是，持仓一定会被止损出去。不管你是用金钱还是用点数来衡量风险，只有一种离场方式才称得上明智，那就是市场的走势已经清楚地证明你的分析不再成立了，这个时候原有的头寸就是错误的存在，就必须要清除掉。有一种更好的持仓方法，就是找出市场已经斩钉截铁否定过的价格区间，然后在这一区间再次触及时离场，确保损失尽可能少。我们从不同的止损方式入手，对历史行情中的逐笔成交数据做了分析，结果证明止损设得越近，它被触及的概率就越大。因此，你需要将止损撤离到当前的多空交火区以外，当然也不要太远，免得止损大到要让你关灯吃面的程度。

很多介绍交易的书中主张这样的理念，就是严格控制每一笔交易，使其最多损失你本金的一小部分。我觉得这种理论很有趣。理论上来说听起来很有道理。但如果你在联储报告发布以后，发现自己持有头寸方向错了，该怎么办呢？可能短短 10 分钟里，你的损失就会达到整体账户资本的 25% ～ 30%，你确实是想限制亏损来着，反而实际情况是亏到吐出一口老血。如果你的计划是亏损不超过 5%，而不管实际风险如何，那么这种情况对你来说就是一个沉重的打击了。

当谈到资金管理的概念时，我相信市场存在交易周期（market cycle）。在交易渐入佳境的时候，你要做的就是更加积极进取一点。但若是陷入一系列亏损的泥沼，那就保守一点，静观其变。在不利的交易周期中，放大头寸交易，无异于加速自杀。在你交易状态不好的时候，不要试图通过增加头寸量来扭转颓势，我用亲身经历告诉你，此路不通。

交易者自身对风险的偏好程度（risk temperament）会决定其资金管理的风格。如果你对这笔交易可能发生的亏损感到非常不舒服，那就说明这是一笔你承担不起的交易。所以要扪心自问："我能不能承担这笔亏损的代价？"如果回答为否，不要交易；除非你经历了盈利和亏损的反复锤炼，并能够做出肯定的回答。许许多多的人对交易抱有不可救药的浪漫主义幻想。尽管概率上他们没有优势，但他们根本不相信自己竟然会经历交易的亏损。记得几年前，欧米茄全球会议上有位参会者问我："为什么不交易更多的头寸量来赚更多钱？"我马上就判断出眼前这家伙对交易的风险一无所知。交易仅仅是看上去容易而已，等到实际试了，你就知道难在哪里了。

再谈资金管理（money management），你要先了解自己的风险偏好，然后才能找到适合你的风格的方法。比如我就根本不愿意隔夜持有一手标普股指期货的头寸，去冒第二天开盘大亏的风险。但同样是持仓隔夜，很多人却乐于此道。当然也有很多交易者根本就不敢染指股指期货，对他们来说，股指期货的正常风险都是无法承受的。而对那些风险容忍度高的人来说，他们才不会被任何市场的高波动性吓到。如果你要进入交易的行列，就要先自己搞清楚，在心态不受影响的前提下，能够承担多大的风险。除非你确定自己能够承担这笔交易的风险，否则就不要持有头寸，以免白白被割了韭菜。你要时刻记得在你下单的这一刻，你的交易对手正在跟你针锋相对地正面硬碰硬呢。

你应该也经常听说，对冲基金经理因为计算错误，造成了几百万美元的基金损失。其实这一现象发生的频率比你想象的还要频繁。对那些用自己的账户交易的人来说，损失显然会小很多，但结果造成的影响是差不多的。所以一定要诚实地面对自己：能不能承担这笔交易的风险？永远在你能承受的范围之内做交易，这是底线，一旦你跨越雷池，理性思维的能力就会飞快地离你而去。

有两个问题，可以检验你是否持仓过多：你是否总是会去想钱的问题？你有没有紧张的感觉？虽然听起来没什么逻辑可言，但这两个问题的确是每个交易者必须要过的基本关。我只知道，只要我仍在关心钱的问题，或者我在出场时仍然一脸恐慌，那么这种交易经历就不会让我有任何长进。当然最终的检测是问问你自己：现在是不是在享受交易的过程？如果每天早盘开市的信号仅仅是让你感到恐惧，那该考虑换个行当了。

交易者可不能只会按部就班地执行书上的内容。你必须要有自己的交易计划，明智地承担风险，最终收割你应得的利润。每当你按照明智的交易策略，在可承受的风险范围内，制订并执行交易计划，就会给你带来相当享受的交易体验。

考虑到这一点，你进入市场就必须有交易计划。你既要对机会精挑细选，又要在时机来临时不失进取，尽你所能利用机会获取收益。这是符合实际的做法吗？当然。那些交易的赢家懂得如何打磨自己喜欢的交易手法，它扎根于合理的交易理念，又完美契合了交易者的心理特点。

所有的交易者都面临共同的挑战，那就是如何找出最佳的交易机会。或许你已经打定主意，关注股指期货市场的短线交易机会。还要考虑的就是资金管理，这对交易成功来说同样重要。你将如何管理你的资金？对大多数新手交易者来说，因为银行账户资金有限，在交易上不得不做一手合约。但就算是再谨慎的交易者，也得偶尔利用难得出现的交易机会。不存在这样的交易规则——要求你不管机会再怎么好都只能按最保守的方式来。当然，见到机会敢于亮剑的做法有时候也会让你折戟沉沙。所以你需要估算出出现大幅亏损的概率。

值得全力以赴的交易机会

为了更加明智地管理资金，你需要将交易机会归为两类：普普通通的交易机会（run-of-the-mill trade）和全力以赴的交易机会（go-for-broke trade）。如果你能找到更多的后一类机会，你能够实现盈利的概率就极大地增加了。那么该如何发现这类机会呢？我们将在稍后几页探索其中一些策略。但请放心，你的努力不会白白付出。抓到一次值得重仓的机会，就能够抵消掉半打的交易亏损。经常有人问我，交易策略的盈利比例和亏损比例如何，我的回答始终如一。从本质上来讲，就算胜率只有10%，你仍然可以赚很多钱，只要盈利大于亏损即可，所以盈亏比率的问题不重要。平均来说，每笔交易能够盈利多少钱？平均下来，每笔交易有没有盈利 300 ～ 400 美元呢？平均下来，每笔交易都是亏钱的吗？还是说每笔交易仅仅赚 50 美元？为了计算这一数字，你只需要将账户的整体盈亏除以交易的总次数。这个计算结果会显示平均下来的每笔交易损益。给你举个极端的例子，比如你一笔交易赚了 20 000 美元，接着连续 9 次亏损（每次亏损 500 美元）。你的胜率只有 10%，但撇开手续费，你的净收益仍然达到了 15 500 美元。平均下来，每笔交易盈利 1550 美元，这是个无可挑剔的好结果。但把那唯一一笔盈利拿走，结果就截然不同了。要记住交易是一个整体过程，所以你得学会适应交易过程中的起起落落和盈盈亏亏。所以面对现实吧，如果你一定要计较胜率，我建议努力实现 50% 以上的胜率，如果再加上合理的资金管理，你就能在交易中遥遥领先。

那些在短线交易中获得异常成就的人，都是自我管理和资金管理的大师。为了在期货市场上获得盈利，需要冒险的金额可能会大到让保守者深感不安。但你必须问问自己：除此之外，还有他途吗？我并不赞同鲁莽的冒险，我主张充分受控下的积极操作，这偶尔会让你获得额外的盈利加成，并大大提升你的交易进度。我认为那种敢于冒险的意愿，仅仅是市场中已然存在的众多矛盾情景中的一种。这有一点儿宗教哲学的意味："将欲取之，必先予之。"

这一充满矛盾的概念，不仅存在于风险管理中，也存在于交易机会的选择中。有多少次，你觉得志在必得，结果关灯吃面？寒来暑往，昼夜交替，这是不变的规律。而在交易上，唯一亘古不变的法则就是，所谓的容易的交易常常以亏损告终，而那些回报丰厚的交易机会事前往往以困难重重甚至不可能的面目示人。在我的认识中，这一法则从不落空。但你可知多少人走进市场，却一直幻想着存在简单的答案，幻想着找到正确的算法公式就能让他们发家致富。

我初涉交易世界的过程和大多数人差不多，就是不断地寻找公式，希望它能让我一赢再赢。我一直执着地相信我可以把握交易游戏的每一个细节。不幸的是，一旦进入连续多次盈利的周期，交易者对市场的内在认识就会转化为不断膨胀的自我意识。这种情景的出现，就意味着账户权益的增长到达了山顶，接着就是下山了。傲慢导致的挫败通常太没尊严，让人不忍直视。这种情景以否认事实开始，交易者不敢相信这样的事情竟然发生在自己身上，又通常在经纪人催促保证金的电话中告终。我记得几年前，我有一次极好的交易赚了 18 000 美元，但第二天马上全部亏掉了。作为过来人，我为自己的缺点付出过惨痛的代价。我可以很负责地告诉你，交易可不是这么做的。交易是一个过程。你要走一步，再走一步。优秀的橄榄球四分卫知道何时该走位、何时该传球。而所谓的"万福玛利亚式"（Hail Mary）长传球，仅仅是在比分落后、比赛仅剩最后几秒时，孤注一掷以求绝杀反击的打法。每一个四分卫或者交易者，都必须对风险收益的比例持续做出计算，判断收益是否能涵盖风险。市场像流水一样变化无状，所以优秀的交易者一定懂得随机应变的道理。

回想这些年和交易导师的谈话，我懂得一个道理，那就是只坚持参与概率上有优势的游戏，就算大多数时候利润微薄，这也没什么可难为情的。因此我决定好好研究市场概率的问题。如果我能找到这样的交易机会，当天价格走高到收盘的概率是70%，而下跌的概率是30%，那么我认为这就是具备了交易的优势。虽然这种研究还不算尽善尽美，但这样的研究，再加上一些指标、其他研究一起，让我对交易感到胸有成竹。此外，这种研究也能帮助我排除掉那些可有可无的垃圾交易机会。

现在或许你会感到疑惑："假如我寻求的是需要重仓参与的交易机会，那为何还要把时间花在胜算较高但盈利水平差强人意的（关乎生计的）机会上呢？"问得好，答案是，这两种机会本质上是一体两面的。棒球场上，打出全垒打的选手固然功不可没，但打出短打的选手同样对最终的胜利有重要贡献。总之，你必须认识你自己的长短处，培育出与能力相称的行动的自信。

制定你的交易策略

我的资金管理策略很简单，在持续盈利时加大仓位，在连续亏损时减小仓位。不久前，为了测试市场的反应，我在标普股指期货开盘后做了5手空单。市场马上给我的反馈是，这笔交易做得不对。我很快止损了，但损失已经超过了 1600 美元，怎么办？我意识到我需要赶快反手，但现在我要冒更多的险，而前景仍充满未知。我知道 1 手、2 手的仓位不会有用，而我又不想冒 7 手、8 手的风险。由于 2 手太小，而 8 手又太吓人，我决定买 4 手。市场很快突破了上方阻力，给我带来了足够的利润，抵消前次亏损。我成功地避开了第二次的风险。

有时候，你再怎么努力也只能勉强维持不亏。近来我拜访了一位很成功的股票交易者，他刚刚买入了将近 20 000 股施乐公司股票，但股价却创出了历史新低。他浮亏将近 20 000 美元，情况不容乐观。我当时要赶一班飞机就先走了。过了几天，我打电话给他，问他那笔交易结果如何。施乐的股价仍然低于他当时的买价，我本没指望听到什么好消息。

他说："噢，那只股票，当它跌破每股 7 美元，我又买了 20 000 股，然后反弹到 9 美元时，我清仓了。"

他扳回了亏损，不赚不赔。这笔交易已经结束。身为一流的交易者，他思路清晰，资金管理良好，能够支持他买入更多来让损失最小化。

在我第一天去拜访他的时候，他告诉我："我只知道我是价值投资，施乐不会破产的，这只股票依然有价值。"显然，他做了正确的选择。

风险管理的原则，必须贯穿交易的始终。不要冲动交易，不要为了扳回亏损就额外承担你不愿意接受的风险。大约 10 年前，我在债券市场交易，尝试了这个疯狂的策略，每次亏损就把头寸再放大一倍。我起手是以 2 手合约进场。当亏损后，我交易 4 手，又亏了，我交易 8 手。最终，我发现自己居然买了 16 手债券期货的仓位，每一跳就波动整整 500 美元！这就是超出交易者能力范围的事情。有趣的是，我第一次这样操作的时候，这个策略是管用的，我扳回了所有的亏损，还有额外的盈利。第二次这样做，同样见效。但第三次就彻底栽了。我在 16 手持仓上亏掉了，每一跳都价值 500 美元，然后我不得不面对后面 32 手的持仓，每一跳波动 1000 美元。我实在没有勇气把策略坚持下去了，我已经触及了我自己的风险承受力的上限，这个策略失败了。

我想起来，有一天下午，在咖啡店里，我的导师讲过一个故事。当时我们正在谈论他为何愿意将交易策略分享给其他人。他说："大多数人没法模仿我的行为，那我告诉他们我的策略又有何妨呢？普通人只会交易 1 手合约，他们喜欢买 1 手合约，然后去厨房开个小灶，回来接着看屏幕行情。让他买 10 手合约，他就没胃口吃任何东西了。如果普通人经历一下我经历过的亏损的交易日，他们简直就要崩溃跳楼了。"

稳住，才能赢

交易的第一原则是，先求生存（survival）。除非你自信能够经历交易中寒来暑往的沉浮起落，否则你就不算真正的交易者。市场摧残那些不懂风险的新手的方式，实在是太残酷了。事实上，只要你交易的时间足够久，你就一定会经历连续亏损的日子。所有的交易者都亏过。问题是你是否能在恶劣的逆境面前，仍保持冷静的头脑。我的朋友约翰（John），一直梦想着成为芝商所的场内交易员。虽然别人告诉他这是不可能实现的，因为其他场内交易者会把他生吞活剥，渣都不剩，但他仍不为所动，继续坚持着。如今，他已迈入芝商所标普股指期货的精英交易员的行列。面对交易的逆境和无法回避的连续亏损，他仅仅选择继续前进。渐渐地，他的交易技术提升了，他开始成长为真正的专业场内交易员。

交易者的思维误区，我可谓了如指掌。有一天收盘后，我接到的一通电话把我逗乐了，那阵子没有像样的行情，不亏就很不错了。在电话里，这样的行情让我感慨："如果没有亏损的日子，那就无所谓走好运的日子了！"来电的交易者大为惊讶："你是说你现在仍然会经历亏损吗？"

起先我以为他在开玩笑，但他说得很认真。

我回答道："当然了，每个期货交易者都会有亏损的日子。"

他似乎惊讶极了。他像很多交易者一样，以为只要掌握了一些交易技术，交易就应该是小菜一碟的事情。我肯定是给他泼了冷水。

在你刚刚开始挣扎着成为新手交易者的时候，仅仅是存活下来就非常不容易了。当我作为新手，经历过一些交易的打击以后，我很开心自己还没有被市场扫地出门。坦白说我一直无法理解，为何有人会觉得这种市场的教训一学就会。就算交易很多年后，这种持续亏损的交易日依然难以根除。回顾过去，我记得当我用尽了解数，交易策略、公式算法、资金管理技术，等等，却仍然免不了亏损的日子，就像坐过山车一样。在我交易的早期，我偶尔会在赚了一笔之后，给自己买点儿昂贵的奢侈品，但随后几天里又眼看着利润全部亏掉。因为周一有效的策略，不适合周二的行情，情况一直如此。今天，基于我们对周内特定交易日的形态做的分析，我知道原因了。但那时候，我完全不懂为什么周二开盘强势时买入与周一开盘强势时买入，会有这么大的差别。

大多数时候，我犯错误的主要原因是缺乏自律。我就是渴望交易。虽然我常常能相当精准地计算出买入和卖出的价位，但我发现自己常常在卖出价位买入，在买入价位卖出，正好与我想做的策略完全相反。所以不是计划有问题，而是我执行力有问题。在我认识到问题出在哪里之前，我接着经历了相当多的挫败，但一旦我想明白了问题的所在，我就对我亏损的成因有了相当宝贵的洞察力。

几年来，我一直对盈利和亏损的心理机制感到惊讶，为什么交易的结果一阵子好，一阵子坏，似乎在以一种可预见的周期循环。在亏损时，我能看到自我怀疑、意志消沉、感觉不能胜任等消极情绪的痕迹。当我分析自己的精神状态时，我就会发现我的精神状态本身反而延长了这种消沉的周期。我就像丧家之犬，总是不由自主地预见到下一次不幸事件的降临。心态消极，交易又每况愈下，迟早会把我拖垮。我想起不久前的一笔交易，我做空，市场上涨，我加仓做空。我很自信我做空是对的，但市场只是继续上涨，最终我慌了，在顶部全部平仓。这就是非常典型的突袭止损单行情（stop-running）。我对发生的一切心知肚明，但我却失去了打电话重新进场做空的勇气。市场随后自由落体，我错失了机会。这并不是认知上的问题，我知道我该干什么，这是意志上的溃败，每当这种情况出现，我就忍不住想彻底告别市场。

幸运的是，我坚持了下来，消沉的周期结束了。但不久后，熟悉的场景又出现了。我做空稍微早了一步，但我又过分关注金钱的波动，同样的事情再次上演了。市场上涨，我加仓做空。我喜欢在不同的价格加仓，优化我的仓位成本。但麻烦正在路上等我。市场价格继续上涨，我不得不止损。看起来市场价格似乎即将大幅上涨，我感到穷途末路，除了止损，别无选择。但没几分钟，市场回落，我意识到自己的错误。这一次，我重仓出击，做空！结果在收盘前我不但没有亏损，还额外赚了几千美元。

你看，仅仅是保持良好的心态就能让交易结果焕然一新。一个谨慎的决策就能让后一笔交易"妙手回春"。市场虐我千百遍，我却待它如初恋。我决定写本交易日志，提醒我远离那些反复出现的错误的交易行为。只要我认识过一次形态，在日志的帮助下，我就会反复往回看，好像见过一百次形态一样。现在交易的问题就转变成了执行力的问题，这个任务我还是能胜任的吧？

我认为大多数交易者的经历与我大同小异。当我第一次阅读《金融怪杰》（*Market Wizards*）中的访谈时，我惊讶于，交易真正的艰难挑战在交易者群体中如此广泛地分布着，就连顶尖交易者也概莫能外。实际上，他们这群人的共同特点就是克服逆境。看来面对过市场真正艰难逆境的人不止我一个。不久前，我接到一通电话，对方是几年前我在拉斯维加斯出席讲座时的听众之一，当时我也是其中一位主讲人。在这群市场权威构成的特殊群体中，我感觉自己的观点当时并不受人支持，尤其是我认为市场只能被少数掌控信息的人士打败这一观点。来电者的声音饱含激情，他开口便说："那时我还太年轻，头脑太简单，还未准备好接受您的真知灼见。"看来他后来身体力行，验证了交易没有简单的答案这一道理，可谓浪子回头金不换。

这位打电话给我的交易者，就像那些坚持不放弃的交易者一样，在深刻剖析自己为何亏损以后，开始经历了真正的觉醒。这是一种深度个性化的体验，所有市场交易的学徒都必须过这一关。而我呢，直到深刻地分析自己的性格特点以后，才真正理解我在做交易时到底发生了什么。比如说，连续几笔盈利会让我信心膨胀，为接下来的鲁莽和不明智的交易埋下伏笔。而一旦进入连续亏损的时间段，我的所作所为又会让我陷入绝望和愤怒的泥潭。我试着尽量看清亏损的本质，它仅仅是金钱的损失而已，不代表我个人有什么问题。但每当经历这种连续失败的交易，心情总是十分沉重。

很多次，经历了特别糟糕的交易日或连续亏损的周期，我就会去机场搭乘下一班飞往南方的航班。在南方享受了几天阳光以后，我回来时思路又清晰了。但我也不止一次幻想过，从旅途归来的我重回交易大厅，却被保安架着胳膊扔到大街上。虽然这种事情从未有过，但我就是忍不住想象这个场景终有一天会发生。在交易所大厅的入口贴着名单，上面都是不再由清算行担保的交易者，这些人无异于已经破产了。

我记得一天早上我去楼上的清算行拿场内交易员的马甲，无意间听到几个交易员讨论前一晚的事情。其中一个说："我昨晚叫了个出租车，你们肯定猜不到开车的是谁。记得那个叫鲍勃（Bob）的家伙吗？大豆交易池内之前常常站在米歇尔（Michelle）身后的那个。"另一个交易员说："噢，天哪，我上周点了个比萨饼，还记得那个叫海沃德（Hayward）的家伙吗？曾在债券期货市场一出手就是 20 手合约，给我送比萨饼的居然是他。"听到这样的谈话，我下楼时感觉两脚都像灌了铅一样沉重。

在《华尔街以西》（*West Of Wall Street*）这本书中，与我合著此书的作者分享了交易经历。这是一个疯狂的周五下午的一次黄金交易，他几个月的利润消失殆尽了。他说这个经历让他只想在壁橱里面壁思过，一遍又一遍反思自己，他究竟是如何一步步地丧失了交易的纪律。没有交易纪律，盈利就无从谈起。在楼下的场内交易大厅里，几乎每个交易者都有过亏到几近破产的经历。这也是交易者必须经历的课程之一。面对这样的溃败，我们该怎么做呢？你需要积累一小笔钱，回到基本功上来，用小小的仓位和铁一样的纪律，慢慢地建立你的交易风格。对以前从未涉足过交易领域的新手来说，他不可能仅通过语言文字就能懂得这样的经验。问问你自己，如果专业的交易者日复一日地从事交易，依然要不时经历这些风吹雨打，那些新手又怎能例外？

周期

你要学会辨别出连续盈利或连续亏损的周期（streak）的收尾。连续盈利的周期会以这么两种方式停下：要么是戛然而止；要么是出现一两次亏损，然后招来更多。终结这种连续盈利周期的可能是最微不足道的因素。当我第一次在交易时离开交易大厅去喝杯咖啡，回来时我发现头寸已经亏掉了 1200 美元。还有一次，我正和佳人有约，我想邀请她欣赏我场内交易的雄姿，好让她对我的印象加分。结果那一次亏了 6800美元。这些"辉煌的"亏损经历，依然历历在目、恍如昨日，但实际上，它们已经分别是 12 年前和 14 年前的事了。重要的是，这些亏损给我的教训已经充分被我铭记在心。交易是一门非常严肃的生意，绝对不能让任何人、任何事打断你对交易的专注！有时候，短暂的开小差（诸如一通来电）、财经新闻上专家的评论，甚至一次举止失当的交易，都有可能让你的盈利周期戛然而止。

哪些迹象可以表明盈亏的周期结束呢？线索通常细微难辨。也许你正在经历连续两三次亏损，然后你觉得亏损到头了，你下一次进场非常激进，结果又亏了。现在你感觉你必须在下一次交易时更加激进才行。很快，理智被抛到九霄云外，你的交易水准每况愈下。因此你最好不要让健康的自信发展为自大，自大对年轻的场内交易者来说，简直算得上是职业风险。

不幸的是，你无法提前判断何时将进入亏损周期。如果你之前一直盈利，那么你就不会接受事实，无法接受小小的亏损是一系列更加严重的亏损周期的开端。不久前，我在早盘交易时盈亏持平。当时又遇到了亏损的情况，我必须快速做出反应来扳回前面的亏损。所以在下午交易时，我耐心地等待机会，准备靠它来实现全天的收益。我尝试做空，但市场没有如愿下跌。于是我止损了。但问题是我开始固执，我敢肯定市场是要跌的。于是我又一次空单进场，并且在价格上涨时继续加空。当它开始回落，我放松了警惕。我以为我终于抓到了机会。但我错了。市场突然一跃而起跳着上涨，我不得不追着价格止损离场。结果，这笔交易让我亏大了。

有时候市场好像处处和你对着干。去年的一个下午，我做空了 6 手标普股指期货，几分钟就赚了 3000 美元，相当不错。我拨打热线电话，准备通知经纪人获利了结。"嘟……嘟……嘟……"无人接听。为什么他们还不接电话？我感到很疑惑，但马上就知道为什么了，市场正在飞快上涨。我的浮盈瞬间蒸发，亏损正在快速积累。最后，我终于和场内联系上了。我现在必须当机立断，做出选择，要么止损，损失大概 5000 美元，要么就通过交易扭亏为盈。我选择了后者。

我对电话喊道："给我市价空 4 手股指期货！"

他们给了我成交的反馈，我现在持有 10 手股指期货的空单了。

市场立刻开始回落，我心里美滋滋的，感觉账户在膨胀。

但就在这时，市场价格又被推到高处，我马上就知道空头大势已去。

我再次拿起电话："给我市价买平 10 手股指期货！"这一次，我听到心在狂跳。

最后，总损失超过了 12 000 美元，几乎能买一辆不错的经济型轿车了。我以前从未抱怨过订单执行不利，以及经纪公司糟糕的服务。但第二天，我就打电话给经纪公司的经理，说业务员没有及时接听电话，导致我额外亏了一大笔钱。当然我没有把自己另外加仓，搬起石头砸自己的脚的事也告诉他。

他说："你看，我们有 8 个业务员，却要应对 30 条电话专线，我们是真的忙不过来。"

我花了三天时间才把这笔亏损扳回来，其中一天还又出现过电话没人接听的情况，不过那次我是做多，市场的走向对我有利。他们没有接起电话反倒是帮了我的忙，让我多赚了好几千美元。第三天结束后，我几乎精疲力竭了，我在经历这样罕见的怪事后，真庆幸自己还幸存于这个稀奇古怪的市场。不过在这之后，电话无人接听的情况就再也没有发生过了。

回顾往事，坦白说，正是专注的、充满自律的交易方式让我满血复活、精神焕发。我也有过惊慌无措、黯然懊恼的时刻，我也曾感到过惊恐情绪的增长，而我不得不让自己先冷静下来，再去打电话下单。实际上在交易时，我既可以成为自己托付性命的伙伴，也可以成为自己不共戴天的仇敌。如果我坚守自律，盈利就向我走来，而如果抛弃自律，亏损就会奔来。

总结

当我发现了时间和空间的技术以及周内特定交易日的最大概率走势（day-of-the-week probability），混沌的市场形态就渐渐变得清晰起来。

有人说市场经常"露出自己的底牌"，在事情落地生根之前，就预先告诉人们它要前往的方向。我对这一概念十分着迷。我的导师以前用直觉交易赚到了财富，我将其中最好的部分借鉴过来，把直觉性的成分转化为一组数字，这组数字不但会揭示市场要达到的精准的目标价位，而且还会揭示到达目标位置的精确时间点。在此基础上，我加入了中长期的观察视角，周内特定交易日的最大概率走势形态这个信息不但能指示市场当天涨跌的倾向性，更妙的是它还能指示出涨跌波动会发生在上午还是下午。这些数字让我能够以全新的方式观察市场。

我再也不必对市场的走向妄加猜测了，因为答案就在我眼前。现在我可以充满自信地指出，下一次波动会在某某时间里，上涨或下跌多少点位。测量市场的技术是完全可以学到的。

当我开始将这一技术应用于交易时，市场展示的对称特性让我惊叹不已。威廉·江恩这位市场交易的先驱，曾经以 1/8 点的误差，精准地预言过中央铁路公司的股价目标位。他声称市场中存在可预测的走势形态，这一点是确定无疑的。另外，运用这一时间和空间的交易技术，我还可以识别出潜在风险的大小。如果市场突破了之前预设的边界值，那么走势形态就很可能已经被破坏。但走势的对称仍然有效，价格波动的对称会在相反的方向展开。如果我能发现这种走势形态的失败，由经验就可以判断，之前的涨跌幅度将几乎百分百地被反向走势吞没掉。而且经验告诉我，价格波动会一直持续，直到止损盘被触发的位置才停。这个交易技术在经验丰富的场内交易员行列中算得上由来已久了，这是他们最可靠的交易策略。

当我学会只在市场目标位和到达时间点已知的情况下才做交易，我终于意识到我所用的交易技术有多大的价值。当然，也有人认为这种精确分析是不可能的。我理解，所以你们不必信我怎么说，大可自己仿效此法，亲身实践一番。很多人一开始都不相信，后来却都变成了坚定的信徒。与此同时，我自己不断发掘那些被大众忽视的交易机会，赚钱忙得不亦乐乎。

今天市场的表现在我眼里一如既往。尽管这些年市场波动性已经大幅变化，但基本的市场形态依然成立，场内交易员也还在故技重施。事实上，江山易改，人（本）性难移，面对未来，我们对这一判断的信心依旧十分强烈。人性的恐惧和贪婪会一直存在于市场。粗枝大叶的交易者依旧会重蹈覆辙。大多数的交易者将继续亏下去，当然这也是好事情，因为赢家的盈利来源有着落了。让我们记住这些道理，然后开始探索市场的原理机制，看看我们能否顺着自己的交易风格，形成一套既有深度又有可行性的交易方法。

第 1 章

学会交易

基础

我记得大约 40 年前，我刚开始学开车时，开父亲的大众甲壳虫，因为我没踩住离合器，车熄火了。我花了不少时间才学会慢慢松开离合器，同时踩下油门。我还记得学习侧位停车也非常有挑战性。时至今日，上坡时踩离合器对我来说依然不容易。

我和大多数孩子一样，对学开车非常有热情。我记得我在驾照考试上得到了最高分，因为我太想得到驾照了。我目前仍然开手动挡汽车，因为我喜欢运动型车型，不过现在开车时我已不用太专注于操作本身。换挡、加速、减速，现在几乎像本能反应一样。

对那些有志于交易事业的人来说，学习交易的过程就像学习开车，一旦你把原理搞清楚，最后操作本身就会成为你的本能反应。作为一个接触交易太久的老手，我可能把很多需要努力研究才能掌握的概念看得太理所当然了。我之所以说这些，是因为，以前当我还是芝商所交易员的时候，有一次我在机场和航班服务人员商量换飞机票的事情。我当时说："噢，这需要换手（wash）。"对方非常惊奇地看着我，好像我不正常似的。

她说："换手？换什么手？"

我回答说："一张票换掉（cancel）另一张。"我发现自己太习惯于在同行之间谈论交易术语了，以至于这些用语都成了我词汇表中永恒的一部分。我似乎已经忘了交易以外的世界，也忘了很多外行人无法理解我们的术语。

时至今日，芝加哥城里每个饭店都有人坐着谈论"吃掉价差"（getting the edge）、"对价做空"（hitting the bid）、"触发止损"（running the stops）、"打压盘面"（lowballing the market），以及"与大众做对手盘"（fading the paper），目前它仍然是美国唯一一座这样的城市。有一天晚上，在经历了场内交易的煎熬后，我正想在按摩浴缸里放松一下，但又不得不忍受旁边有人滔滔不绝地讲述他白天的传奇交易，这一刻我感觉自己简直不想在这个城市再多待一秒了。

我只听到他对朋友说："于是我告诉他，我卖过你100手某某合约，它们归你。"拜托，饶了我吧！不久以后，我就把家搬到了湖边，以避免跟交易所的这些同行发生太亲密的接触。白天和这些交易员打交道已经够累了，晚上我只想静静，远离交易上的这些是非。

但市场是无处可逃的。我记得以前如果办派对，参加的人就是清一色的交易员。毕竟，我们也只认识这些人。女郎们也喜欢参加，因为她们想和交易员搭讪。很快我就接到了陌生人的来电，他们想参加派对。这些派对最精彩的部分，就是在美酒环绕中讲述交易上的各种惨剧。其中我最喜欢的是我朋友格雷格（Greg）的故事。他有一次以涨停价买进了大豆，当天居然又以跌停价卖出去了。格雷格的惨状让我们乐坏了。那天晚上，格雷格一直在当酒保给我们倒酒，说明他还是很有风度的。每个人都清楚，每天踏进交易所时，都得做好被市场凌虐的准备。交易的死生往往发生在一念间，这种生活总是充满了黑色幽默。

大概也是这段时间，我记得和朋友巴里（Barry）一起去棕榈饭店。巴里是一名出色的股指期货交易员。当我们被引导到自己的餐桌上，饭店里此起彼伏地响起了招呼声："嗨，巴里""嘿，巴里""巴里，近况如何""最近关注债券了吗，巴里"。显然我们身处在一个到处都是股指期货交易员的地方，而且饭店的这些顾客出手阔绰极了。

当市场在生命中产生了决定性的影响，当你的工作和生活都处在这样的环境中，你就很难保持思想的绝对客观性。

周一早上，市场开盘的铃声响起，每个人又再次恢复了谨慎和专业的神情。游戏又开始了，一批又一批的资金开始谨慎地钻到冒险的事业中去。专业的交易员都很清楚游戏规则。他们必须清楚，否则早就出局了。因此，交易的基本概念对他们来说就像本能一样，几乎人人都理解这些概念。但有时候又会冒出来几个交易新手，犯了错误，然后你才反应过来：啊，原来这些概念并非人人都掌握。

场内交易员的专业素质

再怎么强调风险管理的重要性也不为过，而场内交易员都是躲避风险的大师。由于场内交易大厅里基本上都是专业的交易员，因此风向不对时，仍抱紧头寸不放的现象就非常罕见。专业人士懂得，继续持有亏损的头寸是毫无意义的事情。相比之下，新手交易者就总是会抱牢亏损的头寸，祈祷市场能大发慈悲、回心转意。但实际上，浮亏的头寸很少会再度变为浮盈。场内交易员确实不必支付手续费，在持仓时还想着要支付手续费真的不是好感觉。所以你最好找到收取手续费最低的经纪公司，不要在持仓时还考虑手续费的问题了，要学会像专业交易员一样交易。

虽说专业的场内交易员很擅长交易，但我并不觉得你在天分上会输给他们，你的潜能很可能超乎你的想象。成功的交易未必需要太高的智商，但它一定需要所谓的街头智慧（street smart），诸如知道何时该躲避风险，何时又该迎着机会冲上去。如果用教育背景来筛选交易的资质，大多数的场内专家都该被扫地出门。正如我之前所说，成功交易更多地取决于自我管理，而其中最要紧的当属情绪管理，这些比其他的智力因素更重要。说起来，在交易的世界中，教育背景太好反而是有害的，因为这种人总是忙着分析这个、分析那个，比如这样会上涨、那样会下跌。当真正的市场行情正在开展时，坐而论道的交易者只会坐失良机。

场内交易员知道，交易就是玩好属于你自己的游戏。我能很轻易分辨出新手交易者，因为他们总是想在太多的市场做交易。而交易专家都很专一，你也应当如此。交易专家仅仅对一个市场情有独钟，他们不会在不同市场间换来换去。他们在自己专属的市场领域中，反复操练同一种交易手法，并精于此道。如果你在一个市场中，随意下单并站在这些专家的对立方，那你就是在打赌自己的专业程度可以战胜这些专家。但十有八九，你在这些专家的市场领域中和他们对着干，是要被蹂躏的。那么如何才能赢得交易的胜利？你必须找到他们不具备的交易优势。你得找到那些场内点差交易员不具备的对市场全面的认知角度。他们要的是点差，是买价和卖价之间的差价，而你通过判断市场走向来获胜。只是场内交易员不必支付手续费，他们可以靠狭窄的价差空间生存，而场外交易者就做不到这一点。场内的专家提供了你们这些场外交易者必需的市场流动性，双方其实都为市场的良好运行发挥了重要的作用。

场内交易员知道,一旦你持有头寸,就不能再临时起意,肆意改变规则。拿日内交易举个例子,比如你要做日内短线交易,进场和出场必须在同一天完成,这一规则不应该有例外情况。再提一次,对老道的专业交易员来说,这一规则就像本能一样。但你会发现,新手交易者总是拿着短线交易头寸不放,硬是拖了两周不止损,最后变成一场灾难。我记得有几个交易日,我每天的损失都超过了 10 000 美元。每一次,我都主动止损了,因为我知道如果不止损,隔夜持仓就会在第二天开盘时面临亏损 20 000 美元的风险。要想吃交易这碗饭,必须有这样的自律精神。

止损的设置也是同样的道理。如果你已经有很好的理由证明你持仓的方向错了,那么将止损单放得更远一点儿以避免触发止损就毫无意义。小亏损成长为大亏损有很多种途径,而设置更远的止损单仅仅是其中的一种。

盲目听信他人的观点是新手交易者会犯的又一错误。场内交易圈里有一个说法,是说在生理解剖上我们每个人都有一个机制,和形成"我觉得"有关。如果有人尝试用他的观点说服你,这几乎总意味着他们是在谈论自己的头寸。这正是他们犯错的确定无疑的标志,或用场内交易圈的说法,这是一个非常好的反向交易的机会。我喜欢在佛罗里达州的办公室做交易,因为在那里我就不必忍受满天飞的传言了。这也是为什么我喜欢按下全美广播公司财经频道的静音键。我有位俄勒冈州的朋友,他甚至从不看电视,因为他怕自己的交易决策受到电视节目的影响。关于这一点,有一则流传甚广的逸事,是关于 20 世纪 80 年代中期一位场内交易员做空上涨的标普股指期货的故事。当时市场屡创新高,他的空头浮亏在不断扩大,为了让市场下跌,他别无选择,做了一件事。他在场内交易圈散布谣言,说里根总统突发心脏病,正在抢救中。当然,远在纽约的交易者很可能没有听到他的谣言,还在买入,市场没有下跌,他的策略最后落空了。

交易者们在绝望中垂死挣扎，还上演过其他好戏。他们恰好是反面教材，不值得效仿。有件事我还记忆犹新，因为它是交易者陷入绝望的标志事件。实际上，绝望的资金（人）从不会赢。几年前，有位交易员面对亏损深感绝望，他居然去抢劫芝加哥地铁中的便利店，不用说，他被抓了，我猜他压根就没起过再找份工作的念头。

不论是场内还是场外，优秀的、专业的交易员有一个鲜明的特点，那就是灵活性。他能够随着市场的上下起伏调整自己的头寸。在场内交易圈中，你总是能看到这种现象。一位交易员预期价格会走高，因而买入合约，但一旦感知到市场情绪有变，他又会立刻清仓多头并转手翻空。我曾有一位朋友决定在场内交易圈里开通热线电话服务。这个商业模式是这样的，购买了他的服务的客户可以打电话到他的办公室，而他的手下会告诉客户他目前是看多还是看空。问题在于他的手下要花三四分钟时间穿过大厅，走到交易池中他所处的位置，然后拿走他写在交易卡片上的市场指示。当他的手下回到办公桌时，他很可能已经改变主意了。后来他放弃了这一服务，因为他实在是无法在第一时间给客户提供服务。

几年前，有一家杂志社带着商业想法联系我。他们想让我开通热线电话在交易结束后提供市场指导，潜在购买者大概有 900 个。电话提供市场评论，收费是每分钟 4 美元。由于我知道平均波幅大概是多少点位，我仅仅是选个方向，然后在收盘价的基础上叠加平均波幅，就可以获得目标价位。结果可想而知，偶尔我能够预测对，但大多数时候都差远了。但让我惊讶的是，居然还是有这么多人相信能做到精准地预测未来。我只想说，一分钱，一分货；你花 4 美元，就只能得到价值 4 美元的观点。

要预测一个给定交易日的市场走势，理念上当然没问题，但如果你觉得市场必须依照你的想法运行，那就是痴人说梦了。更加可取的做法是，对可能发生的情况要有前瞻概念，但同时也保留调整思路的灵活性。在场内交易的世界里，这一幕天天上演。比如你觉得市场开盘会高开、会上涨，不过，然后你遇到了低开、下跌。这种开盘就给你提供了信息。现在你应该能想象，基于主观想法或者来路不明的建议来交易是有多危险了吧？不管何时，当遇到有人坚持认为市场要按他的方式运行，我马上就会判断他们是在犯大错。实际上，我会很快把这些噪声赶出大脑，然后认真考虑和这些人做对手盘的可行性。

不久前，我雇了一位粉刷匠来刷墙。当他得知我的工作和市场有关，他就用自己的股票投资想法来请教我。当时股票市场涨势一片大好，朗讯科技的股价超过了 80 美元（我记得股价的最高点就在 84 美元），他坚持认为朗讯目前是绝佳的买入机会。"不不不，"我告诉他，"这只股票刚刚从 60 美元强劲上涨到这里，也许在 60 美元的位置它还称得上是不错的买入机会，但在 80 美元的位置你最好就不要心存幻想了。"他坚持认为他才是对的。

他问我说："你为什么不买点儿朗讯科技呢？"

我回答说："我绝不会买的。"

他知道我有股票账户，他说："好吧，与其你给我刷墙的工钱，还不如你买 1 手朗讯科技给我作为报酬呢。"

我说："想法挺美，朗讯科技现在市价为 80 美元，我又没欠你 8000 美元这么多，但我可以给你买点儿看涨期权。你是很肯定它还要涨啦？"

他说："绝对如此，它会超过 100 美元的。"

"那么这些看涨期权就会让你赚上一大笔钱。"

他说："就这么定了。"

于是乎，我没有给他刷墙的工钱，而是为他买了等金额的朗讯科技，行权价在 80 美元的看涨期权。你猜后来怎么样了？这只股票萎靡不振了，他本应该赚到的工钱就这么长翅膀飞了，市场给他上了重要的一课。

那年年末，朗讯科技跌破了 20 美元。然后又跌破了 10 美元，直到在 5.5 美元的位置触底。你看，像这种一知半解就入市的交易者是非常好的反向指标。看看最近的网络科技公司股灾就知道了。虽说在网络科技股大行其道时，也没让我挣什么钱，但随后让很多账户输得倾家荡产的下跌行情里，我也是毫发无伤。时至今日，每次我去检查牙齿或者做常规体检时，医生们都向我诉苦，抱怨市场交易带来的不幸。要是他们医学上的智慧能直接转化为交易上的智慧该有多好。有位场内交易员几年前对我说："我可不会因为闲得没事干，周末就去兼职做脑外科手术。这帮学医的家伙哪来的自信，觉得自己闲的时候做做交易就能赚到钱？"最经典的关于市场主观猜想的故事，要追溯到 20 世纪 20 年代后期的大股灾前夕。当时，约瑟夫·肯尼迪（Joseph Kennedy），也就是肯尼迪总统的父亲，正在街头找人给他擦皮鞋。给他擦皮鞋的鞋童居然把股票建议告诉给他，肯尼迪回去后马上就尽可能地做空股票。后来的股灾让他发了大财。

我把这些故事放在一起，可不仅仅是因为有趣。它们表明了非常重要的一点，那就是没有人知道市场将要往何处去，而那些站在市场前面指点江山、大言不惭的人，通常自己都不知道自己在说些什么。

突袭止损的游戏

前面我们已经探讨了依据主观猜测做交易的坏处，现在让我们看看专业的场内交易员是如何保护自己的财富免遭风险伤害的。其中场内交易员掌握的最重要信息，就是市场中止损单密集排布的价位。透露具体的报单信息是违法的，但你不需要看到市场的底牌就能大概判断出止损单的位置。你要知道，交易圈里主要是两种人，一种是做市商（local），用自己的账户做交易；另一种是跑单的马甲（order filler），专门给投资大众执行报单。跑单的用的是纸片（paper）报价单；做市商用的是印刷精良的交易卡片（card），一侧是红色字体代表卖出，一侧是蓝色字体代表买进。对大众交易者来说，最近几年的趋势越来越向无线技术靠拢。交易指令通过掌上终端入市，报单数据兜了一圈最后又回到经纪人的办公桌上。然而，在场内交易的世界里，仍然有很多纸片单据在流转。

对那一天我印象太深刻了，一位经纪人要执行交易指令，就对交易圈里大吼道："谁来做这张报价单，同价位可以把止损也一块做了！"场内顿时充满了快活的气氛。这位倒霉的下单者把止损单设置得太近了，几乎就是盘口买价和卖价的差距。实际上这位经纪人是在执行入市指令之前，就先一步执行了止损的指令。这位经纪人很守信，他在同一位做市商那儿同时成交了买入和止损的报单指令。所以这位大众投资者甚至在没进场之前就先行出场了。出了这种结果，要怪就得怪那位大众投资者，谁让他设置这么近的止损呢？

实际上，你不必询问这些大众报单的执行人也能知道止损单设置的价位。在美国，每一位经纪人都会告诉客户，止损单必须设置在前高上面或者前低下面。日内行情中也有很多高低点，同样会吸引止损单的设置。此外，场内交易员会在兜里预先准备按价格排好的交易卡片，一旦他们掏出交易卡片高声喊叫报单，交易场内立刻就陷入疯鱼抢食般的混乱。等到相应价位的止损单都被执行完毕，局势又开始稳定下来，这些经纪人的交易卡片用完了，他们又回到了彼此锱铢必较的游戏中。

如果你设置的止损单总是会被打到，要么就是它设置的价位距离你的入场点实在太近，要么就是你设置止损的价位有太多的反向止损单。做市商最喜欢的一种玩法就是，推高价格或者打压价格（highball or lowball）来突袭止损单。他们通过买或卖将价格驱动到止损单密集排布的价位附近，一旦达到目标价位，跑单的马甲就会进场来执行大众的止损报单，市场内就会引起短暂的慌乱，他们就达到了目的。一旦止损单被触发，它就会转变为一个市价成交（market）的指令，就意味着它要寻找目前市场上能够报出的最好的价格来成交。具体来说，需要买卖双方一致同意按某个价格成交。如果市场在上涨，当前就不会有太多人愿意卖出。那些急于买入的交易者报出买价不断将市场抬高，而潜在的卖出者只会冷眼旁观。

为了理解这一点，你必须先理解场内交易圈运作的原理。每个交易员都像是在为自己做拍卖师。他如果想买入，就得报出买价，如果想卖出，就得报出卖价。大多数时候，都会同时存在一个买价（买入者愿意买入的价格）和卖价（卖出者愿意卖出的价格）。一笔交易要想实现，就要买卖双方在价格上达成一致才行。场内交易的规则是，新报出的买价必须要高过上一个报出的买价。所以如果我报买价"高50"（half bid，也就是整数的一半），那么整个交易圈都必须以"高50"，甚至更高的买价才能买到合约。如果你还想买更多，就得报出买价"高60""高70"，甚至更高才行。

现在你可以想象恐慌性买价是如何引发的了吧？一个交易员喊出："买价高50！"另一个交易员马上就叫出来："高60！"又一个："高70！"你就得跟他们竞赛了。十有八九，卖出者在这种情况下一声不吭。在像这种市场价格快速波动、一片混乱的情景下，经纪人必须马上执行你的止损单。市场最终会等到卖出者入市，他们不断报出卖价打压价格，市场又快速回落了。卖出的时候，情况正好相反。卖出者必须在现有的卖价基础上报出一个新卖价，只能与上一个卖价相等或者更低。于是当价格下跌时，你会听到："卖价在20！""卖价在10！""卖价在平价!",诸如此类。报出卖价时必须强调"在"（at）这个字，以示区分买入者。你设置止损的价格和它最终成交的价格之间的差距，就是滑点（slippage）。市场波动性越强，就会产生越大的滑点。

为什么场内交易员要千方百计触发市场的止损单？因为在止损单所设置的点位，市场会被强有力的驱动力推动而上涨或者下跌，至少短时间内如此。当然，为了触发止损单而将市场推高或者推低，也是相当有风险的。比如我把价格买高，空头们很欣赏我的买价，就纷纷把头寸抛给我。这很可能会吸引其他空头加入，市场就会破位下跌。这种情况下，我买到的不过是一个日内的高点而已。反过来，如果空头想通过打压价格玩突袭止损（触发止损单）的游戏，他也得承担相应的风险。因此，懂行的交易员仅仅只用1手头寸来参与这个游戏，输了这1手又如何？他们一般都是大资金量的玩家，1手头寸产生的小小亏损可以看作是试探市场反应付出的小小代价。因此，很多时候你会遇到市场对止损单偷袭失败的情况。比如，在交易日的尾盘，你能遇到场内交易员不断卖出，企图打压市场，诱发破位下跌，不过结果没能奏效。他们的卖出遇到了迎面顶上的买入。最终，卖出者放弃，买入者重新主导局面，市场又开始强劲上涨。

有些人以为，只有高成交量才能撼动市场。其实不然，尤其是在场内交易员突袭止损单的情况下。市场交易的规则是，交易者的买价必须和当前市场买价持平或者更高，才有机会成交。而交易者的卖价必须和当前市场卖价持平或者更低。为了充分理解场内交易发生的事情，还要知道成交头寸量的规则。头寸量越小，你就越能占据主动权。除了你想买或卖的头寸量之外，没有人会逼迫你买卖更多的头寸。如果我作为场内交易员，想买2手，而你作为场内交易员，想卖10手，那么我们成交2手。就这么简单。因此，做1手、2手的交易者喜欢找同样头寸量小的交易者来做交易。做惯了10手、20手的交易者也喜欢找交易量大一点的玩家。这也是为何你有时候会遇到拆单（split fills）的情况。比如你想买 6 手合约。你可能在 80 的价位买到了 2 手，在更高的整数关口买到了 4 手。这是因为执行报单的人在 80 价位找到的卖家仅仅愿意卖出 2 手，剩下的 4 手只能在更高的价格买进。你当然不能责怪在 80 价位卖出的交易者，为什么他不再多卖一点儿？你想当时市场对他是逆势上涨，他要是再多卖一点儿，保证金都不够用了。

上面这条规则，其实会给交易带来深远的影响，这一点还不是每个人都懂。那些出手就是 1 手的交易者，只要报出更高的买价，就能从大手笔交易者中夺取市场的主导权。小头寸交易者可以承担很小的风险，把市场价格带到关键的价位，在那里其他的市场参与者（主要就是大众的止损单）将会发挥重要的作用。

你应该能想象，如果一个场内经纪人接到指定价（limit price）指令，需要在某个价位买入很多头寸，要是看到做市商买价高过他，他心情该有多不爽了吧？因为他拿到的是指定价指令，他没法自己抬高买价。这时半路杀出一个只做 1 手的家伙，居然把价格都抬高了，害得他不能及时完成客户的指令来赚取佣金。我们仿佛可以想象这两个人之间燃烧起的熊熊火焰了。

在常年喧嚣的场内交易环境中，偶尔会出现这样的情况，就是有些买价偏离了当前市场行情。由于交易场内的嘈杂，在一头的交易员听不到另一头的交易员在说什么，有些人可能会喊出："整数买！整数买！"

这很快就会被其他人的吼声"嘿！闭嘴吧你，我们这边都买价 10 块钱了！"终结。

这种对正常市场的出轨式报价很快就被修正了，市场又恢复了它正常的波动。

现在你已经认识了这两个规则，你就能知道有些狡猾的场内交易员是如何无视市场日内趋势方向，短时间内操纵价格以谋取私利的。第一条规则，做多时更高的买价会优先成交，做空时更低的卖价会优先成交。第二条规则，你想最多交易多大的头寸，你说了算，没人会强迫你交易更大的头寸量。因此如果市场一直下跌，接近了日内的低点，场内交易员就可以通过突袭止损单赚上一笔。

这出好戏很可能会按以下剧本上演。起先，这位止损单突袭者会低调地入市交易。由于他期待市场下跌，因此，比方说，他先做空了5手。我们假设市场一直在60到90之间波动，他的5手成交价格在70。现在他拥有的是70成本的5手空头。我们再假设当日市场低点在稍低一些的10位置。由于这是一个主要的日内低点，大众交易者喜欢紧挨着日内低点设置止损单，可以想象在这个低点下方埋伏着不少潜在的卖出止损指令。当然，现货市场一定要展现出一点儿疲弱的迹象来，否则期货市场就无法完成下跌的动作。我们假设情况确实如此，市场不断下跌：50，40，30。通常，这种情况下追逐便宜的交易者（bargain hunter）就入市买入了。所以，看到市场随后的反弹行情，你不要太惊慌。在第二次乃至第三次测试低点后，低点现在就触手可及了。比如在30的价位，买价是30，卖价是40。而这位交易者是从70空下来的，他现在就会在30再卖出一手。于是现在市场就变成20买价，30卖价了。随着其他空头也开始在30报卖价（由于上一次卖价是30，其他人无法报出高于30的卖价）。接着，止损盘突袭者开始在20价位报出一手的卖价。于是，其他场内的准空头都只能跟着把卖价调低到20，或者干脆不报价了。但也存在一定的可能性，他们会加大抛售的力度，这些卖出者预感到大幅下跌即将到来，他们会抓住时机上车。我们记得止损单的位置在10，或者更低些在整数关口。随着越来越多的卖出者接受20作为卖价，止损单突袭者只需要再报出一手整数关口的卖单，然后市场就崩溃（向下破整）

了。吵闹着、喧哗着，报单执行者开始按照他们接到的止损指令来卖出持仓。他们会雷厉风行地追着市场的买价成交。如果市场缺少买方报价，他们就会主动调低价格。

"卖价在 90！"

"卖价在 80！"

"卖价在 70！"

就这样，有时候就出现了买价和卖价价差扩大的情况，两者价差可以达到 50 点之多，卖方的卖价很可能在上方的 50 点位置甚至更高的整数关口位置，距离市场价有好几百点。当市场像这样崩溃的时候，一路下来其实没有多少单子成交。当你看着走势图，可能会觉得市场是大势看空的，这就叫操纵走势图（painting the tape）。如果那群倒霉的大众交易者不幸地把止损单放在一群止损单之间，他们就很可能得到糟糕透顶的成交结果。这样疯狂的市场群体行为，谁能受益呢？你猜得没错，就是那群止损单突袭者。

随着时间推移，之前的这些卖出者会突然有兴趣买平他们的空头头寸。他们叫道："买入平仓！买入平仓！"

如果他买平的 5 手头寸，价位比进场时低了 100 点，那么这 5 手就可以产生 1250 美元的利润。如果再加上在 10 价格打压市场的那一点儿仓位的 100 美元的盈利，短短几分钟内，一共就是 1350 美元了。这还算是非常保守的估计。做得大的交易者，几分钟内就能发一笔横财。所以按传统观点将止损单放置在市场价格下方，通常就是这个下场。

如果你不知道这种做法是否违法，我可以很明确地告诉你，这一点儿也不违法。

没人强迫你非要把止损单放在市场价格以下的位置，经纪人也没有乱处理你的下单指令，甚至他干得还相当不错。但他只能在买卖双方一致同意的价格来执行你的下单指令。只是在市场自由落体时，买方不是那么容易找到罢了。

在大众交易者看来，每当出现这种情景，他们就会有一种被主力"割了韭菜"的愤懑情绪。但如你所见，大众交易者自己才是不幸局面的罪魁祸首。

我可以说，在我参与交易的每一天，无一例外都会看到这种突袭止损单的现象上演，至少会短时间地来那么一下。最典型的就是开盘，它本身就是隔夜止损单的集中性爆发。交易者为了保护自己的盈利，会在市场价上方或者下方设置他们的止损单。如果暴风骤雨般的买卖力量涌入，导致市场开盘大幅跳空盖过了这些止损（它们就起不到什么保护的作用了）。你现在肯定在想，难道就没有办法从这种疯狂的止损单突袭现象中获利吗？当然，办法是有的。

平均来说，我认为这种突袭止损单的现象每个交易日会出现八九次。有些是平平淡淡的行情，有些就是腥风血雨了。但当市场要走出大幅度的波动走势时，它的第一个价格目标位肯定是这些止损点。所以，一种利用这一现象的策略是，在到达这些止损点位的时候获利了结。比如我做多，市场价格达到日内的高点、昨日的高点、这一周的高点，甚至是这个合约历史上的高点，一旦到达高点，我都会立刻卖出平仓。为什么呢？因为在那个价位，市场中会出现大量的买入者，而我的头寸就可以卖给这一群慌慌张张的买入者了。人们一疯狂就会做傻事，很多人要为此付出惨痛的代价。一旦理智的情绪再次占领高地，止损单也被执行完毕，价格就会逐渐回落下来。

另一种策略是，做开盘跳空的回补。这个策略有时候并不能不经思考就执行。本质上，由于大量的止损单在开盘跳空时被触发，开盘后就会马上出现价格的偏离。最简单的策略就是反向交易，换句话说，低开中买入，高开中卖出。但矛盾的是，如果遇到所谓的极端跳空，却需要执行恰恰相反的策略。在这种情况下，你需要在价格走强中买入，在价格走弱中卖出。因为这种现象的出现说明肯定存在比突袭止损单更为重要的原因，市场一定是有它想去的位置。

上涨是下跌的伏笔，下跌是上涨的前奏

市场朝一个方向运动之前，会先朝反方向运行，这又是新手交易者无法理解的一个市场现象。如果你能以逆向思维考虑市场的走势，你就能理解这一现象是如何产生的。比如，市场将要在中午前开启强势上涨行情，它的确会发生，只不过首先它要向下突袭挂在日内低点往下的位置的集中分布的止损单。只有在那些意志不坚定的多头都因为恐惧而卖出平仓（同时，经验丰富的多头信心满满地买入）之后，市场才会开始真正的上涨。同样的道理也适用于下跌行情。在真正的下跌从顶部开始前，那些准空头被上涨行情碾压得体无完肤。一旦挤出空头止损的任务完成，市场就开始了轰轰烈烈的下跌行情。这也正是市场中富人只会变得更富的道理所在。其一，是他们深刻地理解这一现象，他们知道市场当前是什么状况，因此能够保持镇静，其二，是他们有足够的资金，能够承受这种回撤的压力。

有种办法能够快速识别出这一现象的发生。那就是观察早盘时期形成的日内高低点的表现。此时市场已经产生了日内波动的一部分价格区间，这应该不是全天的所有价格区间。这时，你就等待区间的其中一侧被穿透破位，然后观察这个破位的现象能不能继续成立。市场突破日内的高低点后，可能还会接着走一两跳，甚至更多，这取决于市场的强弱。如果市场尝试去创新高，但很快又跌破了前高，那么后市就应该是看跌的。如果市场跌破了低点，但又很快回升，后市就应该是看涨的。

另外，周内特定交易日的走势形态也会帮助你进一步锁定变盘的时间节点。你应该记住一点，那就是事情往往不像表面看上去那样简单。总而言之，市场常常用上涨来掩盖它即将下跌的面目，反之亦然。

指定价指令

尽管我很愿意相信期货市场是一个百分之百公平的游戏，但当我一位朋友查理（charlie，此处为化名）跟我说了一件事后，我开始动摇了。正如有些人被各种大灾难事件吸引，我喜欢搜集市场交易中灾难性的事件。查理这个故事同样是一个交易的灾难事件，只不过最后有了转机。事情是这样的，查理买入了一些标普股指期货合约，他预期价格要上涨。但他的判断错了，市场开始下跌了。于是，他唯一能做的正确的事情就是打电话给位于场内的经纪公司，告诉经纪人把仓位卖掉。

查理对电话喊道："给我市价卖出5手股指期货！"

经纪人重复道："你卖出5手。"

"没错。"

查理没有挂电话，等待成交的回执确认。市场继续下跌，就像滚石下坡。即使是隔着电话，也能听到市场内的喧哗吵闹声。

过了几秒，经纪人说："你（以）40的价格买到了5手。"

查理简直要咆哮了："买了5手？你什么意思给我买了5手？我是让你卖出！现在我有10手多头了，给我卖出10手！"

惶恐不安的经纪人按查理的意思照做了。但市场下跌得实在太快了，由于这位经纪人的过错，查理的账户遭受了几千美元的损失。

通常情况下，这种事情并不难办，经纪人或者所在的经纪公司要来承担过错的代价，以保障客户的权益。

晚些时候，查理给我打电话，征求我的意见。

我说："他们的电话都有录音的，经纪公司必须承担过错的代价。你本可以在你打电话时的那个价位离场的。"

查理叹了一口气："可是他买入了啊！"

我对他说："我知道，但这就是他们的问题了。"

显然，这并不是这位经纪人第一次犯下这种错误了。他意识到自己将会因为这件事砸了饭碗，他请求查理宽限他几天，他会为这个过错做补救的。厚道的查理同意了。但我很清楚经纪人本身赚不了多少钱，我不认为这是个好主意。他怎么可能找到方法来补救呢？

几天后，查理接到了经纪公司打来的一通电话。

经纪人在电话中讳莫如深地说："你今天早上以73.5的开盘价，卖出了10手标普股指期货，现在是时候获利平仓了。"当时市场价格刚刚跌破70，获利已经超过了8700美元。

查理说："你在说什么呀？我今天早上没有交易，我在遛狗呢！"

经纪人坚持说："那我们就在这个价位帮你买入平仓了。搞定了！这笔交易记录会在今天上午进入你的账户。"

查理说："你说什么就是什么吧。"他显然不会拒绝送上门来的8700美元的利润，尤其是这笔资金在金额上很接近他上次亏损的金额，看来经纪人确实对他做了补救。

那天晚些时候，查理给我打电话，告诉我他的遭遇，他简直笑得合不拢嘴了。我们经过打听，得知了事情的原委。原来那天早上，一位场外交易者报出了指定价成交的指令（也称为限价指令或限价委托），要在73.5的价格成交。市场确实在这个价格产生了交易，只是没有打穿。而执行这一指令的经纪人，因为有点差的优势，用盘口的卖价卖出了10手合约。市场马上就下跌了。经纪人发现自己的仓位有了很不错的利润，这位经纪人想要帮助那位上次犯过错的职员，于是他就把这笔头寸划转给了查理。同时，那位发出指定价指令的客户则被告知，他的报单没有成交，运气不好，他仅仅因为价格差了一跳，就错过了这个波幅相当大的交易机会。

我可以想象有人要反对我了："这根本不可能发生！"但它实际上真的发生了。而且我很确信它发生的过程与我描述的一模一样。

回想过去，我记得有好几次我也下过按指定价成交的指令，结果刚巧擦肩而过，没有成交。实际上，我对这种因为差一点点导致没有成交的情况失望透顶，因此我彻底放弃了指定价指令，而仅仅用市价成交指令。至少，在接到按市价成交的指令时，他们必须为你完成交易。诚然，有时候按市价成交的结果不是很理想。但如果你在场外做交易，就要准备好付出比场内交易员更多的代价。当然，有一种情况，你总是能够得到你指定价报出的指令，那就是当市场走势与你预期相反的时候。在这种情况下，你的交易指令总是能够"圆满完成"。

我自己亲身经历过的最离奇的交易，发生在20世纪80年代末。作为一个日内交易员，我习惯不留隔夜头寸。经纪人熟知我的交易风格，所以在那天早上我到达场内交易席位时，立刻叫我过去。

他说："乔治，你账户里有一些债券隔夜了。"

我说："不可能，我没有。你知道我每天收盘时都会清仓的。"

他回答说："也许吧，但这些头寸现在在你的账户里，没人来认领它们。"

离开盘就剩几分钟了，我也没工夫管太多细节了。

我问："这些头寸有盈利吗？"

我和他抬头看了一眼行情面板，市场开盘在90.12，我账户里的5手债券合约是在整数位（90）买入的，现在就是每手12跳的收益。

经纪人建议道："你何不在开盘价就把它们都卖了呢？"

我回答说："我没意见。"

于是我们在 90.10 卖了这 5 手合约，获利差不多 1500 美元。没有人来找过这笔交易的问题。当然，这么好运的事情后来就再也没出现过。有时候你会遇到这种稀里糊涂的经纪人莫名其妙地送一笔钱给你。

止损

我从不会下预埋止损单（resting stop），让我来告诉你为什么。

我以前年轻，缺少经验，有一次交易黄金，把止损就设置在持仓成本以下。结果我止损的成交价居然比那天的低点还要低。那时候，我不知道自己是否应该抗议，所以自认倒霉了。当然，原先的头寸本可以大赚一笔钱的，但我已经被止损出局了。从那以后，我就再也没有在市场中下过预埋止损单。

大约一年前，我接到一个自称是乔（Joe）的人打来的电话。他交易的是迷你标普股指期货，当时他买在了日内的高点，卖在了日内的低点。我问他：就做一手合约也能亏这么多钱，究竟是怎么办到的？他报出的亏损金额是我当时闻所未闻的大数字。

乔说："情况是这样的，你说过主力会突袭止损单，而我不想让他们轻易从我这里得逞……"

他的话让我不敢相信自己的耳朵。我说："你没有让他们轻易得逞，于是就让他们最终掠夺了你账户的 25% 以上的资金。"这简直称得上是我听过的最离谱的止损事迹了。

我不愿意设置预埋止损单，并不代表我就没有清晰的持仓界线，在心理上我知道过了这道线我就必须采取止损了（mental stop）。心里必须有一个价格，需要你采取行动来干预这笔交易。管理亏损是交易成功之道的重要一环。

止损设置，不管是心理上的还是实际上的，都是一个非常棘手的问题。可以想象，大多数新手交易者都把这个过程搞反了。新手交易者总是倾向于按照他愿意亏出去的金额来设置止损。这一做法是错误的，原因有两个。第一，市场根本不在乎你的风险承受能力有多大。第二，如果你的止损单和一堆止损单放在一起，那么你实际出场的价位就会和你预期的价位相差太远了。换句话说，如果市场跌破了支撑水平，那么在这个位置大量的卖出止损指令就会制造出短期恐慌性抛售现象。反过来，如果市场突破了阻力位置，买入平仓的止损指令就会把市场继续强势推高。这里每种情况，都需要你付出额外的成本。

明智的止损设置需要考虑交易时的市场环境。比如，波动性强的市场，相比走势平稳的市场，就需要止损单设置得更远一些。否则，市场随机的摆动就会把你本有可能获利的头寸清扫出门。3～4分钱的止损（每手75～100美元），对于燕麦之类的走势平稳的期货市场可能是管用的。但这么小的止损空间，对于上下翻飞的标普股指期货来说，十有八九都只会是白白亏掉。除了波动性之外，止损的设置还要考虑一个因素，那就是你进场的位置。如果你的买入价位接近当天走势的高点，因为现在获利了结的打压力量已经出现，相比精心操作的在回调结束时的买入，你就需要承担更大的浮亏。要做到这一点，需要比较复杂的技巧，但一旦你掌握了市场运行的规律，这一点就不难办到。我想强调一点，那就是不要再执迷于寻找一劳永逸的现成答案。如果这笔交易合理止损需要的资金量超过了你当前愿意承担的金额，那就换个市场交易吧。你在交易时一定不能有太大的资金方面的压力。资金是第二位的，要想赢得交易，你必须关注第一位的——市场本身的行为，按照概率高的方向来采取行动。

我知道这一点说起来容易，实际做起来难。但若你在交易一开始就自缚手脚，那你就注定会输。

玩你熟悉的游戏

　　新手交易者倾向于在交易中途改变规则。我在前文中已经提到过，我们可以通过交易者同时关注的市场的数量和他采用的交易策略的数量，来判断他是不是新手。专业的老手与新手不同，他们只做一件事，并且通过一遍又一遍的练习将它做好。在我交易的这些年里，我仅仅在日内高点卖出过一次，也仅仅在日内低点买入过一次。也许你会觉得最高点卖出、最低点买进就像完成一次绝杀，一定是妥妥地赚钱。但实际上，虽然我那一次运气出奇地好，我却亏了钱，因为我在日内交易的中途改变了规则。

　　当时情况是这样的。那是 20 世纪 80 年代早期的一个星期五，芝加哥还有黄金交易市场。纽约一直以来都是黄金的主场，芝加哥的交易者认可纽约市场的主导地位，因此会去寻找两个市场间套利的机会。当然，拜这种套利行为所赐，市场产生了大量的成交量和流动性。当黄金价格飙升至 850 美元／盎司时，这里就有钱可以赚了。我当时是众多尝试利用这一现象获利的交易者之一。当时的黄金市场成交是如此活跃，以至于你还没填完报单指令，就能多赚到 1000 美元。也就是说，你一喊出"卖出！"，然后在交易卡片上填写交易员的席位号、经纪公司编号、合约数量、价格等信息，然后你一抬头看报价板，市场可能已朝着对你有利的方向波动了很大幅度。这样的日子实在令人亢奋不已。

　　那个周五的早上，我出城了，去佛罗里达州旅行。我在休息站停车，打电话给场内的经纪人，然后下了一单，卖出黄金。由于我当时不在芝加哥，所以我对这笔头寸设置了止损。当得知报单成交后，我就继续旅行。当这一天过去，我发现自己竟然卖在了当天的高点，而且人还远在佛罗里达州。真是运气爆表。那天接近收盘时，我决定让这笔浮盈自由发展。那一天市场趋势一路向下，收盘接近当天的低点。

像这样弱势的收盘，就代表空头当时完全主导了盘面，并且你可以预期，一旦消息被市场充分消化，第二天还会有更多的卖出。由于这是一个周末，我预期周一早上会出现更多紧张不安的卖出者，来继续打压市场。我打算届时再平掉空头仓位。

但我的预期没有落地，以色列空军居然在周末轰炸了伊拉克的核反应堆。结果周一早上黄金市场涨停价开盘。而我错上加错的是，出于恐慌在高位买平了合约，产生了一大笔亏损。哪知那天后来黄金市场缓慢地回落了。

从那以后，我就再也没有持有过隔夜的仓位。

回想起来，我曾经自欺欺人地想："我的规则不是不持有隔夜仓位，而是不持有浮亏的隔夜仓位。"也就是说，如果我的日内交易的头寸有浮盈，为什么不拿到第二天早上开盘再看看？也许能赚得更多呢！

其实这只是我给这场惨剧找的借口而已。问题是，我好几次尝试了这种做法，但我因为担心敞口头寸，晚上也睡不好觉。大约在第二天早上的 5 点钟，我会打开新闻电台了解伦敦那边的开盘情况，但结果证明这是毫无意义的担心。如果伦敦的开盘朝着对我有利的方向发展，那我会很满意，但又担心在美国开盘之前市场会回调。如果伦敦的开盘情况对我不利，那么我什么也做不了，只能干等几个小时，然后去交易所直面困境。在纽约和芝加哥市场开盘之前，市场走势反转，出现对我有利的行情的可能性十分渺茫。所以我隔夜持仓偶尔增加的利润并不足以弥补我面对亏损而额外付出的时间、精力和金钱。

或许，你选择隔夜持仓有你的道理，但如果你是个日内交易者，那就不要违背"日内交易"的规则。

每个人都会犯错。尤其是，如果你想成为日内交易的专家，犯错就是家常便饭。问题的关键是，分清楚所谓愚蠢错误和明智错误的差别。前者会永久地对你的交易生涯带来伤害，而后者不过是正常交易的一部分而已。你越早将这种愚蠢错误从你的交易经历中剔除出去，你便越早掌握交易之道，并开始稳定盈利。

理解市场形态

我们研究市场诸多现象的起始点就是理解市场形态（market pattern）。你即便是精通自我管理之道，又深刻理解市场的内在动力机制，还对市场交易的知识如数家珍，但若不懂市场形态，在交易上也会功亏一篑。你需要在图表中读懂市场的意图。比如，你需要看出空头平仓带来的短期反弹和真正的上涨行情之间的差别；你需要知道该重点注意什么情况，又该对什么情况视而不见；你需要看清楚多空双方孰强孰弱；你需要知道市场的诡谲之处，市场自顾自地表演同样的把戏，一些人对此摸不着头脑，而另一些人却洞若观火；你需要学会辨别主力资金在市场运作中留下的细微痕迹。

开始之前，你要学会测量市场，用数字来表达市场的强度、速度、市场动能，等等。这也正是交易如此迷人的地方。当交易者们能够对市场做出定量的分析，他们就有把握特定的行情会出现。然而，数字不该在未经理解的情况下粗暴地用于市场分析。那么到底该如何在特定的市场环境中利用好这些数字呢？

我坚信，交易者非常有必要尽可能多地了解关于市场的概念——强弱、支撑、阻力、动能，诸如此类。但为了有效地用好这些测量数据，首先要知道过去在类似的市场条件下都发生了什么。换句话说，你需要做历史数据的回测研究。如果你的研究工作做得到位，你就能掌握特定行情发生的概率。要是再配上良好的资金管理方法，你就很有希望制定出强有力的交易策略。

这么多关于市场的知识传递的东西，其实不过是一种观点而已，纯粹而简单。场内交易圈里流传一个说法：就算是坏了的钟，一天也有两次准的时候。有很多专家总想让你相信，他们在事前的确预见过市场重大事件的发生，但事后诸葛亮谁不会当？就好比，有一种甩面条的手法是这样的，把足够多的面条往墙上扔，总会有一些能够粘在墙上不掉下来。作为交易者，我们要学会忽视那些不可知的东西，而把精力专注在少数真正有价值的信息上。

只要你在医院做过检测，就很清楚医生不喜欢胡乱猜测。为了做出合理的诊断，医生会进行一系列检测：血压、心率、胆固醇、体重、验血、维生素及矿物质检查，等等。通常这些检测都会产生数据，而分析这些数据能帮我们缩小症状范围，锁定问题所在。有些数值过高或者过低，会为我们揭示特定疾病。同样的道理，对市场的分析也会产生一系列的数据，这些数据也有赖于我们的分析与解读。

这些数据都有哪些？它们都测量些什么？我们又该如何利用它们呢？我们很快会逐一探索这些问题的答案。

为了更好地利用这些市场形态，交易者首先要知道哪些形态胜算非常大，而哪些形态仅仅是有盈利的可能性而已。交易者必须尽量回避那些一般的交易机会，专注于那些胜算最大的交易机会，否则，就会踏入陷阱，在一般的交易机会上浪费了时间和金钱，而一旦做出一系列糟糕的交易，造成资金消损，进而又会打击他们的交易自信心。

我们将在接下来的篇章中重点关注最佳的交易机会。为了找到最佳的交易机会，先要排除掉大量的和抛硬币性质差不多的模棱两可的交易机会。

开始交易前，你必须理解，真正的交易机会数量非常少。要想成功地在少数确实存在的交易机会上获利，你就必须知道自己该等待什么，并且一旦出现信号你就要当机立断执行策略。有时候，交易机会还在形成的过程中，会给你20～30分钟的时间采取行动。但更多的情况下，交易机会的时间窗口只有几分钟。一旦机会错失，那就是真错失了。

关于交易，有个流传广泛的错误认识，就是认为专业的交易者随随便便进场就可以赚钱。其实不是，恰恰相反，专业的交易者知道的是何时该空仓观望，而且大多数时间他们都是处于这种状态。所以在电影《颠倒乾坤》（*Trading Places*）中用夸张的艺术手法表现的"交易野兽"的心态，在专业的交易者身上是见不到踪影的。

专业的交易者会等待一两个小时，甚至更久，仅仅为了抓住一段时长15分钟的上涨趋势，这一点可能会让新手交易者感到非常惊讶。但如果这是赚钱必须要付出的代价，那么等待就是合理的。此外，交易者并不是干等一两个小时，老练的交易者也在静观市场即将大幅波动的种种迹象。

实际上，市场并不会时时刻刻遮掩它的意图，而且所有的行情都不是从无中生出来的。出色的交易者会快速检查十来个甚至更多的指标，并且懂得根据当前的市场氛围来解读这些指标，然后快速地制订出交易计划。他甚至会后退几步，来看看更长期的趋势情况。比如他会观察季节走势形态。但最重要的是，他会保持足够的灵活性，跟着市场波动的节奏见机行事，灵活调整头寸。

我理解，交易新手总是倾向于在第一个好的交易机会出现时就全仓杀入。但这么做是有问题的，因为风险总是存在，无论对结果有多么笃定，都会有犯错的可能。交易者必须具备克制自己的能力。

我在前文中提到过，存在两类交易机会，一类是值得重仓出击的绝佳机会，另一类是更加常见的关乎生计的交易机会。专业的交易者懂得，正是经常出现的后者让他们得以负担起生活的开支。所以，在开始学习交易时，先以练习和实践为主，主要是避免大幅的亏损。在起步阶段，节奏放慢一点，保持耐心，后面有的是你赚钱的机会。

我在一开始就这么说，是因为我很清楚一知半解就操作交易会让你陷入巨大的危险。当你学习了市场的特定形态或特定现象，你又在实际交易中观察了三四次这种形态或市场现象，很快你就会自信满满，恨不得抵押房产，手握重金，以求在下次机会来临时上车（登上交易的大车）。

识别市场形态有很多种方法，但我会重点介绍我最熟悉的三种方法，它们分别是：

- ▶（1）阻力（resistance）与支撑（support），指出市场将会停止上涨或停止下跌的价位。
- ▶（2）时间（time）与价格（price），指出价格形态重复的时长与幅度大小。
- ▶（3）周内特定交易日（day of the week）的视角，用统计规律揭示周内特定交易日市场将倾向于何种表现。

总而言之，如果将这三种方法综合运用，你就能思路清晰地把握到市场前行的方向。其中，前两者是一体两面的。阻力和支撑衡量的是关键的价格水平，时间和价格衡量的是市场将用多长时间到达特定的目标位。再加上周内特定交易日的走势倾向，你就能提升对市场的把握。

这么多年来，我无数次熟练运用过这三种方法。现在，我会将这三种方法中运作良好的部分再提炼出来，综合运用。我从没向任何人说："试试吧，它们确实有用。"相反，我的态度是，谁用谁知道。只有你亲身体验过、尝试过，你才能真正有信心将一种交易策略化为己用。所以，今天我会跟别人说："你不必相信我的话。你不妨亲身实践一番，看看结果如何。"关于特定的交易技术，我总是能得到褒贬不一的众多评价，这让我觉得很有趣。有人打电话告诉我，我那个某某方法真是有史以来最棒的方法，又有人打来电话说，这种东西一文不值。我猜，正是因为人们观念相差悬殊，才构成了这个生机勃勃的交易市场，不管是对大豆期货还是对交易策略而言，道理都是这样的——有差异才有生命力。

下面的故事，我在以前的著作中提到过，这里为那些新读者而写。我记得在刚做交易那几年，我也犯了各种新手交易者能犯的一切愚蠢错误，我发疯一样地寻找能够在交易中管用的方法。当时，我在芝加哥商业交易所的图书馆里找到一部残破不堪的几乎无法阅读的作品，它是乔治·道格拉斯·泰勒的《预测法则》(Book Method)。在20世纪50年代，泰勒曾经用这种方法跟踪过谷物市场。他认为市场存在三日循环（three-day cycle）的周期，市场走势是由内在动力驱动的。按照泰勒的说法，市场下跌是给有识之士提供便宜的买入机会，以便从那些无知的人手中买下合约。然后，在涨价两天以后，市场走高使那些倒霉的空头恐慌得急忙平掉空头仓位，而价格却在当天晚些时候崩盘。这个理论挺有意思。但它有用吗？我开始用这个视角观察市场表现。迹象很明显，市场常常会低开，在低价位获得支撑，然后一路走高到收盘。另一方面，在这种牛气冲天的行情持续几天后，市场会迎来最后一次向新高的冲刺，然后你懂的，市场就开始崩盘了。我不知道在背后操纵市场的都是什么人。看起来似乎每天都是，人们永恒的贪婪和恐惧作为驱动市场前进的动力。不必管这些，我只知道我终于加入赢家的行列了。

我还观察到一个现象，那就是同一批场内交易员每天都在利用关键的阻力位和支撑位信息赚钱。

当我观察到场内的经纪人故意打压市场，来执行客户挂在他们那里的交易指令时，我还注意到，当这些止损单都执行完毕后，市场才会反转，并向反方向一路高歌猛进。这种现象我不止看到一两次，而是很多次。市场会回撤，一旦把大众交易者洗下车，市场就做好了反方向大幅波动的准备。另外，正如泰勒如此精确地指出，市场往往会运行到前高或者前低，刺穿一点点，然后就止步。我坚信这一点，并开始跟踪泰勒法则测算的数字，并把它们记在卡片上随身携带。最终，我终于得到了相对于大众交易者的巨大的优势。我知道了市场运行到哪个位置，就会触发止损单。泰勒的这些数字后来就演变为我的 LSS 三日循环体系的一部分。

　　有无数种方法来搞砸一个好的交易系统。这些年在交易上，我犯的错误也罄竹难书。我以为具备了预测的数字，我就可以大摇大摆地进场交易，随意地持有头寸了。但我往往发现，在这种时候，我常在该买入的地方卖出，在该卖出的地方买入。或者有时我也会受场内交易氛围的感染，跟随"交易者羊群"追涨杀跌，最后市场突然杀个回马枪，杀得我措手不及。每当这个时候，我又默默地掏出昨日收盘时就写好的小卡片，无奈地发现我的这些卡片提示都是正确的。终于有一天，经历了报告发布的交易日大溃败，我握紧双拳，发誓忠于我的交易体系决不动摇。我认真地梳理了自己的优缺点、强弱项，这一次是背水一战了，我告诉自己一定要全力以赴。

　　差不多是这个时候，我开始注意到，市场中最成功的那批交易者总是在一天中固定的时间段出现在交易场内，其他时候不见踪影。他们总是早早地出现在交易场内等着开盘，开盘个把小时之后又不见了，等到下午稍晚一些又会出现，这个时候市场也差不多准备好发动一波行情了。或许正是我无意中观察到的这种日内特定时间段的现象，成了我"时间与价格交易体系"的灵感来源？很有可能。你会看到同样一批人，每天下午挤进场内交易圈，你就知道好戏要上演了。就仿佛良辰一到，市场就开始大幅波动了。现在回想起来，我打赌这些绝不是偶然现象。

大约在这一时期，我对我的 LSS 交易数字越发充满信心。有一天早上，我正站在债券交易池里，这时有个报告发布了。这个报告肯定是强烈看多的（我是个纯粹的技术分析交易者，不太关心基本面的事情），因为场内交易员们开始用一种癫狂的方式买高价格。正是这个时候，我看到属于我的机会来了。市场一路走高，到达我的卖出价位，我马上对着市场的买入价报出卖出指令。"卖出！卖出！卖出！"我和站我旁边的三个看多的交易员分别成交了。市场短期内还在走高，接着美联储修改了什么数字吧（我猜），然后出现了耸人听闻的恐慌性大抛售。市场在巨大的抛压下如滚石滑坡，形势飞流直下。

我在下跌中平掉了我的空头头寸，而其他场内交易者以及一些场外交易者，已经陷入了典型的多头陷阱中。

等到这种恐慌性抛售结束，站在我边上的交易员，就是接下我卖单的其中一个人，转过身问我："你是怎么知道要在这里卖出的？"

我笑着回答："我猜就是运气吧。"

我一点儿也不打算和他促膝长谈关于泰勒数字的细节，以及它们是如何拯救险些陷入亏损的我，毕竟多一事不如少一事。

那时我真的很幸运。政府发布的各种报告一直以搅乱市场稳定著称。但在这些报告发布之前，你总是有机会选择正确的市场方向。但如果你要猜测报告的具体内容，那总是会有出错的时候。更好的做法是，等待报告带来的影响尘埃落定，然后从这个点开始你的分析。

我们不能低估泰勒对技术分析的贡献。他相信市场的方方面面都可以被衡量，市场的涨和跌、一个高点或者低点超过另一个高点或者低点的距离、各种测量值随时间推移的平均数，等等。他的数字可以分为买入组合线（buy envelope）和卖出组合线（sell envelope），并且可以对它们各自取平均数。对这两类对象取平均得到的结果就是一个买入数字和一个卖出数字。我知道，如果把这两个数字就当成交易的终极答案，对读者们来说就当然省事了。但市场实际上是如此的复杂，以至于它无法提前预测出实际的高点和低点。为了预测出实际的高点和低点，这些年来我们做了大量的研究。结果是毋庸置疑的。不存在任何简单的数学公式能够准确地预测出下一个交易日的价格波动区间，至少我们测试过的结果就是这样。然而，若是和一些常识结合考虑，泰勒数字还是能提供一些有价值的市场洞察。

比如说，等市场开盘后初步确立了一个价格区间，泰勒或者 LSS 交易体系就可以在先前的价格区间上叠加一个平均的区间数值。用这种方法就可以得到高低点将要出现的位置的很好的估计值。顺便提一下，这一点也是我们有必要日复一日重复交易同一个市场的主要原因。如果我交易的是大豆，我知道平均的波动是 15 美分，那么一旦市场开盘运行了一会儿以后，我就可以比较合理地推测出市场今天可能会收盘的价位。如果我之前从未在这个市场交易过，面对市场走势就会一头雾水。我想你应该不会反对，这种方法并不是无稽之谈。

比如我交易的是标普股指期货，我的计算表明高低点的价格区间大概是 20.00 个点。如果昨日收盘价在 1400.00 点，而第二天市场开盘没有跳空缺口，那么第二天可能会出现 1420.00 的高点，或者 1380.00 的低点。不过还要等第二天开盘以后，再来处理第二天的数字，这样效果会好得多。这时因为你开盘以后就能剔除掉没有出现的那种情况。比方说，我们根据这一设定，就是开盘一小时以后，很有可能当天价格区间的高低点其中之一就已经出现了。这个设定有什么启发呢？我将知道以下两种情况必然有一种成立，要么是日内的高低点之一已经出现，要么是日内的区间范围在当前点位的上下 20.00 点范围内。

下面用具体数字来演示这一方法。比如说市场昨日收盘在 1400.00 点，第二天开盘在 1404.00 点。开盘一小时后，走势确立的高低点分别是 1407.00 和 1400.00，区间波幅（波动范围）为 7.00 点。如果市场的平均波幅是 20.00 个点，那么我们就可以预期还有 13.00 个点的波幅。当然，这些判断都不是万无一失的。另一种合理的策略，是将 20.00 的平均波幅加到低点上，得到 1420.00 的点位，或者自高点 1407.00 扣减，得到 1387.00 的点位。有没有可能这一天两个点位都会走到呢？这种情况不太可能。有没有可能走到其中一个点位呢？这倒是很有可能。那么哪一个会出现呢？要想知道这个答案，首先有一些前提问题等待你回答。比如我们当前处于市场三日循环周期的哪一天？昨天的高低点前后顺序如何，高点在前还是低点在前？今天是周几？市场整体的牛熊氛围如何？近期趋势是向上还是向下？今天的开盘情况给了你什么线索？这些问题我们都将在接下来的篇幅中逐一探讨。我想强调的点在于，你在下单交易前必须充分考虑这些细节问题。

你得知道，市场的走势像水流一样变幻莫测。市场若强势突破，昨天的阻力位就摇身一变，成为今天的支撑位。此外，市场的趋势中还到处存在一层又一层的止损点位，每一个相关点位都有它的机遇与风险。

从日内走势看，市场总是会找到走势波动的均衡点。技术分析师会将这一点位称为价值区域（value area），价格会围绕价值区域上下波动。这也被称为盘整区间（consolidation area），价值区域像一块强有力的磁石拉拽着价格，一旦价格尝试离开这一区域，交易者通常可以尝试去做回归方向的交易。其中，格外重要的是昨日收盘价附近形成的价值区域，或者昨日最后 30 分钟走势形成的价值区域。这些价位是多空双方达成一致的地方。市场给出这个价格自有它的道理，基本面不会在一夜之间就面目全非，除非出现了压迫性的理由让我们不得不放弃这一假设。因此，每当市场在开盘时被拉开，在走势图上会呈现一个跳空（gap），我将其比作拉开一个大弹簧，那么最可能的结果就是弹簧要缩回它正常的形状。我们在前文中已经探讨了市场在开盘时突袭隔夜止损单的概念，它会带来小范围的自发性恐慌。但目前为止这些都只是日内走势的前戏，这些开幕时释放的烟幕弹仅仅是为了把钱从那些不在状态的交易者手中骗走。但日内真正意义上的价格走势还没有出现呢。出于这个理由，我会在开盘做点儿交易来提升我对市场的专注力（再也没有什么比盈利和亏损的预期更能提升人的专注力了），但我会把更多的弹药留给早上行情的后半段，甚至留到下午，等到真正的趋势降临，我再铁拳出击。

由于交易中有太多数字产生，交易者如果不够小心，很可能就会被扑面而来的行情信息压垮。这是因为太多的事件在太短的时间内发生，以至于交易者没有足够多的时间处理这些信息。有时候你必须全力以赴。让我举例说明吧。比如，市场一开盘，你就遇到了向上跳空的缺口。你由经验得知，这种正常的跳空缺口最后被回补的可能性是75%。所以如果马上做空，你的胜算就是75%。真的吗？我是说过缺口最终被回补的概率是75%，但我可不保证市场不会先涨个三五百点，给空头来个下马威。而且你要记住，总是存在25%的可能性缺口不会回补，在这种情况下，开盘的卖出就成了当日最低点的卖出！实际上，你永远不会知道确定的答案。

市场在高开后没有立刻回落的概率还是相当高的，如果你交易的市场日内波动区间以几千点记，情况就更是如此。（这一条不适用于那些存在涨停限制的市场。）总而言之，你必须对这笔交易的情况快速做出决策。让我告诉你为什么：市场本应该相当快地填补这个缺口，如果20～30分钟过去了，而缺口仍然没有要被填补的迹象，那就很可能是你搞错状况了。一种交易策略是一开盘就卖出一些，然后如果走势上涨，继续卖出来优化空头成本。如果你操作风格很激进，你还可以第三次卖出。但你必须尽快确认你的策略是正确的，市场要走向你预期的方向。如果市场不是按你的剧本来，你就要果断砍仓离场。

我之所以这么说，是因为有人在开盘卖出后就遇到了轧空行情（market die），这当然不是好迹象。如果空头没有占据绝对主导的优势，市场就不会下跌，新进场的多头很可能会撑起局面。如果这种上涨仅仅是突袭止损单带来的短期行为，又怎么会出现新进场的多头呢？在买入止损的指令执行完毕以后，市场就应该下跌，如果它不下跌，我们手里这个剧本就一定出了问题。

面对跳空，另一种交易策略是什么也不干。在这种情况下，你接受你错失了这次交易机会的现实。如果它再次向你预期的方向发展，你可能想要择机上车，但你要抵制住这种诱惑。等你想卖出时，很多空头也想卖出，你觉得如果跟这群人抢，你的报单执行情况会有多惨？如果你想卖出，就要趁首次上涨时，或趁市场还有涨势时卖出。你卖出后用不了太久就能知道你的决策对不对。行情看起来不确定性越大，你的卖出就会越安全。

我们为何要在刚开盘时、在不确定性最大时用资金冒险呢？因为这同时也是给你一天的交易打下不错根基很好的机会。另外，用这种方式派出一些先遣部队来打探市场，你就能对后市行情有一个直观的感受。我说不出"仅仅是旁观"和"实际动手做"到底有什么区别，但我可以告诉你这两种选择对你后面这一天剩下的操作有非常重要的影响。如果在这个交易日，我早早地做空然后止损，那么这一天再次有卖出的机会时，我就会更加谨慎。对做多来说，也是同样的道理。当然你也可以这样理解，通过这种做法，你获得了对当日市场方向的把握。但我相信，通过这种做法获得的信息，会对你这天后市做出巨额盈利的交易大有裨益。

昨日的收盘价位附近代表了市场的价值区域，那么今天的走势就有较大的可能重返这个位置。使用阻力和支撑的理论，交易者能划分出买入和卖出的区间，在相应的区间就有较大的信心执行买入或卖出操作。相比之下，新手交易者只会不假思索地进场，然后挂个止损单。你想，如果他们的进场价位和挂的止损单在同一价格区间内，这就是无谓地损失资金了，因为在你放弃头寸的这一刻，走势并没有破坏。

为了防止这一悲剧上演，你得先搞清楚是那些要素构成了买入和卖出价格区间的合理性。泰勒的预测法则让我们比较有把握地指出阻力和支撑的位置所在。这里的关键在于，你必须理解这种以划分价格区间为特点的交易策略的矛盾之处。比如说，在市场高歌猛进时买进，要好过萎靡不振时买进。在市场疲弱不堪时卖出，要好过在其步步高升时卖出。在市场走高时卖出是合理的，但若继续走高反而是个买入机会？没错，我就是这个意思。市场往往是强者越强，弱者越弱，趋势的力量往往让人叹为观止。让我们回顾一下1987年10月的市场剧情。首先，是那些拿不住头寸的家伙由于止损太近而卖出。接着，随着市场走弱，吸引了更多空头加入。最后，全世界都看空了，大小基金、投资者一致看空，当然，这个时候市场也要见底了。从微观层面看，这种剧情每天都在发生。就拿我所谓的正常跳空缺口（normal gap）和极端跳空缺口（extreme gap）来说吧，出现正常跳空缺口，你就可以反向操作；而出现极端跳空缺口，你就最好不要螳臂当车了，因为很可能趋势的发展将一去不回头。

那么，你怎样区分这两种缺口呢？我给出的答案可能你不会喜欢。因为我只有在亲眼看到缺口的发生时，才能判断它的性质。昨天称得上是极端跳空的，在今天看来却可能就是正常跳空。对缺口性质的判断在相当大程度上依赖于市场当下的波动性，随便用某个时间段的数值来区分缺口的性质就只可能是刻舟求剑。

所谓的区间交易（zone trading），不过也是阻力和支撑的概念。每个交易者都有自己热衷的数值和指标，它们可能是趋势线（trend line）、布林带（Bollinger band）、移动平均线（moving average）、统计指标（stochastic），或者是老牌的阻力和支撑位。这些工具都能够帮助你更好地把握市场走势。

还有一种观察市场形态的视角是测量走势的对称性（symmetry）。虽说市场的走势看起来很随机，但在熟悉市场形态的交易者眼中，市场将要走高或者走低的信号是清晰明确的。我将这一类市场分析的视角称作时间与价格；我甚至编写了一套叫作"狙击交易法"（Sniper Trading）的教材和视频，来介绍这种交易策略。"时间和价格"的分析与"阻力和支撑"的概念可谓是一体两面，它们研究的对象是市场趋势，并且尝试以当下的市场行为为基础来预测下一波趋势的发生。

我是如何做到在几跳误差范围内预测出下一波趋势的高低点位置的呢？我是如何精准预判出下一波趋势高低点的准确时间点的呢？答案就是时间与价格的交易体系。市场的对称性是客观的存在，如果你善加利用，便能拥抱利润。此外更重要的是，由于它为你提前描绘了接下来价格波动的幅度和时长，那么一旦走势苗头不对，市场的形态构造失败，你就能提前获得预警信号。就算这种情况出现，你也会多少有点儿收获。形态构造失败就意味着反向的走势即将出现。然后，原有的对称将继续投射，只不过方向是反向的。我知道这些说法听起来过于离奇，但如果你能接受市场节奏的存在，承认市场走势有它合理的一面，那么你就能发现这些形态的确是可以被认知的。而任何能够读懂这些形态的交易者便无须再妄加揣测市场的前景。

虽说阻力和支撑的交易体系与时间和价格的交易体系完全不同，但两者有着千丝万缕的关联。你绝对可以将它们双双纳入你的交易武器库，两者可以相辅相成、相互促进。

我知道谁都会当事后诸葛亮。其实奇妙的是，如果你弄懂了时间与价格交易策略，你就完全够资格做事前诸葛亮。我再说一遍，你不用相信我说什么。再往后几页，我们就会深入浅出地探讨这些概念，然后你完全可以亲身验证一番，看看是否正确。

"市场对称"的理念并不是什么新理论。这个概念的起源要追溯到市场分析的大师威廉·江恩。他开创性地探索了市场周期的概念，至今仍无人可出其右。当然他的问题在于他的理论中神秘主义色彩太浓了，以至于没有人能够把他的思想完整地翻译成大家都看得懂的大白话。本质上，他的思想是天地万物无一不受周期的支配。潮水的起落、月相的盈亏，万事万物都是如此。市场当然也有它周期性的一面。江恩在他所处的年代是默默无闻的先知，也是个充满争议的人物。

我无意于用寥寥几笔来评价江恩的事业。但本质上，他说过这样的话：市场和宇宙中其他的力量一样，以可预测的形态运行着。这些形态就其本质而言，就是时间与价格的对称性。换句话说，市场将在时长 Y 里波动 X 点的波幅，这两个数值是直接互相关联的。

虽说我学习研究江恩的事业已有多年，还在先前几本拙作中提到过。但我在 20 世纪 90 年代早期接到的一通电话，仍然让我大开眼界。来电者是我交易工作中的一位朋友比尔（Bill），他住在美国西海岸。

比尔问："你什么时候过来？我有一些交易上很有趣的概念想要和你展示一下。"

类似这样的电话，我接到过无数次了。通常来电者会认为他发现了什么交易圣杯，但实际上不过是统计指标或者其他什么指标的另一种解读而已。我跟比尔说，我计划在 10 月去一趟西海岸，到时候抽几天来见他。结果后来我在他那儿待了足足一个星期。

　　比尔在第一天早上说："你看到这里的趋势了吗？"他用手指着电脑屏幕。"市场在整整 8 分钟里恰好波动了 300 点，下一波趋势将会完全对称。"

　　我很疑惑，问道："什么时候出现呢？"

　　他说："现在还不好说，它还在盘整呢。"

　　我们静静地盯着电脑屏幕。获利了结的走势出现了，盘面开始回落，但盘整区间越发明显。市场的走势越发混乱，在我看来这个时候没人知道下一步会往哪个方向走。

　　比尔发现了他想要寻找的线索。他说："市场开始准备波动了，看这两个价格，它们完全一样。市场价格正在均衡中，这'车'马上就要'离站'了。"他手指着屏幕。然后他在计算器里飞快地演算了一番，把结果展示给我，他说："这个价位就是顶部。它应该在芝加哥时间上午 10:44 出现。"

　　然后，正好在芝加哥时间上午 10:44，精确地在他指出的高点，标普股指期货见顶了。这是这一天市场创下的新高点。趋势的时长正好是 8 分钟，绝对错不了，我是亲自对着一分钟走势图数出来的。

　　比尔说："趋势结束了，现在差不多是纽约人吃午饭的时间，我们也该休息一下了。"市场快速到达顶点以后，开始回落了。

　　我惊呆了。后来我问他："你到底是怎么知道这些信息的？"

　　他说："我可不知道，都是市场走势本身告诉我的。"

　　"市场都告诉你什么了？"

　　他解释道："市场告诉我它将往何处去，以及何时到达目标位。"

　　比尔接着向我详细阐述了对称的原理。他向我解释，一段趋势结束后是如何以镜像对称的方式展开下一段趋势的演绎的。正如你将石块抛入水池，会产生涟漪。这是普遍规律。市场的对称再显眼不过地摆在那里，只不过大家都视而不见罢了。

　　紧接着，我马上告诉他我就是喜欢把知识分享给别人。因为我既是交易者，又是写作者，这么有价值的信息我无法默默占为己有。

　　比尔笑了："乔治，你是我的朋友。如果我能够帮你或者其他什么人成为更好的交易者，那真是再好不过了。赠人玫瑰，手有余香嘛。"正如大多数乐善好施的人一样，比尔精神高尚，敬畏因善得福。

　　他这种慷慨深深打动了我。在我认识的富人中，我总是一再见到这种慷慨的出现。善有善报，恶有恶报。越是吝啬，便失去越多。这也是交易本身绝佳的象征。明智地接纳不确定性，将获回报，而执着于确定性的幻想，将受惩罚。这样的魔咒无处不在。

　　那一周剩下的时间，我们都用在寻找市场的对称上了。令人拍案叫绝的是，这种对称形态是如此稳定地出现并且清晰可见，即便是市场耍了花招，比如就算你对市场走势的初步估计有误，稍后你也能看到对称在相反方向演绎出来了。

　　那一周的所见所闻给我带来了相当深远的影响。通过辨认趋势的第一个波段，交易者就能够测量时间与价格，就能够得到精准的价格目标位和运行时长。此外，通过这样的分析我们还能识别出潜在的回撤空间，划分出买入和卖出区间。交易的底线原则就是，除非你知道市场将往哪里去并且何时会到达，否则你就不要进场交易。当然，你也要知道最大的回撤幅度有多大。如果一个波段走势构造失败，你就能够马上得知这一点，从这个构造失败的走势中获得启发，然后你也就有了新的走势参数。回顾过往的行情，几乎天天都能看到这些对称形态的明显踪迹。当然，面向未来的分析的难度总是会更大一些，你还需要将一系列因素纳入考虑范围。

　　在飞回东部以后，我迫不及待地回家，想要用新学到的时间与价格分析体系来研究市场。如果我在比尔工作室的所见所闻都是真的，那么我的交易生涯即将打开新局面、新境界了。多年来，从我自己的角度看，我一直是一个偏长线的交易者，开盘时进场，收盘时才出场。虽说获利的次数也多，但也常常一天下来耗尽心力。我常常发现自己进一步又退两步。为什么辛辛苦苦赚到的钱就这么吐了回去呢？用比尔的方法：除非我知道价格会去哪里、何时到达（精确到1分钟和1跳），否则就不要进场交易。这简直称得上交易盈利的高速公路了。此外，在紧密监控下，交易的风险可以说微乎其微。你在进场前就能知道交易的所有要素：趋势的方向、到达目标位的时间点，以及万一形态构造失败该何时离场观望。除了这些，你还想要更多什么呢？可以理解，我激动的心情让我不断思考，如何将这种市场对称的新视角用于交易。正如我主张任何人也不要把我的话当作金科玉律一样，我也并没有毫无保留地相信比尔的观点。也许，我那一周的见闻纯粹是因为运气呢？不行，我必须先调查，做研究。

除非我能够相当有把握自己没有犯愚蠢的错误，否则我不会在交易上下重注。从止盈和止损两个角度出发，若你能成功地提前勾勒出交易顺利的模样，对市场的发展状态你就至少有了把握。这样的你，比那些只会猜测的家伙不知道要高到哪里去了。总而言之，如果你知道市场的剧本会怎么演，并且你有利用这特定走势获利的交易计划，那么即使走势发展不顺利，你也能及时采取保护措施。就这样，一度隐藏在暗幕中的市场形态终于显现在我们的视野。诚然，彻底理解市场的对称仍然是相当大的挑战，但我感觉自己已准备好直面这一挑战了。有时候，恰当的机遇刚好出现在恰当的时间点。

我相信冥冥中自有天意（serendipity），这一概念源于波斯神话故事《三个锡兰⊖王子》（*The Three Prince of Serendip*）。字典中，"serendipity"

⊖ 锡兰，斯里兰卡的旧称，"Serendip"有不期而遇的美好之地的意思。

这个词的意思是与有价值的事物不期而遇。我必须补充一点，就是欲速则不达。我相信无论是交易还是生活，道理是相通的。多少次，你在生活或交易中执着于某事必会发生？结果都是徒劳。这种现象有一丝禅宗的意味。越是刻意，越是弄巧成拙。

我对时间与价格对称的发现完全是一次天意安排。如果我不认识比尔，如果他不是我的学生，那我就不会接触对称的概念。当然，这也需要相当程度的谦卑，我们必须承认没有人是无所不知的。若不是当时我恰好计划着一趟西海岸的旅行，那么不管比尔怎么来电话，我都不会去拜访他。若不是我对江恩的思想有所涉猎，我也不会了解他所谓的市场对称的概念，以及在此基础上建立的时间与价格的概念。若没有这么多的前提的存在，我就会与这个理念无缘了。这么多的事情的成立，都是以"在正确的时间出现在正确的地点"为基础的。当然，前提是你必须对新鲜事物保持开放的头脑。

在我成长为交易员的道路上，布满了荆棘与坎坷、心酸与绝望，然而与如此多美妙的奇遇相比，它们简直就不值一提了。我回想起在温馨的咖啡店，我与第一位导师的对话。从支撑我咬牙挺过交易崩溃边缘的角度看，这些对话究竟价值几何？我又是如此幸运，发现了泰勒的思想和市场运作原理的概念。大约 20 年后，书上的那句"市场下跌是为了上涨，而上涨是为了下跌"是如此振聋发聩，我读到它时的情景依然历历在目。

我还记得，我请第一位程序员来测试一些交易上的理论，当他告诉我，我的理论经测试被证明毫无作用时，我有多失望。他把电脑打印的结果拿给我看，说："真不好意思，这些理论没什么用。不过你给我的1500 美元，还是多谢了。"我马上就意识到我必须另请高明了。又是天意，我找到了另一位程序员。这么多年来，这样的例子太多太多了，很多时候，一直渴望的答案就像地平线上的曙光，呼之欲出。

如果你也旅行过，就不难懂我的意思了。如果你对一切经历保持开放的心态，就会不经意发现你苦苦追寻的东西，"蓦然回首，那人却在灯火阑珊处"。不久前，在巴黎，我和一位朋友从左岸咖啡馆出来，当时我提议去拜访街对面的教堂。不知道为什么我忽然有了拜访那座教堂的冲动，但我确实那样做了。14世纪时，圣杰曼德佩教堂是巴黎圣母院建立之前，巴黎最重要的教堂。作为典型的哥特式建筑，它既庄严又华丽。当时墙上贴着广告，说那天晚上会有莫扎特的《安魂曲》音乐会。我们随即决定赴会聆听。那天晚上，在微雨中漫步回到酒店，凡尔赛合唱团的曼妙乐章仍在耳边不绝如缕。这一刻，我意识到冥冥中的安排是多么有价值，这一刻，是我这段旅程的高光时刻。

关于这种偶然遇见又回报丰硕的体验，举不胜举。我再说个普通点的例子吧。几年前，我们正在为为期两天的交易讲座制作宣传手册。团队经过前期翔实的市场调研，已经开发出非常优秀的产品，但如何优雅又不浮夸地推广自己，成了一道难题。我们是可以列出统计的数字，证明我们的软件产品盈利有多么可观，但我们的目标客户已经从那些声名狼藉的同行那里见识过太多这样的宣传了。在客户的眼中，我们究竟有什么独一无二的优势呢？就在这时，我的合伙人想出了一个新奇的方案。

他提议说："何不搞个大派送？"

我问道："大派送？我们投入了几个月的心血，如果大派送，怎么回本呢？"

他说："不是要整个系统都大派送出去，只需要送到让人家知道我们确实有优势的程度，就足够了。"

这个策略确实管用。参加讲座的人群对我们提供的信息相当满意。有些人甚至靠着这些公式赚到钱然后支付了讲座的费用。而那些最终学会了拥抱交易不确定性的人，正如我在讲座中指出的，他们甚至赚到了更多的钱。几个月后，我仍然时不时接到别人打来的电话，他们都从资料堆里翻到了这本宣传册。有些人明确地告诉我，这本小宣传册上免费提供的信息要比他们买过的很多昂贵的电脑程序更有价值。这里再次出现了天意的安排，很多人是在无意中发现了这个有价值的交易工具。

要理解市场形态，最后就是从更大的视角出发，比如一周内特定交易日，来把握市场的走势。如果你几年前问我，一周内不同的交易日的交易都有何不同？我会立马对这种问题嗤之以鼻。但研究的结果改变了我的信念。现在，我们能够无可置疑地证明，一周内每个交易日都有它独特的形态。比如说，周一市场上涨的概率和周四市场下跌的概率都非常高，当然前提是，前一天的市场环境满足特定的条件。所以你可别听风就是雨了。大体说来，如果上周五收盘强势，周一就会延续强势。但如果上周五的走势偏弱，收盘在低点附近，那么周一也会跟着偏弱。另外，在牛市环境中，周四通常是最弱的一天，而在熊市环境中，若前三天都是走弱的，周四反而有望成为一周内最强势的交易日。

我说的这些结论，是建立在将近600个周内特定交易日的样本基础上的。根据我们的研究结论，我可以确切地告诉你，一个特定的交易日容易出现什么走势。诚然，例外情况总是存在的。但若你知道该等待什么线索，即便是例外情况也逃不脱你的掌控范围。我不希望你把周内特定交易日的交易思想想得过于简单。这些年来，我失去了好多支持者，因为他们都拒绝相信交易会这么难。事实上，不存在单一的公式或者价格形态能够预先板上钉钉地指出盈利的交易机会。更确切地，要想找出盈利的机会，需要先对市场的各种细枝末节了如指掌。市场分析就好比完成一项复杂的拼图。其中存在形态各异的各种走势，必须综合考虑。

周内特定交易日方法的一大好处就是它给你提供了大局观。在特定的交易日，对于你该预期什么，至少要有前瞻的把握。此外，虽说它让你后退一步来看清楚大致的日内走势，但同时它也和"价格与时间""阻力与支撑"的分析方法相互配合。通过周内特定交易日方法，你将找到两段清楚的日内趋势，分别是上午一段，下午一段，而在这两波趋势中间的，是中午的横盘走势。进一步观察，时间与空间的交易体系能让你微调交易，进一步将一段趋势分割为两段波幅与时长完全对等的波段走势。最令人惊讶的是，这些方法虽彼此不同，但它们居然终究殊途同归，彼此印证。

对大多数交易者来说，通过计算找到盈利的交易机会是项费时费力，又往往枯燥乏味的任务。但于我而言，于混沌中发掘秩序，不啻是一门艺术。于纷乱的走势中构筑出盈利的交易策略，再亲身实践一番，大有乐趣。至于投入金额大小，倒是次要的考虑因素。实际上，回顾过去，我觉得很多亏损的交易做得比盈利的交易还要舒服。为什么呢？因为盈利的交易无非就是"市场慷慨恩赐"的结果，而亏损的交易却是"正确地监控市场，采取手段干预，确保损失最小化"的结果。交易，重点在于过程。如果你持之以恒地做正确的事情，盈利就是早晚的事情。相反，如果鲁莽行事，即使偶尔赚大钱，只要没有离开市场，那也终将会连本带利如数返还给市场。

在新手交易者身上，我无数次见到一种现象。他们有时候运气不错，无知无畏地交易却赚了大钱。后来，错误接二连三地上演。他们以为自己具备了获利的能力，但亏损迟早会降临，将他们彻底摧毁。要是专注在有效的方法上，并且坚持用自律约束自己，他们的境况就一定会好很多。这些年来我见识过各种各样的交易者，但我从未见过鲁莽的人活到交易的最后。

新手交易者会问的第一件事是："我能赚多少钱？"只要他问出这个

问题，就几乎总是预示了提问者即将告别账户中的资金。若是你能专注于理解市场形态，并且逐渐培养出"坚持运用特定技术来分析市场"的自律精神，那么你的交易前景就充满希望。对刚刚入行、想从交易专家那里虎口夺食的交易者来说，不盈不亏其实已经相当不错了。

我记得我初次涉猎期货市场，面对如此多的数字和信息，简直要晕头转向了。然而，和大多数新手交易者一样，我一头钻进了市场的怀抱，一串交易操作，往往让我陷入深深的懊悔中。在经历无数次挫折后，市场的形态开始浮现在我眼前。大多数时候，我凭借直觉就可以认出这些形态。但直到我能够用量化的方式衡量形态，我才真正理解市场正在发生的一切。最终，我得以衡量市场的动能、强度，并以数字的方式分析市场的环境。这些数字使我对市场有了整体性的把握，最终成为我成功道路上的基石。接下来，我们将继续构造和理解这些数字的旅程。

第 2 章

时间与价格

狙击交易法

狙击交易法（sniper trading）是机动灵活的短线交易体系。其中的关键是对时间与价格空间的认识。在这个交易体系里，可以定量地识别特定的价格形态以及市场的对称。用时间和价格的方式来度量市场趋势是它的原理基础。

两波完全对称的价格运动，就构成了完整的（ideal）价格形态，它们的运动时间与价格波动幅度完全相同。显而易见，我们的想法是利用第一波趋势的信息，来预测第二波的时间与空间。在理想情况下，每个交易日会有两波趋势，分别在上午和下午各出现一次。

这种交易理念似乎非常简单，但你也要知道它实际上存在很多种变异。交易者若对此毫无思想准备，将会遇到巨大的障碍。虽然它对一部分时间与价格形态会失效，但这种失效不会违背市场整体的对称。举例来说，比如价格在 13 分钟内上涨了 4.50 点，通过对称的视角，你会看到一个完全相等的回落：13 分钟内下跌 4.50 点。在这个例子里，虽然第二波价格运动没有按预期出现，但对称这个理念本身并没有失效。

若想识别市场中的对称，我们必须接受部分意义上的（partial）对称，比如市场在价格空间上对称了，但时间上没有，反之亦然。情况还可以更复杂，比如对称不仅可以存在于两段价格运动构成的一波日内趋势，也可以存在于两波日内趋势构成的一整个交易日的走势，或者两周的价格走势构成的半个月的趋势，以此类推。只要你花点功夫正确地识别出对称，你将发现它无处不在。运用对称的概念，你就可以确立长线走势的价格目标位，或者为分钟级别的短线交易找到离场点。

从市场中赚钱的方法有很多，但狙击交易法是我所知效率最高的一种。因为它极其适合短线交易。运用这个方法，就不用考虑未来一周或者一个月以后的情况，甚至不用想当天会怎么收盘。比较贴切的描述是，基于前面 5 ~ 15 分钟的上涨或下跌，你打赌接下来的 30 ~ 60 分钟内会发生差不多的情况。这段旅程短暂、舒适、稳定，而且盈利非常丰厚，此外，它的交易风险是完全可控的。衡量一次交易的好坏，不是看最后赚了多少，而是看这个过程中有没有承担过多的风险。这种交易风格让风险又小又可控，因而收益风险比率十分理想。

有很多事情会加大你的交易难度，其中一种就是向市场过度索取。你索取得越多，你就要承担越多风险。随着我年纪的增长（但愿智慧也在增长），我对市场上高风险的交易方式，不像年轻时那么热衷了。我的目标很简单：持续稳定低风险地获利。很多经验丰富的交易员经历过市场极端的大起大落后，就对高风险的交易方式失去了兴趣。我也是如此。我发现这是风险容忍度的问题。那些年轻的交易员可失去的本来就不多，也许会认为承担高风险是合理的。那些年长的交易员历经多年的大浪淘

沙，才换来现在的财富规模，很可能就不赞同这种理念。实际上，狙击
交易法对这两种情况都适用。要想维持低风险交易，你要做的就是专注
于小幅度的价格波动。

我这里说的小幅度价格波动是一个相对的概念。近几十年来，市场
的变化可谓沧海桑田。1982 年 4 月，标普股指期货刚刚上市时，能出
现 3.00 个点的波动的交易日就算比较不错了。现如今（2000 年前后），
单单这个品种的日均波幅就达到了当年的十倍。对应的，今天的小波
动就是当年的大波动了。每 100 点波动（按场内的说法叫作一个"整
点"handle）的价值是 250 美元，4.00 个整点的波动就是 1000 美元。如
果交易 3 ～ 4 个合约，那就是 3000 ～ 4000 美元的收益。这些对现在的
5 分钟级别的走势上并不罕见。你也可以选择风险更小的股指期货，那
就是迷你标普，是标普 1/5 的波动价值。同样 4 个整点的波动，在这个
合约上会产生 200 美元的盈亏。

由于市场的对称本质上是无处不在的，因此时间与价格的交易法则
适用于各种条件下的各种市场。这当然并不意味着你应该交易其中大多
数的期货品种，只是说对称存在于各种类型的市场趋势中，无论是做多
还是做空。

捕获纯粹的趋势

在狙击交易者看来，趋势越是短暂，交易价值越大。道理很简单，
只有在这种短线交易中，你才能遇到所谓的"纯粹"的趋势，在其中，
走势干净利落，只朝一个方向运动。这也意味着你在持仓过程中要承受
的调整的压力很小甚至不存在。而在不纯粹的趋势中，你持仓越久，遇
到回调走势的可能性就越大，包括盘整走势、获利盘的离场打压，诸如
此类。这意味着你误把回调当成反转，从而导致错失头寸的概率也在

增大。

狙击交易者在每个交易日里寻找两段趋势，早上一段，下午一段。你可能会说，在有些交易日里存在不止两段趋势，但是这里我谈论的对象是一个交易日里两段最主要的趋势。这里，每段趋势由两段价格波动构成，你需要做的是捕获每段趋势中50%的波动。具体做法是观察测量第一段的价格走势，从中获取预测第二段走势需要的信息：运行时长（走势持续的时间长短）、价格目标（价格波动幅度）以及最大回撤（涉及止损点的设置）。

由于这些日内短线波动形成的速度非常快，紧跟着的价格走势会倾向于复制它们。这也意味着只要你正确入场，从市场中实现盈利将会又快又稳。每当市场运行，它就倾向于在一个方向上狂奔，这种纯粹的趋势就是你要找寻的对象。

虽然在狙击交易的进场标准中，允许存在一点宽松的尺度，但它绝不允许你犯下任何严重的错误。比如你预测，接下来会出现向上突破的走势。不过，你没有在盘整中入场，反而一直在等待，直到价格突破阻力位时入场。那你就不得不和一群买盘竞争价格，你的成交价格一定会很难看。实际上，在这种情况下，很可能在你买入的同时，大多数精明的人已经准备好要卖出了。

又或者，比如你正确地识别出了最大回撤的点位。然而你没有尝试分析目前市场到底是盘整还是反转，就放了个条件止损单，然后因止损被触发而离场。现在你出局了，但价格又很快回头，朝你判断的方向走。就这样，你白白承担了亏损，而且还可能丧失了重返市场的信心。没有人拿枪指着你的头来逼你做交易，确切地说，是你自己对亏损的恐惧一次次地让你做出了不必要的止损。对此，你的交易对手将喜闻乐见，正如秃鹫打量着它的猎物。

怎样才能阻止自己在交易上犯错误？很简单，彻底掌握市场运行的原理就够了。市场会愚弄尽可能多的人，似乎它是有意被设计成这样似的。很多时候，价格向一个方向大幅波动之前，会突然先搞一次反向袭击，洗掉这些止损盘。我们所有人都经历过这种情景：刚一止损，就发现自己原先的判断是正确的，真希望多坚持了几秒钟。

为了阐述这一点，让我们看看一幅一分钟走势图，在早盘的高低点间画水平线。仔细看，究竟价格是如何逼近这些高低点，然后又回撤的。这就是练习设置止损的方式。当然，盘面在这之后终究会突出重围，走出向上或者向下的趋势行情。但在此之前盘面只会上下盘整。

狙击交易法盈利的关键，就是避开盘整，并准确地把握住趋势行情。这就是测量时间与价格可以发挥作用的地方。一旦你学会做这种简单的加减，你也能轻易踏上纯粹趋势的快车。如果你还做不到，那就多看走势，多复盘。你可以观察 1 分钟和 5 分钟的 K 线图，等到你复盘有把握了，再试试去判断未来的趋势。由易到难，循序渐进，诸事可成。

绝大多数刚刚接触时间与价格交易体系的交易员其实并不容易成功，因为他们缺少等待最佳交易机会的耐心。记住在一个长达 6 小时的交易日里，你真正能够利用的足够纯粹的趋势行情可能只有 15 ～ 20 分钟。只有足够耐心，才能够利用好这样的趋势机会。然而，如果你缺少耐心，鲁莽地杀进杀出，很可能在趋势机会真正降临时，已经没有斗志了。我能够理解，你不想在趋势启动时因为没有持仓而干瞪眼，但请你也不要主观臆断趋势何时启动，好吗？测量时间与价格的交易体系会帮你做合适的判断。

有一些辅助性的指标，能够帮助我们筛选出更好的交易机会。比如你可以用背离的判别技术，结合当前时间（市场倾向于在早上或者下午晚些时候发展出不错的趋势行情）来把握最佳交易机会。请务必记住：

耐心等待最佳机会，同时抵制在其他时间开仓捞一把的诱惑，就是利用时间与价格交易体系盈利的关键要素。

利用已知线索

在市场中，要想明智地使用时间与价格交易体系，必须要先了解，在上一个交易日，市场的走势情况。做些统计可以发现，对于市场当天的波动范围，其中一个极值点通常会在早盘早早出现，而另一端的极值点通常在下午最后一个小时出现。但关于高点和低点出现的先后次序如何，统计研究没有发现明显的规律。对于这个问题，第3章涉及的泰勒三日循环预测法则可以提供线索。只要你能够定位目前处在三日循环中的哪个阶段，你就能以概率上的优势来推断当天更有可能是收涨还是收跌。另外，使用总共六种不同的参数，我们还可以推断出当天大概率出现的涨跌价位。

不管当天有没有趋势，绝大多数的市场在每个交易日都会多多少少动一下。实际上，一些最好的短线交易盈利，正是来自这种没有趋势行情的小幅波动中。因为在这种波动范围固定的日子里，特定的市场形态会变得非常容易预测和把握。比如众所周知的"寻找 – 破坏形态"，在这种形态中高低点会被反复打穿，但又很快折回。

我们还有一些线索可以利用。比如在某一个交易日，我们会知道前一交易日的收盘价。一旦开盘出现跳空，前日收盘价就会产生磁铁效应，吸引价格回到前一日的均衡点。比如对标普股指期货的统计研究表明，如果开盘价没有超过前一日的高低点范围，跳空缺口被填补的概率在75%以上，这真是条宝贵的信息。

我们知道一个值得操作的趋势会出现在交易日的头两个小时，少数情况下会推迟到中午（午盘）。同样地，下午的趋势行情一般发生在两点，或者美东时间更晚些时候。今天的开盘价通常是前一交易日的延续，并且会受到隔夜全球电子期货盘面的影响。弱者更弱，强者更强的规则会起作用，但你不要因此就简单地跟着弱势行情卖出，或者跟着强势行情买入。你也可以选择相反的方向交易，因为短线的趋势经常面临结束。通过时间与价格体系的测算，你经常可以准确地指出市场趋势将在何时终结。

利用未知信息

虽然把握不确定性很难，但要知道，不确定性才正是市场回报丰厚的原因。确切地说，如此多的交易机会正是依赖市场的不确定性而存在。因此，我们应该以更加接纳的态度来面对不确定性。出于对不确定的厌恶，我们会聆听各种专家观点、订阅很多研究报告或者不时采纳经纪人的建议，徒劳地指望他们给出一些交易上的真知灼见。我可以告诉你的是，彻底消除风险的努力，注定是竹篮打水一场空，要知道浑水中才有摸鱼的机会，等到一切都尘埃落定，交易机会也就烟消云散了。

最近有个人跑来告诉我一个绝好的交易机会，说能够在一个星期里本金翻倍，还没有任何风险！条件是先给他们 10 万美元预付款。听到这样的鬼扯，我只能一笑了之。

对交易新手来说，在这个充满专家的交易猎场里，学会接纳不确定性十分必要，但也十分困难。我们见过法庭上言之凿凿的技术专家，电视上抛头露脸的各行精英，从烹饪到房地产，行行出状元，于是想，怎么可能找不到一个人来告诉我们市场到底会怎么走呢？但市场专家的建议往往没有他们声称的那么有效。还记得猴子往报纸股票栏扎飞镖选股的那个故事吗？猴子竟然比华尔街经验丰富的专家还靠谱。

要说史上最难答的问题，排名第一的是"这只股票你怎么看"，紧随其后的可就是"你觉得市场接下来会怎么走"。没人知道答案，但是电视网络中不可胜数的专家却如此热衷于教给人们所谓的"答案"。

对于即将踏上交易之路的新手来说，首要的原则就是保持谦卑，不要不懂装懂，因为承认看不懂行情并不可耻。而且，交易者通常能犯下的最主要的错误就是意识不到市场在很多时候其实没有方向。匿名戒酒会的"十二步戒酒法"，第一步就是承认我们对酒精成瘾已经没有抵抗能力。我认为这很有借鉴意义。对我来说，这是唯一的能够敞开心扉接受的观念，那就是，市场的沉浮自有它的主宰，只是那不会是我。除了无条件接受市场的施予，别无他法。千万不要成为那种自吹自擂、总是自夸交易水平有多了不起的家伙。要想探索市场运行的奥秘，我们需要谦卑的心态。

市场中不言自明的真理是，虽然没有人知道市场在特定的交易日会怎么走，但是好消息是，我们不用预测未来也能做出一笔明智的交易，这需要掌握交易的方法，也需要大量的练习。简单地说，就是你得懂得如何交易。

学会读懂市场中隐藏的线索，你就能因此获利。这就是成为优秀交易员的秘诀。市场的开收高低、多空情绪，都会为接下来的走势提供宝贵的线索。通过专注于短线交易方法，你很快就能了解，特定的市场行为是怎样为紧接着的行情走势提供有效判断的。也许我们无法预测这个下午的走势，但是仔细研究最后十分钟的走势，我们可以合理地推测市场当前正在走高或者在走低。对下周、下个月甚至当天下午的走势预判都不容易做出，但是现在给我一段走势，我就能比较有把握地分析出，它在非常近的未来很可能出现的几种走势情况。

我们再来看 10 日平均波幅这个简单的概念。计算方法是将过去 10 天的波幅累加然后除以 10。这会让你了解一个交易日能够产生的平均波幅大小。我知道统计学家能够告诉你，今天市场波动幅度大于或者小于平均波幅的概率。但不用那么复杂，你把这个平均波幅加在上午的低点上，或者用上午的高点减去它，你就能大致推算出今天另一头的端点在什么位置。除此之外，还有更加复杂精巧的方法可以用来推算波动极值点，比如 LSS 体系预测法，它涉及更多的计算，但本质上运用的还是平均的概念，不管用什么方法，我们只要确保这种结果有一定概率优势就可以了。

对待不确定性的办法，就是从概率的角度思考问题。对两种情况来说，如果其中一种出现的概率十有八九，那你应该知道怎么选了吧！所有好的交易体系，拆解到最基础的层面上，就是不断做出正向期望的决策。

问题往往不在于接纳不确定性，恰恰相反，而在于那些板上钉钉的事情。如果你坚持要等到市场上涨后再急于买入，那么你的所作所为很可能不过是在给那些更早进场的风险更小的买入者输送盈利，他们此时已经在卖出了。简单地说，你买入时的入场点，正是市场看涨情绪最高的顶部。而交易赢家的思维方式则是，在其他人都不愿意冒险的时候敢于冒险买入。

灵活性

市场中任意两天的走势不会完全一样。就算它们有相似性，中间也一定间隔了几周，甚至几个月。所以刻板的、缺乏灵活性的方式在市场中是行不通的。要想赢，你就得做一个身手敏捷的胖子。上一分钟你还是一个坚定的多头，逢低买入来摊低持仓成本，到下一分钟你觉得时机不对就会准备平仓走人。

你需要的是一系列方法、观点、交易计划，以及其他起作用的东西，来确保你有信心抓起电话（交易中最难的环节）来布置头寸。狙击交易法就能帮助你实现这个目标。通过接下来规则的学习，你会掌握如何识别具有盈利可能性的交易机会。但你必须接受所有交易中只有一部分才会盈利的事实。如果你每次盈利都能抓住趋势最大的一段，那么就算只有一部分交易盈利，也是可以接受的。交易的首要任务就是确保自己可以在市场上长期生存下去。

时间与价格交易法的目标，是正确地识别可以带来盈利的交易机会。确切地说，你只有在知道市场将什么时候达到什么价位的前提下，才选择进场。做到这一点可相当不简单。

开始交易前，你需要做的是忘掉具体的盈亏，专注于辨别价格形态。只要你把你分内的工作做好，交易账户自然会渐渐丰厚殷实。一笔成功的交易由两个要素构成：第一，知道如何发现最佳交易机会（理论层面）；第二，知道如何在实战中运用这些理论（应用层面）。要想成为赢家，两者缺一不可。

掌握理论和熟练运用都需要下一番功夫。我们需要从理论开始学起。你要让自己沉浸在市场走势里，研究大量图形，然后让你亲自认识对称。你需要具备一个行情软件来直接展示 1 分钟和 5 分钟走势图。当然看 2 分钟、3 分钟或 4 分钟的图形也没有问题，因为市场的对称无处不在。你如果愿意，也可以看更长期的走势图。重点在于，在你真正使用真金白银实践"时间与价格"交易法之前，你必须研究大量的各种类型的走势图，仔仔细细推敲走势图的细节。

混沌中的对称

如果你觉得市场的走势是没有意义的混沌走势，不必担心，很多人都是这么想的。对于形态分析，我们都不是生而知之、不学而能的天才。也许你对技术分析的基础概念已经如数家珍，比如趋势线、支撑阻力、头肩形态，诸如此类。如果你不太懂，一本好的技术分析入门书籍会帮助你快速掌握这些概念。然而绝大多数的技术分析的问题在于，它们的判定过于主观。这些形态在形成阶段是极难辨认的。就算形态被辨认出来，也是众说纷纭，莫衷一是。现在你应该知道传统技术分析的短板所在了，那就是滞后性。等到技术图形能够被识别出来的时候，通常为时已晚，我们已经失去了先手机会，对走势无可奈何了。

运用时间与价格交易法就不一样了。你要找的是一个特定的形态，而且它非常容易被量化。虽然不可避免地会有对时间与价格形态的主观理解，但相对来说会少很多。记住无论你的分析多么严密，你始终也无法消除不确定性的影响。一般来说，我们会进行干净利落的计算，从而避免对市场走势的妄加猜测。

你可以从寻找日内的两波主要趋势来入手。不管你看的是 1 分钟图还是 20 分钟图，你都得先知道一个交易日的走势是怎样的。每当我在图形中被各种细节迷惑，缺少全局性的方向指引时，毫无例外，我都会切换到更大周期级别的走势图。1 分钟图看不懂，我就看 5 分钟图，如果还不行，就看 10 分钟图，以此类推。我迟早会发现我要找的目标：清晰的趋势。顺便提一下，你在这个阶段分析时，不要去考虑趋势未来会怎么走，你只需要盯着过去的走势看，看看是否能辨认出主要的趋势。当你能够辨别趋势，就开始看整个交易日的走势，看看能否看出上午一波趋势，下午又有一波？还是说，你看到了不止两波，那是三波？四波？

识别出这些日内趋势的重要性在于它们能够反映出这个日内交易潜在的盈利空间。就算你准备将仓内的头寸一持就是一整天，你也要知道其中绝大多数的获利来自市场走出短时间的趋势的时候。其他的时间，你要么所得甚少，要么就是小幅亏损。这个道理不但适用于你拿 10 分钟图做短线交易的情况，也同样适用于你做持头寸超过 6 个月的长线交易的情况。市场只有在趋势中才有盈利的机会。

　　你至少要看看整个交易日的走势，辨认其中的日内趋势。如果你每天只能找到一个趋势，很有可能你的时间周期选得太大了。如果你找到的趋势超过两个，那么很可能时间周期选得太小了。通常我会用 1 分钟图来做交易进出场，也参考 5 分钟图，来辨认当天的趋势形态。作为一个专注日内交易的交易者，10 分钟以上的周期图形对我来说意义不大。比如，我一点都不关心市场在下周走势如何。但如果你想用时间与价格交易法来操作长线，你看更大周期级别的图形是完全没有问题的。

　　一个交易日有两波趋势，假设我们已经就这一点达成了共识。仔细观察这两波趋势，你看到了什么？它们发生的时间是上午还是下午？还是两者都有？每一波趋势的波幅大概有多大？它们是相似的还是不相似的？在你的行情软件上仔细观察这些趋势，如果你在 5 分钟图上辨认出了它们的存在，现在切换到 1 分钟图来看看同样的位置有什么细节？放大图表，告诉我你看到了什么？

　　在这一学习阶段，你最好阅图无数。你会发现这些趋势的波动幅度差异很大，历时长短差异也很大。现在你知道每天寻找一模一样的走势会让你陷入多大的麻烦了吧？你也应该能看到，市场在大多数时间里，只是酝酿趋势，而不是处于趋势当中。此外，星期一的大幅上涨之后通常会跟着星期二的温和上扬。每一天的走势都因为各种原因而独一无二。也许这一天的上涨是受美联储发布的报告驱动，那一天的盘整又是因为当天没有什么新闻。而那些在爆出惊天大行情的日子里只满足于小额利润的交易者，无疑是在自取灭亡。同样的小利润目标，在波动性不那么大的日子里，就正好合适。为什么说灵活应对比刻板执行更加适合交易，你现在应该知道原因了。

　　让我们关注时间这个要素。如果你正在观察 1 分钟走势图，你就能以 1 分钟为单位来测量一段趋势发生的时长。如果你看的是 5 分钟图，你就能以 5 分钟为单位来测量趋势的时长。现在比较一下这两段趋势时长在一个交易日中所占的比重。

比如说，标普股指期货的交易时间，从美国东部时间上午 9:30 一直延续到下午 4:15，开盘的时间长达 6 小时 45 分钟，合计 405 分钟。如果这一天你观察到了两个 30 分钟时长的趋势，合计 60 分钟，那么这一天的市场，趋势部分仅仅占到 14.8%（用 60 除以 405 得到这个数字），大约 15%。

如此看来，市场大多数时间里都是没有趋势的，我赞同这个观点。我也理解你的想法，你认为如果你不在市场中持有头寸，那么一旦趋势来临，你就会踏空行情。也许吧。但这种思路要有前提条件。第一，你得在趋势来临时选对头寸方向。第二，就算你头寸方向对了，你也得经得住趋势中回撤行情，不会因为止损单被触发而离场。交易者的持仓总是会面临各种各样的风险。考虑到价格波动反复无常的特性，你很可能持不住当初深思熟虑的头寸。

现在让我们把视线转向时间节点。这些趋势一般都发生在什么时间节点呢？在上午 10 点，还是在下午 3 点？趋势发生的精准时间点总是在调整。但如果我们找的是一天两段的趋势，大多数情况下，一段会出现在早上而另一段在下午。例外总是存在的，你可能会发现，市场会在一段时期坚持一种特定的模式，随后不断改变。市场模式的不稳定可以解释通用的规则为什么不存在。比如有些时候，早上的趋势干脆利落、容易辨认，而下午的趋势难以辨认。随后模式转变，上午的走势复杂难辨，下午却简单明了。也有一些时候，上午的趋势行情会逐渐延迟到中午发生，但这是极少数情况。

我想强调的是，通过学习你会开始发现市场的形态，从而开始预测趋势。然后，我们将初次体验在市场一片混沌中看出对称的感受。是否还记得我说过的，一流的交易员仅仅在趋势启动前一刻入场？他们对时机的把握如此精巧，我认为这绝非偶然。

一旦你能够辨认出日内两波主要的趋势，最好再仔细审视它们。把图形放大，数一数 1 分钟 K 线的数量，从最低的低点开始，一直数到最高的高点。每一波趋势由两个波段构成，波段的定义是没有回撤的价格单边运动。比如说市场的单边上涨经历了 8 根 1 分钟 K 线，接着是一段多头获利了结的回落行情，进入盘整阶段。在盘整阶段里，市场进入均衡点通常需要两分钟。所谓均衡点就是连续两根 K 线收于同样的价格。到这里为止，你已经观察到了一段波段行情连接着一个均衡点，这些要素足以让你计算入场点、止盈点，以及最大回撤点了。

之前我们一直在谈论时间——趋势何时启动、历时长短，以及两个波段构成一个趋势的概念。如你所见，这里不存在万能的法则。趋势可以在不同的时间发生，它们历时长短不一，你也并不总能找到两个完全对称的波段，出于这个原因，你无法绝对精准地判断市场将如何涨跌。最多你只能预期某种类型的走势将会出现。而绝对准确的时间和价格信息，只能等市场亲自走出来。

通过对价格的监控可以预判波段的价格变动。比如你找到两个波段，组成了一个趋势，每个波段的波幅都是 4.00 点。只要你看到第一个波段，你就能对第二个波段的规模做出大致的估计。第一个波段不管波幅多大，第二波都会在规模上与之匹配。因此，你不太可能发现 7.00 点波幅的波段后面跟着一段 9.00 点波幅的波段。趋势中前后两个波段会在尺寸上相匹配。少数不匹配的情况里，第二波通常会波幅小一点儿。这个信号值得重视，这意味着趋势的第二波失败了。失败的对称波段通常是趋势将要反转的预警。

市场中同时存在时间与价格的对称。但这并不是说，这两者的对称每次都会一起出现，有些时候你会只看到时间的对称而找不到价格的对称，反之亦然。有必要强调一下，任何一天的"时间与价格"关系都是独一无二的，也就是说今天的走势规律和昨天没有必然联系。比如星期一你多次观察到市场在 8 分钟里上涨了 5.00 点，但到了星期二，情况完全有可能是 6 分钟波动 3.50 点。这里说的情况也存在例外，就是当这天开盘时市场形态恰好延续上一天的走势。在这种情况下，你可以参照昨天的对称关系来把握今天的行情。比如，前一天市场尾盘是上涨的，第二天市场低开，盘整了大概 5 ～ 10 分钟，然后向上突破。在这种情况下，今天的形态延续了昨天的走势，你会跨越两个交易日找到对称关系。

时间与价格法则

市场中时间与价格空间的理论本身很简单。简单地说，一天存在两波日内趋势，每一波日内趋势由两个相同时长、相同规模的波段构成。我们完全可以利用前一个波段给我们的信息，通过计算，来提前把握第二个波段的关键要点。比如，它的目标位在哪、什么时候能到达，以及我们要挺过多大的最大回撤，以下是具体法则。

1. 辨认趋势中第一个波段

这是狙击交易法的切入点。市场当前是在涨还是跌？涨跌的幅度有多大？目前的这波涨跌用了多长的时间？从低点到高点，把这些参数的确切数值测量出来。注意仅仅去测量趋势里面显著的、纯粹的、单向的波段。如果中间有上蹿下跳的行情，那些就不属于趋势的范畴。尽量不要把中间小幅的来回波动当成趋势，否则你很可能会过度交易，毕竟在一个交易日里，小幅波动非常频繁，而显著的趋势就一两个。大致上说，趋势早晚各出现一次。

趋势的显著特征就是它由两段明显的、规模接近的波段构成。每个波段都有时间和价格空间两个要素，换句话说就是它用多长时间运动了多少点的幅度以及市场的方向如何。总之，有了第一波，你就可以用对称的理念将第二波走势提前勾勒出来。

测量第一个波段的步骤如下：

（1）测量高低点的价格波动幅度以及方向。

（2）测量波动持续的时间，以分钟来计。

举个例子：市场在 14 分钟里，向上波动了 8 个点。

第二波通常会复制第一波的走势。在图 2-1 中，趋势的第一个波段已经被标明了。

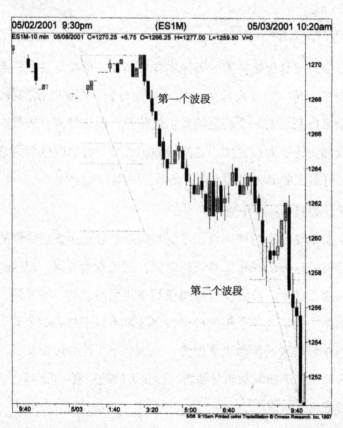

图 2-1　第一个波段出现后，价格开始盘整，第二个波段与第一个波段有相同的规模

2. 建立均衡点

所谓均衡点，就是趋势第一波末尾出现连续两次收在相同价位的现象，这个价格就是均衡点。在进入均衡点后，供需双方会达成平衡。均衡点用来计算市场对称所需要的参数。有时候，趋势里存在多个均衡点，我们最好统一用第一个出现的均衡点来做对称，因为后面的均衡点未必每次都会出现。

均衡点出现在趋势之后的盘整走势里。趋势的本质是多空双方至少一方占据了主导优势，从而推动盘面不断走高或走低，最终一定会出现获利盘的离场，使得价格的上涨或下跌暂时停下步伐。从均衡点以后，价格会开始回撤，这给了"时间与价格"交易者一个进场的机会。

在法则 1 中，我已经指出，当市场出现趋势时，第一要务就是观察方向，测量时间与价格。一旦掌握了这个参数，下一步就是去找均衡点，这个位置会决定交易止盈的目标点。

止盈的目标点是由第一个均衡点决定的。如果你发现第二个均衡点，也可以设置第二目标点。但如果执意要等第二、第三均衡点出来再设置止盈目标，就可能有错过并踏空行情的风险。

建立均衡点是进场或设置目标点的前提条件。相比大时间级别的图形，均衡点通常在小时间级别图形中（比如 1 分钟图）更容易被发现。

也存在一些情况，我们无法找到确切的均衡点。这种情况下，可以在盘整区间（成交密集区）中间位置画一条水平线，如图 2-2 所示，把这个价位当作均衡点。一般来说，不需要在 1 分钟图里这么处理，在这里，标准的均衡点是不难找到的，只要你足够耐心。跟在一个波段后面的盘整，有时候长达 6 ~ 12 分钟，极端情况下可能短到只有 1 ~ 2 分钟，进场几乎都来不及。

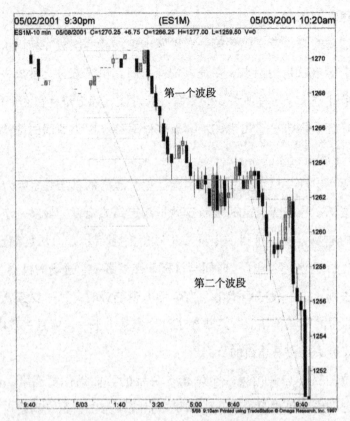

图 2-2　一条贯穿盘整区间的中间位置的水平线，代表均衡水平

时间与价格交易法中一个未知量就是中间盘整的长短，5～6分钟算比较短的，有时候要等1个小时甚至更久的盘整才会出第二个波段行情。

3.第二个波段目标点的计算

上涨趋势中，均衡点加上第一段波幅就得到第二个波段的目标点位，下跌趋势中，均衡点减去第一段波幅得到第二个波段的目标点位。趋势中第二段的波幅应该和第一段差不多，在上涨行情中，我们在均衡点的基础上加上第一段的波幅，就得到了第二段的止盈目标点，举例来说，如果第一个波段是7.00个点，随后均衡点位置在1309.00，只需要用 1309.00 加上 7.00 就得到了 1316.00 作为目标位。下跌的市场也是类似的做法，只不过用的是减法，一旦达到第二段下跌 7.00 个点的目标位，空头就开始获利平仓，这些买入盘的涌入会让市场企稳，并震荡上行。比如均衡点还是在 1309.00，减去 7.00 个点，就得到 1302.00 作为第二段下跌的目标位，请见图 2-3 的例子。

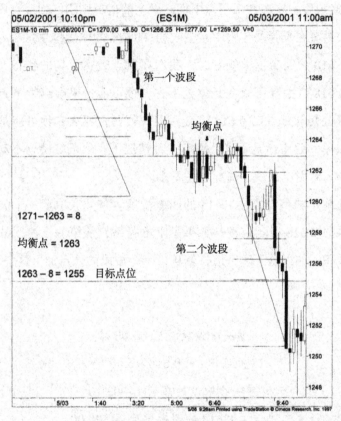

图 2-3　第一个波段出现 8 点的波幅，市场盘整，在 1263.00 位置形成均衡
　　　　点，减去 8 个点就得到 1255.00 的目标点位

4. 计算 0.618 的回撤位置

最大回撤（maximum adversity）也叫最大逆反点（maximum adversity）。交易总是有盈有亏，在一笔交易称得上亏损之前，0.618 的回撤位置是我

们在持仓过程中愿意容忍的最大的逆反运动。如果市场的回撤超过了这个幅度，很可能它正在转变趋势的方向。当然也存在例外，那就是市场在有意触发 0.618 位置的止损单。在这种情况下，回撤位置会被反复穿透两三次，然后市场才回到原来的趋势方向。触发止损单的行情是一种灵活的反向运动。比如上涨趋势中，交易者在回调的盘整阶段做多入场，0.618 回撤位置肯定会在入场点下面；做空的情况则刚好相反，比如趋势向下，交易者在反弹的盘整中做空入场，0.618 的回撤位总是在入场点上方。当 0.618 的回撤位被触发时，我们要重点观察市场的状态：如果价格跌破 0.618 位置并停留在此位置下方，很可能价格会继续下行。但如果价格只是短暂地跌破 0.618 位置，很快收回，那么它很可能是在故意触发止损单，后市还是看涨。在后一种情况下，你最好持仓不动，不要清扫出场。对做空来说，情况也差不多。

下面演示如何计算出 0.618 的回撤位置。首先获取第一个波段的波幅，并乘以 0.618 得到乘积，如果是上涨行情，从第一个波段的高点减去这个乘积；如果是下跌行情，就从第一个波段的低点加上这个乘积。

比如：

第一个波段波幅 =6.00 点

0.618 的回撤 =（0.618×6.00）=3.70

第一个波段的高点 =1303.70

此时，0.618 的回撤位置 =1300.00

如果价格在进行突破前的盘整，0.618 的回撤位置为我们建立了盘整波动的安全区域。在这个区域里，加仓是安全的。这就是所谓的摊成本（averaging）。给多头持仓摊成本，就需要价格越跌越买入，给空头持仓摊成本，就需要价格越涨越卖出。摊成本让你的多头持仓价格更低，空头持仓价格更高。摊成本额外的好处，就是在接近 0.618 回撤位时，让你以更低的风险进行加仓。当然前提是价格一旦突破 0.618 回撤位，你就需要快速离场。但不要认为 0.618 位置每次都会被打到。这仅仅是你在一次交易中愿意承担的最大市场反向空间而已。最好的做多机会，远在 0.618 位置被触碰之前就会吸引汹涌的买入力量。反过来说，最好的做空机会，也会远在 0.618 位置被触碰之前吸引卖出力量。因此，0.618 法则，对于"时间与价格"交易者来说，存在两个重要的好处：它画出了安全的买卖区间，并且给出了止损点。

5. 在均衡点附近进场

我过去经常强调，你要在均衡点下方才买入，或者在均衡点上方才卖出。但从实际操作经验来看，如果坚持这个规则，我们会错过很多相当不错的交易机会。如果均衡点一形成就进场，就能把握住这些机会。理想情况是，你等均衡点一形成就近进场，如果价格往 0.618 位置回撤就加仓（见图 2-4）。买入时，操作区间从均衡点一直到下方 0.618 价格回撤位。卖出时，操作区间从均衡点一直到上方 0.618 回撤位。实际情况是，一旦均衡点产生，你会发现进场点还有优化的空间。但从我的角度看，你若选择等待，则经常错失最佳机会；你若急于入场，则成本往往不太理想。所以长期来看，我怀疑它们的利弊会两两抵消。然而有一个原则是你必须坚持的，那就是进场一定要发生在买入和卖出区间内。我不推荐突破后再跟进，因为它风险太大。在突破点，价格已经蓄势待发，此时进场承担了巨大的风险。如果你不信，大可亲身实践一番。在这种模式下，十有八九你的成交价会很差，甚至在你收到成交反馈之前，止盈目标位都已经打到了。

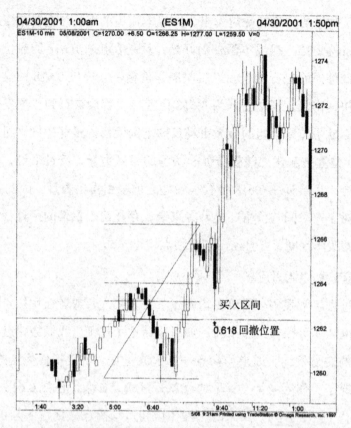

图 2-4　买入区间存在于均衡点和 0.618 回撤位置之间，在这一区间内任何
　　　　位置买入都是安全的

　　当构成均衡点的第二根 1 分钟 K 线完成时，你就有了入场的机会。
你可以用市场价或限价来进场。但是要记得，如果是指定价挂单，只有
等到市场价格穿透挂单价格，你的挂单才会被成交。而用市场价报单，
就能确保成交。我比较倾向于用市场价，因为在价格即将起飞的阶段，
我不会太在意一两跳的价差。但正如我前面提到的，交易者永远无法确
切预判盘整究竟会持续多久。我见过市场先盘整超过一个小时，再去完
成市场对称的情况，也见过市场在均衡点建立后，马上下一分钟就起飞
的情况。

6. 在 1 分钟图和 5 分钟图中，持续监控你的交易

屏幕上，1 分钟图和 5 分钟图呈现的信息很可能截然不同。我不反对你同时还使用其他的时间周期，但你需要至少两种不同的时间周期，分别对市场进行整体方向和微观细节的把握。否则，如果沉迷于 1 分钟图的走势，你可能会忍不住想抓住更多微小的波动，浪费了本该集中在两波主要日内趋势上的精力。我要特别指出这一点，因为这些年来我见过太多的交易者交易过度。我得承认那些微小的波动的诱惑确实很难抵抗，但幻想从这种走势上赚钱其实是自欺欺人的（见图 2-5）。每一笔交易，无论把握有多大，都蕴含着风险以及成本。第一，你要支付交易手续费；第二，你要向场内交易员支付点差，才能获得进场和离场的机会；第三，你还要确保自己选择的交易方向是正确的。可想而知，在这种情形下，想从市场中盈利是一项多么艰巨的挑战。据我所知，这个游戏唯一的出路就是把自己所有的精力和资本，聚焦在那些收益风险比最佳的交易机会上，并且见到战机就敢于亮剑。

7. 计算第二个波段将于何时结束，精确到分钟

这条法则不太容易做到，有以下原因。一旦均衡点被构造出来，你就马上有了一个盈利目标位。然而要想成功地进行时间与价格分析，你还需要对第二个波段进行时间测算，但是你对此一无所知，因为你无法事先得知市场何时向你预期的方向突破，甚至连突破本身是否朝这个方向发生你也无法确定。在此我必须强调，尽管时间与价格上的对称经常会出现，但也确实有一些情况，市场仅仅在时间上对称而没有在价格空间上对称，或者恰恰反过来。因此，你需要同时掌控时间与价格空间。在图 2-6 中，在第一个波段完成后，我们可以获知时间与价格空间的信息。但是请注意，对第二段来说，你无法确切掌握从哪里开始计算它的时间起点，直到突破发生以及交易开始产生效果之后。因此我的建议是，

你可以从每一个日内高低点开始计算，选择高点还是低点取决于你想市场是下跌还是上涨。

比如，你预期第二段将出现和第一段差不多的上涨行情。你现在已经掌握时间和价格空间信息了，比如 7 分钟上涨 4.50 点。当均衡点构建出来后，我们可以预判第二段的高点出现在均衡点上方 4.50 点的位置。那么，这个高点将在什么时间点出现呢？你可能会说，7 分钟以后。但市场可不会按照你的意思运转，它不会等你买入后 7 分钟就给你呈现高点。这个 7 分钟指的是，后面显著的突破走势将会和第一段差不多，持续 7 分钟。所以要问：应该从哪里开始计时呢？

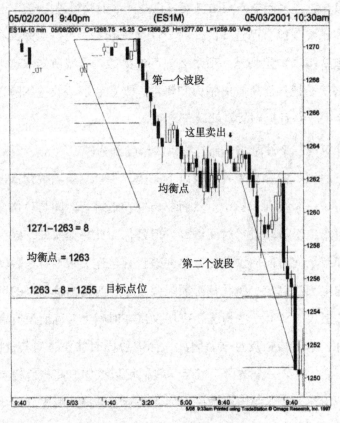

图 2-5　在均衡点上方卖出是最好的

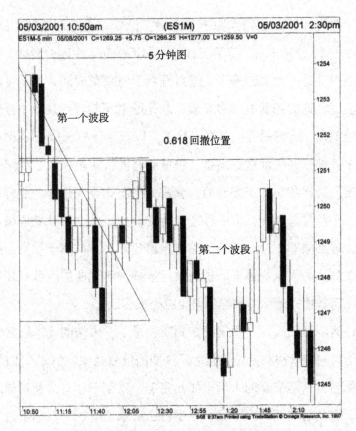

图 2-6　在 5 分钟图中，价格趋势清清楚楚

　　答案是，你得使用盘整阶段中每一个显著的日内低点，并从每一个低点时刻起向后面推算。所以当一个低点出现了，你就从那里起向后面数 K 线。比方说，2 分钟以后，刚刚那个看起来像上涨的走势又掉回盘整区间了，还跌破了前低。现在你就得重新开始数了。你得一直数下去，直到真正有效的突破行情发生。早晚你会等到你要的突破行情。现在你就有了一个具有可操作性的工具，它会准确地告诉你市场趋势将在何时结束。

　　现在设想你在均衡点后面进场做多，市场盘整几分钟，然后出现上涨行情，把价格推到新高。假如最后一个低点出现在下午 2:07。上涨的时长是 7 分钟，因此会结束在下午 2:14，恰好是上涨开始的 7 分钟后。市场在过去 30 分钟里进行了第三次甚至第四次向上突破的尝试，但前几次都是演习，这一次真的来了。通过预判上涨结束时间，你就可以提前准备离场了。这方面我有很多经验，就是绝对不能等到最后 1 分钟才打电话给经纪人。市场的变化节奏太快了，以至于下午 2:14 的顶部必须至少提前 1 分钟，并提前做好准备。预留的时间长短也取决于经纪公司的响应速度。同样我也有很多经验，就是如果不去预判顶部，通常就会铸成大错。一旦势头转向，前一秒还胜券在握的多头立马就变成慌不择路的空头，你必须非常小心。趁着趋势余温还在，不妨勇于抽身，把头寸甩给那些狂热的大众交易者。这当然远远好过等到曲终人散时才考虑黯然离场，而且这样做你的出场价格会漂亮很多。

为什么不握紧头寸，积累更多利润？错了。市场的剧本通常是这样的：运用时间和价格测量，你赶上了预期的价格运动，但你不主动离场，是因为你感觉这笔交易的入场点如此完美，以至于你对盈利目标的野心膨胀了。但获利离场的头寸会一步步打压市场走低，一旦你错过了顶部抛出的机会，你就得在低位处理掉，结果空欢喜一场，你只得到了一小部分胜利的果实，你本可以做得更好，本可以获得全部的。如果你不信，就自己亲身实践一番，我祝你好运。

我不想说得太复杂，但这里确实需要考虑另一种情况，那就是如果一笔交易在时间上是对称了（我们该离场了），但是价格上没有达到目标（还差了 100 点呢），怎么办？你很纠结，因为不知道该按时间到位离场还是该等到价格到位再离场。我希望我能够直接给你标准答案，但我做不到。我唯一可说的就是，价格形态有时候时间对称（但价格不对称），或者有时候价格对称（但时间不对称），在这种情况下，必须做出艰难的选择，你可以借助常识思考。这种情况下，不要考虑钱的问题，也不必考虑浮盈有多大。我大致会沿着这个思路来思考：我已经入场了，一切都按计划发生，但时间快用完了。根据对称法则，市场还有很大的价位空间要走（见图 2-7），但我的持仓仅仅剩 2 分钟了，这点儿时间大概不够它跑出这么多价位。

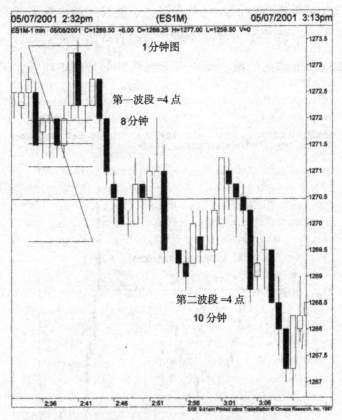

图 2-7　第二个波段的完成，多用了 2 分钟

　　现在我会看一下现货的价格（标普 500 指数），看看它们的走势强弱。然后我会让现货市场的短期走势方向来指引我的行动。如果现货价格走势较强，我可能会保持仓位不动。如果现货开始走弱，我就会获利离场。我想强调的是这笔交易本身涉及的浮动盈亏不是问题的关键，唯一重要的是市场当下的走势方向。

8.形态一旦失败，必须立刻采取行动

既然你已经有了目标价格，也有了目标时间点，如果形态失败，你就能及时得知（见图2-8）。形态失败最可靠的标志就是，市场突破后竟然又折返回盘整区间。当这种情况出现，你就得以最快的速度离场，甚至可以开始考虑转势了。由于我们对可能发生的局面有了充分的掌控，因此一旦市场无法实现预期的时间或者价格空间目标，你就会很容易发现这个形态的失败。而应对形态失败的最佳策略就是第一时间离场。

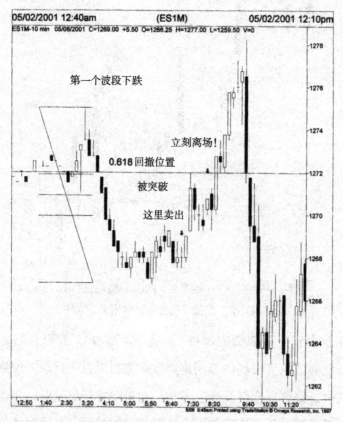

图2-8　一旦0.618回撤位置被突破，第二个波段的形态就构造失败了，此时必须立刻离场

9. 密切留意 "3" 的法则

所谓 "3" 的法则，说的是对支撑或者阻力的显著突破，通常发生在市场第 3 次尝试中。这个法则何以会起作用？我无从得知。我只知道，"3" 这个数字在市场中一次次地得到验证（见图 2-9）。当你知道市场何时会起作用，你就能够在随后的波动中持有仓位。如此说来，"3" 的法则就成了一种择时的技术。如果市场在第 3 次尝试之后，仍然没有成功突破，十有八九就是市场的风向已变。

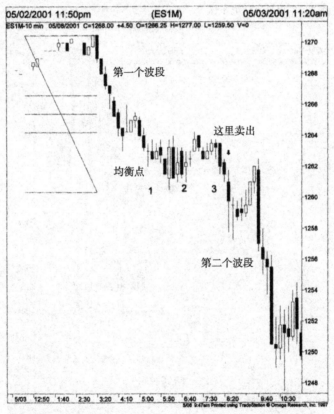

图 2-9　注意在第 3 次测试支撑后，市场是怎样崩盘的

10. 买入卖出永远发生在盘整区间内

没有任何例外能够违背这条规则。如果市场确实在你有机会进场前

就启动了，那就由它去吧。在接下来的交易环节你总是能再找到一个机会。顺便提下，我把每个交易日分成两段，一段上午，一段下午。如果错过了上午的机会，我就等待下午的机会。很多人会有正常的冲动，在突破发生时想要追逐市场。但这几乎总是一个错误的选择。第一个波段永远是第二个波段的先驱向导（见图2-10）。每当市场向上或向下运行，总是会有人选择获利了结。第一个波段会给你提供你需要的一切信息：市场方向、时间、价格以及潜在的最大逆反空间。你要做的，就是在第二段走势浮现之前就进场持仓。

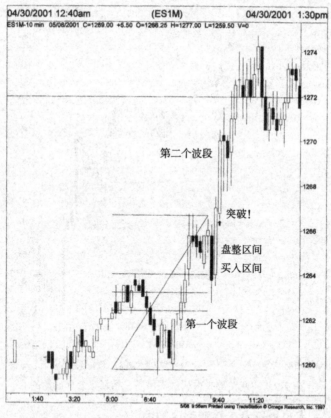

图 2-10　在突破发生前，在盘整区间内进场是最好的

11. 用辅助指标来确认判断

使用辅助指标（confirming indicator）能够让你更好地掌控交易。专注于 K 线本身的时间和价格空间已经足以称得上是好的交易，而合理运用辅助指标则会产生如虎添翼的拔群效果，它们会使你确信交易方向是正确的。我自己最趁手的指标是背离（divergence）指标。这里我指的是那种在实际价格转向之前就提前转身的指标。这个宝贵的信息，能让你在市场实际转势之前洞察先机。

我使用的一个比较流行的指标，叫作慢速随机指标（slow stochastic，SKD）。我会把这个指标放在行情软件价格图的底部。而 1 分钟图或 5 分钟图则运行在屏幕的上边部分。近年来我比较偏好用蜡烛图（K 线图），当然你习惯用竹线图也没什么问题。

慢速随机指标是一种摆动类指标，它能够衡量市场在特定时间周期的相对强弱。关于指标的参数，我通常就用默认的设置，不管什么软件都是如此。但我也猜测，指标的参数总是存在进一步优化的空间，最佳的参数配置通常因人而异。指标数值的意义有很多种解读方式，但是我只关心指标和价格在运动趋势上存在的背离。比如价格在下跌时，SKD 表现如何？它当然也会下跌，指标和价格这两者指向的是同一件事：趋势是向下的。反过来在价格上涨时，情况同样成立。但是当关键转折点发生时，此时市场即将转向，你会看到指标和价格走势之间出现背离。价格还在创新低，但是指标已经无法创下新低了，甚至指标已经开始转身向上。这样的背离，就能够提醒我，市场可能已经见底了。同样地，在市场见顶时，价格还在创新高，但是 SKD 已经不能和价格一起创新高了。这也是一种背离，能够提醒我价格即将见顶。有一种经典情景是，价格正在接近市场的顶部，通过时间和价格空间分析，你得知离场将发生在某个时刻某个价位。然后你诉诸走势图下方的 SKD 指标，看看背离是否正在形成。此时价格虽然在创新高，但是 SKD 指标开始盘整，而且无法突破前高。这就是一个大顶将至的可靠信号。

在图 2-11 中，我已经标明了指标的背离，这种指标背离可以帮交易者识别出顶部和底部。

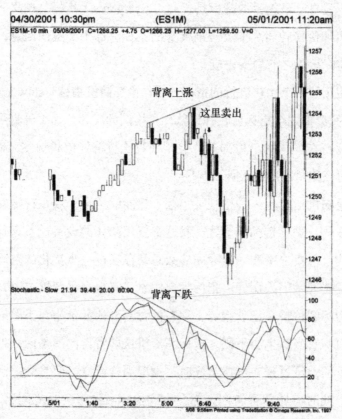

图 2-11　注意慢速随机指标和价格之间的背离，这通常是市场将要按照慢速随机指标的方向发生转变的明确信号

诸如 SKD 之类的指标，在实际运用过程中，确切的指标度数是无关紧要的。重要的是，你要找到价格和指标之间特定的形态（或者说关系）从而指出反转即将到来。

另一种背离存在于不同指标之间。当我交易标普股指期货时，我会跟踪 4 种指标，分别是标普指数现货、道琼斯工业指数、TICK（辅助指标，纽约证券交易所的股票中上涨数减去下跌数），以及最重要的股指期货的升贴水（premium）。我把它们设置在同一个页面里，这样能够更加容易发现背离。另外，我会用折线图而不是柱状图来表现这些指标。相比于指标的绝对数值，它们的相对走向更加重要。

有意思的是，这四个指标给出信号的重要性顺序并不固定，有时股指现货会主导，有时 TICK 或升贴水会给出重要线索。

你需要正确理解这些指标。大多数情况下，它们给不出什么重要的信息，无非是市场正在向上或者向下，这一点你已经知道了。但是一旦指标之间出现背离，你就获得了一个早期预警，告诉你情况有点儿不对劲，市场可能正在酝酿转向了。这些对我来说就是市场隐含的线索。它们突然出现，就意味着很多人要失望了。绝大多数交易者对行情即将到来的反转都是颇感意外的。他们会慌不择路、匆忙止损，而少数先知先觉、善于从指标背离中洞察先机的交易者才能受益。

不必说你也清楚，反转的发生通常是一转眼的事情。交易者前一分钟还心安理得地持有浮盈的仓位，下一分钟就得慌慌张张地通知经纪人平仓。现在你应该知道，为何交易总是只有少数人能赢了吧。

我前面提到，这些指标在正常的市场走势中能够提供的线索非常有限。如果期货价格下降，指标通常也会下降。而作为期货价格的定价基础，现货价格通常也会下降。众所周知，期货价格对现货价格是步步紧跟，正如狗的尾巴跟着狗一样。在下跌行情中，TICK 指标通常也会下跌，它衡量的是股市中上涨的股票数对下跌的股票数的差值。在下跌行情中，道指的 30 只成分股也会走弱。此时，期现货升贴水（衡量的是期货价格和现货价格的差异）通常也会走跌。你看，这么多指标告诉你的事情，无非是你早已经知晓的——市场正在下跌。

　　要想让它们发挥作用，指标间需要创造出背离。背离的发生，就是行情反转即将开始的征兆。交易者的目标就像是成为第一个逃离沉船的幸存者，这些指标能够在第一块船底板漏水时就通知到你，如果没有它们，你就得等到船舱进水才能反应过来。指标背离的方式有很多，其中一种重要的背离就是期现货升贴水的背离。我们用市场下跌举个例子。如果你运气不错，在下跌的顶部就持有了空头仓位，显然你会对市场的节节溃败感到心满意足。这种心态无可厚非，但你必须保持一分警醒，市场可以在一眨眼的工夫就大幅反弹。假如你监控着价格走势，同时也监控着那些辅助确认指标。所有的指标现在都在走低。突然间，在期货价、现货价、道琼斯工业指数、TICK 指标萎靡不振之时，升贴水指标却单单开始走强了。这是什么情况？其中一种可能是，交易池里的交易者判断市场正在反转，他们开始回补空头仓位，获利了结，或者开始建立多头。不必在意这些细节，交易者只需要知道，这股买入力量是不可能在市场里彻底隐迹藏形的。虽然价格还在走跌，但是期现货之间的价差关系已经在改变了，升贴水指标因此得以走强。这样的信号就非常清楚地指出了市场即将转向。也许场内交易员发现某只成分股正在领先市场。由于股票上涨与对应的指数上涨之间存在时间差，这里就有好几秒在市场之前做出反应的时间，对这些洞察先机的人来说就意味着巨大的利润，而对那些没有察觉背离现象的人来说，就意味着巨大的损失。随着期现货价差开始走高，指数虽然维持着之前的弱势，但是抛压已经逐步消退了。此时，正在上扬的升贴水指标和其他仍然疲弱的指标之间就有了非常显著的背离。如果持有空头仓位，此时就要尽快平仓了。如果你考虑的是建立多头仓位，那就必须赶快采取行动（见图 2-12）。时间可不等人。在这种背离指标的指引下，几分钟甚至几秒钟的差异都会对最终盈亏产生影响。

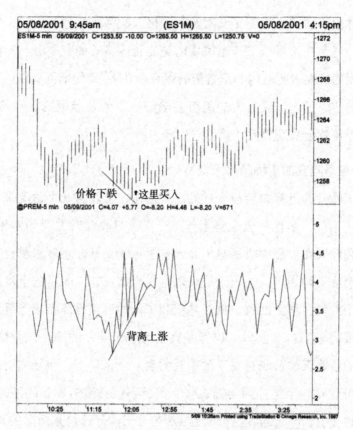

图 2-12 注意价格和指标间的背离，指标通常是正确的

　　市场上还存在一种现象，在此值得一提。那就是市场转向时，在强烈情绪的支配下，会发生短期的极端走势。我必须强调，这种走势一定是短期现象。市场的波动总会产生赢家和输家。他们都容易感情冲动。赢家很容易变得粗心大意和过分自信，而输家却可能失去理智，成为惊弓之鸟。这两类情绪掺在一起，市场就变得十分躁动，波动性开始增强。而那些在混沌中保持理性的人，此时就获得了绝佳的交易机会。正是因为这种情绪支配的市场走势的存在，才让那种站在盲目大众对立面的操作——例如在恐慌下跌时逆势买入——变得如此有利可图。在充满恐慌的市场环境中，你的持仓会因为站在正确的一边，而获得额外的厚赏。

当然，你也不要因此抛下了"时间和价格"的强大武器，主动去钻营这种生意。通常在市场极端情绪爆发时建立正确头寸的交易者，他们会有一种强烈的倾向去听从内心里贪婪的声音在呼唤："何不再坚持一下，让利润再奔跑一会？"但是要知道市场趋势的空间是有限的，一旦到位，持仓的浮盈就会快速蒸发，让你空欢喜一场。

12. 顺着隔夜的市场趋势来交易

关于昨日的走势如何与今日的走势衔接，可以从几个角度来看待这个问题。第一，是把早盘走势当作上个交易日收盘时波段的对称延续。比如市场昨天在上涨中收了盘，今天早上市场低开，接着盘整，之后没多久就形成了均衡点。这段走势可以这样理解：昨天收盘的上涨是趋势的第一个波段，早上的跳空低开是获利了结的调整打压市场走低。这个趋势还要完成第二个波段，也就是会成为今天早上的第一段行情走势。第二，假设昨天的市场是在下跌中收的盘。今天早上，市场向上跳空开盘，这可就是一个绝佳的卖出机会。市场不但会重拾昨日的下行趋势，而且会被吸引到昨天的收盘价附近（哪怕今天实际趋势是向上的）。有条通用法则你可以参照，那就是开盘的缺口将被填补，尤其是在市场没有按照"时间和价格对称"来运行时。既然形态已经完成（或缺口被填满），这就提供了一个绝佳的反向交易的机会。举例来说，如果市场昨日在下跌中收尾，最后几分钟小幅反弹，而今天大幅低开，通过计算你得知昨天的最后一个波段幅度正好是 5.00 点，现在市场低开距离昨天收盘也是 5.00 点，这样形态就完成了，市场几乎百分之百要反弹。这也被叫作弹簧效应（spring effect）：在自身张力作用下，市场向中间回归。这也正是经典的泰勒形态（Taylor pattern）。市场"先下蹲，再起跳"。图 2-13、图 2-14 和图 2-15 展示了这些形态。

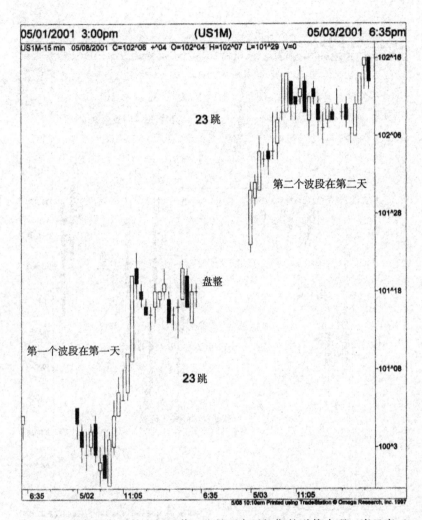

图 2-13 注意开盘后的小幅回落，这是开盘后初期的逆势表现，当日真正
       的方向是向上的；注意在第二天，完成了跨越两个交易日的对称
       形态

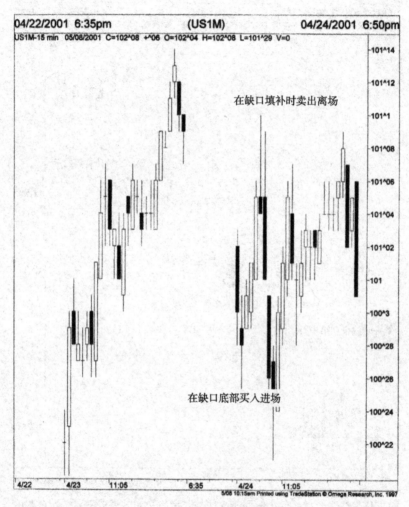

图 2-14 如果遇到开盘跳空，跳空缺口通常会被填补，一旦跳空缺口填补
完成，就要立刻离场，因为市场往往在这一刻开始反向运动

图 2-15　在一个交易日的早盘，往往会遭遇小幅的逆势行情，通常这是顺
　　　　　着更大周期趋势方向入场交易的最佳位置

13. 永远不要把止损单放在 0.618 回撤位置上

　　如果你不明白这一点，请回过去再看看法则 4。一方面，0.618 回撤
位是你在一笔正确的操作中需要承担的最大回撤空间，但另一方面，这
个位置也正是那些止损单突袭者攻击的目标。因此，一旦 0.618 位置被
触碰，你就要对走势保持警惕。仔细观察，市场价格是否侵犯了 0.618
的领地？如果是，市场上的人有没有组织起有效的反击？价格的反击表
现为快速的价格反转，通常发生在止损单被触发时。市场可能会短暂击
穿 0.618 位置，但又很快收回来。这就是蓄意冲击止损单的明确迹象。

应对这种情况，你还可以采用"3"的法则。如果 0.618 位置两度失而复得，那么第三次尝试就至关重要了。如果这一次仍然反击成功，市场就要开足马力前进了。道理很简单，市场的运行通常"事不过三"。但另一方面，如果第三次尝试成功了，市场就一去不返了。在这种情况下，你最好用突破进场方式做趋势跟随。最后，你最好留意一下市场在冲撞0.618 位置止损单时花费的时间。市场允许你在低点买、在高点卖的时间窗口通常十分短暂，所以，如果市场在蓄势待涨，它在低位弱势震荡的时间通常只有 5 ～ 10 分钟，强烈的买盘随时会冲进来推升价格。情况反过来，对蓄势待跌来说也是成立的。所以每当价格抵达 0.618 回撤位，我就会掐表计时。很明显，行情一触即发，我通常会在这个点位整装待发，随时做好开仓准备。你不知道它会在 0.618 位置待多久，时间一分一秒地过去。一旦它回撤到 0.618 回撤位，并继续回撤，那就别无选择，只能立刻止损离场。否则，如果是突袭止损单的脉冲行情，价格的反击会十分明显，市场的走势将会很快符合你的预期。

图 2-16 和图 2-17 分别展示了 0.618 位置被有效击穿和假破位的差别。

14. 请使用市价成交单

如果这一天你的交易持续到临近收盘，你推算的价格目标位按计划会出现在最后的 10 分钟里，通常用市场价方式离场会比较有利。理由是，临近收盘时，由于那些亏损者发现自己已经穷途末路，因此这个阶段的市场行情有时会变得很不理性，容易被恐慌驱动。所以，在上涨行情里，空头在最后几分钟会恐慌，会不顾一切地买入平仓。在下跌行情里，情况恰好反过来，多头会恐慌性抛售，以避免隔夜带来的额外亏损。

所以在尾盘时，市场走势容易偏离正轨，直到夜盘或者第二天开盘才恢复正常。

　　要想知道尾盘怎么走，推算时间和价格空间是最好的方式。然而，如果你过分沉浸于 1 分钟短线走势，而忽视了 5 分钟或 10 分钟走势呈现的全景结构，你很可能会因此过早地放弃一个好的头寸。

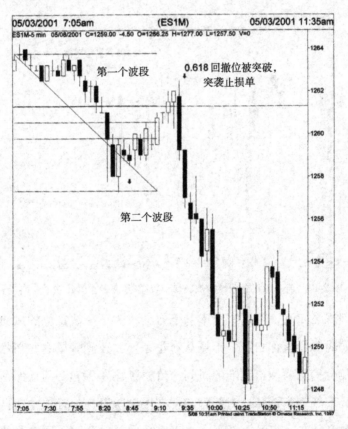

图 2-16　0.618 回撤位往往会被突袭止损单的行情短暂突破。小心不要被这种短期的脉冲行情洗下车。如果你拿稳头寸，在 5 ～ 10 分钟内它就该得到走势的验证

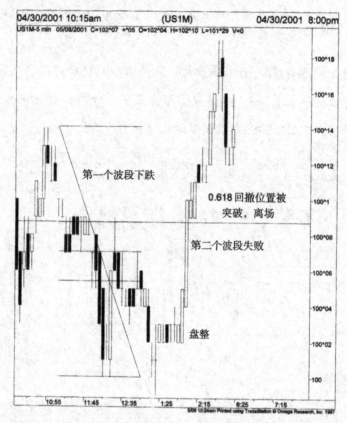

图 2-17　若 0.618 回撤位置被突破，不能再收回，就必须尽快离场

我们现在知道，最近一段市场走势会成为下一波走势的风向标。所以你不妨时刻提醒你自己：市场从哪里来？又要到哪里去？当然，在尾盘最后几分钟想要做出精准的时间与价格预测是不容易的，那是因为恐慌盘会让市场剑走偏锋。由此可知，在尾盘阶段，一旦你发现自己持仓错了，就必须马上离场。否则，由于市场中总是存在一厢情愿的侥幸心理，那些和你同一阵营的多头或空头，会死扛到最后一刻，然后同时惊慌尖叫着平仓，驱动价格大幅波动，把你打得血本无归。

对于尾盘交易的缺陷，已经给你打过预防针了。如果想把握尾盘的市场，这里也可以给出通用的建议。记住，你要掌握市场全局走势，并参考以下三条。

（1）如果下午走势和上午相反，通常下午的走势范围会覆盖整个上午的走势范围（见图 2-18）。

图 2-18　注意整个上午的下跌走势，被下午的规模接近的上涨走势抵消掉

（2）如果下午走势和上午同向，两个波段走势通常是"时间与价格"对称的（见图 2-19）。

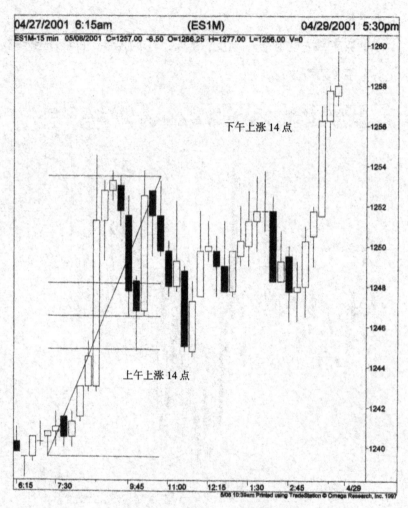

图 2-19　下午上涨和上午上涨完全对称

（3）如果这一天就没有趋势，那么收盘通常会收在盘整的中间位置（见图 2-20）。

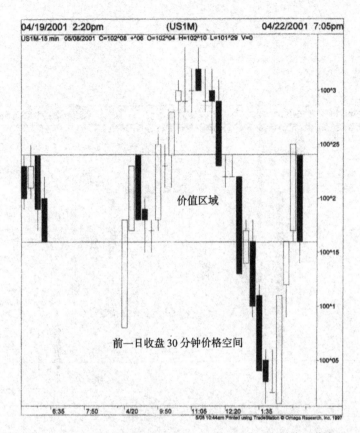

图 2-20　在没有趋势方向的日子，市场倾向于中间位置收盘

不妨研究一下图 2-21 和图 2-22，看能否看出市场下一步将往哪个方向运行。

15. 在 TICK 和 TICKI 指标走极端时，特别留意价格的反转

前面已经介绍过 TICK 指标了，它是股市中上涨票数和下跌票数的差值。TICKI 指标的原理是类似的，只不过它局限于道琼斯 30 只成分股。由于 TICKI 仅仅衡量道琼斯成分股的情况，因此它的取值范围为 −30 ～ 30。

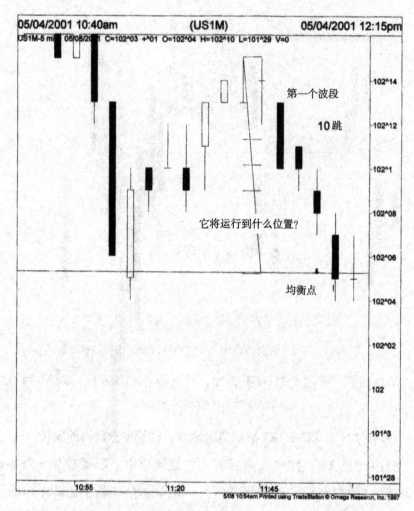

图 2-21 能否从第一个波段的走势中获取第二个波段的方向和幅度的线索

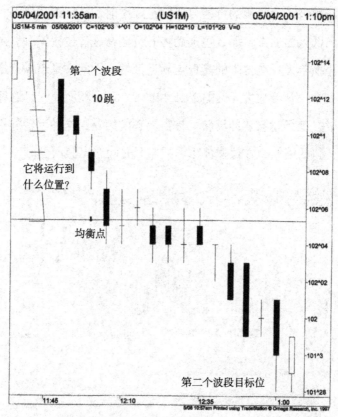

图 2-22　市场正好运行到目标位一跳的距离

正如前面在法则 11 里已经提过的辅助指标的用法，我将行情软件中的指标读数设置成单线（折线图），如图 2-23 和图 2-24 所示。这两个指标的用法如下：当 TICKI 涨过 24 时，寻找卖出机会；反过来当它跌破 −24 时，寻找买入机会。同理也适用于 TICK 涨过 600（或 800），以及 TICK 跌破 −600（或 −800）的情况。这些指标在高位或低位停留的时间都很短暂。指标的这种性质，对时间和价格空间交易来说是不错的确认信号。

16. 识别止损单埋伏区域

妥善运用这个规则可以提升你在正确点位离场的概率。比如根据时间和价格空间法则，你预测的价格目标位正好在前一个日内高点下方，或者前一个日内低点的上方，那么短期趋势有可能在这些位置停下。由于很多人喜欢把止损单设置在日内的高低点附近区域，因此一旦市场价进入这些区域，成交量通常会放大（见图 2-25 和图 2-26）。然而，一旦这些止损单被触发生效，市场就会随即反转。你需要理解的是，这种反转并不意味着市场整体趋势的终结，在这里停下的通常只是短线走势而已。

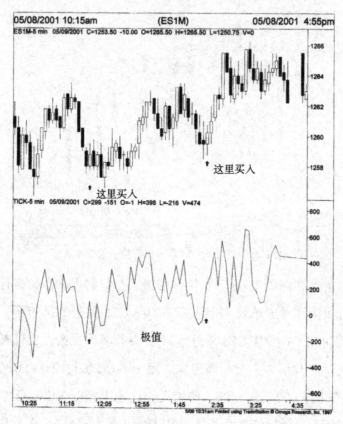

图 2-23　如何用 TICK 指标捕捉买入的良机

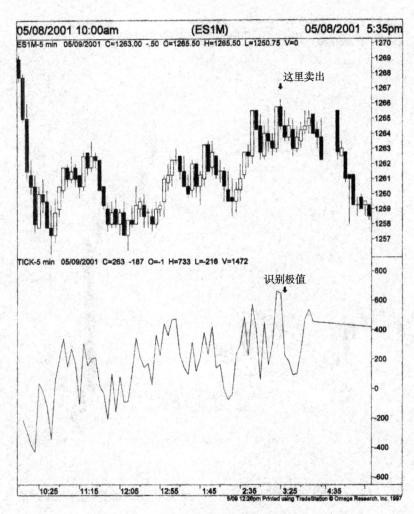

图 2-24　如何用 TICK 指标捕捉卖出的良机

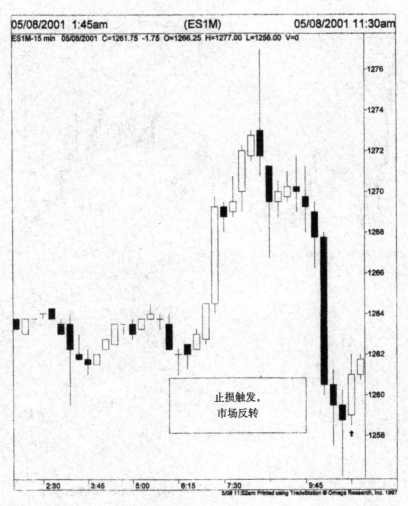

图 2-25　市场往往会先回测到原来的支撑位和阻力位，然后开始反转

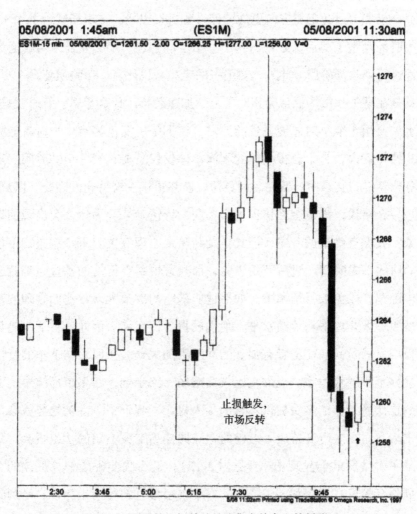

图 2-26　预埋的止损单总是聚集在前高和前低附近

17. 市场加速通常发生在下午

别人经常问我："上午和下午，哪个是更好的交易机会？"我倾向于在下午交易，因为这个时候市场已经初步达成了共识，市场中冲突的暗流会小很多，因此走势方向更加纯粹一些。想想吧，在市场经历了 4～5 个小时的盘整走势后，最终选择了一个方向前进，那么它通常会畅通无阻地运行到收盘阶段。此外，对下午的走势来说还有一个特质值得一提，那就是在下午，市场通常会相对于上午加速运行。什么意思？意思就是，在上午要用 1 个小时才能完成的波幅，在下午可能仅需半个小时就能完成。换句话说，为了获得同样的利润，你仅仅需要花费一半的时间。这也意味着你在交易中逗留的时间更短，能够更快发现持仓的问题，以及，一旦持仓错误，你也会更快地陷入不利的行情走势。为什么会出现加速现象？我没有确切的答案，但我怀疑与从众心理有关。不难想象，市场在"纽约午餐时间"过后开始飞驰，那些害怕踏空行情的基金经理就会匆忙上车，以免被行情抛下。如果他们踏空的次数太多，他们管理的基金就跟不上业内平均业绩水平，他们就得另谋生路。因此，在下午趋势变得明显的时候，交易者有强烈的冲动跟随大众。所以，在下午的行情中最好不要逆势而为。也许在上午，市场一路走低，在牛市环境中，上午的走低通常会给多头提供不错的买入机会，到下午，多头趋势就会显现出来。而在熊市环境中，上午的上涨同样给空头不错的卖出机会，到了下午，抛压就会显现出来（见图 2-27）。最后我要提醒你，最佳的交易周期会随机在上午和下午变换。仔细观察最近的行情走势，自己判断一下最佳的趋势行情是在上午还是下午。

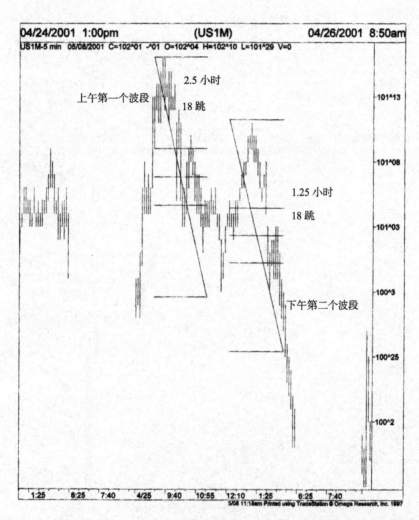

图 2-27 注意，下午第二个波段的走势更加清晰，没有第一个波段那么多的相反趋势

第 3 章

支撑与阻力

如何识别买入和卖出区域

说到形态识别，我们最容易想到的就是阻力和支撑区域（resistance and support zone）。早在技术分析发展的起步阶段，交易者就已经想方设法来量化市场的波动，努力让市场的形态变得有意义。

几乎每个交易者，都有自己最偏爱的技术指标或公式。有相当一部分的交易系统就是以市场公式为基础的。但正如其他研究市场的方法一样，以公式为基础的量化手段也有自己的优缺点。而在使用阻力和支撑公式时，最令人绝望的就是市场是如此复杂，以至于用简单的一个或一组数字描述市场无异于痴人说梦。有经验的技术分析师懂得如何正确理解这些数字，也懂得不同市场间细微的差异，更加清楚这些方法的局限性，知道何时该对它们置之不理。

我也有过这样的经历，那时我想把所有的交易决策都精简到一张小数字卡上，我会以前一天收盘的情况为基础，制作这张卡片，上面包含以下要素：买入、卖出价格，三四个阻力、支撑位置，适合买入和卖出的价格区间，以及超买、超卖的区间。每当这些数字与实际情况不符，我就会推倒重来，并尝试弄清问题出在哪里。我后来才意识到事情的真相：原来市场完全有可能每一天都走出全新的行情，而死守一种行情无异于刻舟求剑。我发现这些数字变成了甩不掉的拐杖，没有它们我简直无法在市场中行走。不过我也发现，尽管数字多少为我提供了助益，但单靠这些数字，我也无法持续成为市场中的赢家。

时至今日，我已经完全理解了前因后果。我也常常遇到刚刚入行的交易员，他们一心想找到神奇的公式。他们对"战胜市场是相当困难的"这样的忠告充耳不闻。实际上，任何一种逻辑上有合理性的技术指标都能提供利润。但是总会出现超出这个特定指标的能力范围的行情。此时，就需要你后退一步，重新审视技术指标的本质，它们不过是交易工具而已。我们要做的正确事情无非就是在既定的市场环境中，使用既定的技术指标做出分析和解读。诚然，任何交易者都会做一点儿简单的分析，告诉你市场昨天走势很强。但今天会不会走强呢？假如今天确实强势，会不会保持强势到收盘呢？要知道，市场在顶部总是看起来最强势的，而在底部通常是看起来最弱势的。现在你应该理解，仅仅追随短期当下的走势最终不会取得交易成功。

取其精华，去其糟粕

上文已经警告过，过于依赖技术指标来理解市场存在的缺陷。我想强调的是，交易者需要用结构性的视角来理解市场行情。鲁莽地靠直觉行事是走不通的。交易者需要严格的分析来保障操作纪律。交易者也需要保持开放的心态，能够从多种不同角度来看待市场，能够在多空之间换位思考。市场的答案永远不会像你设想的那样简单，你必须无条件接受这一点。

　　市场的终极答案，毫无疑问，并不在于单一的指标或测量上，而在于你能够创造性地将多种指标的线索结合在一起，构成市场行为的全景式图像。由技术指标的定义可知，绝大多数技术指标都是基于已经发生的行情进行测算的。因此我们可以推断，除非真正理解指标的用法，否则很难判断相同的行情会继续重演。当然，我们也不能就此判断相同的行情不会继续重演。我说这么多也许你要绝望了，你也许会说："这样的话，什么才会起作用呢？"

　　我真希望能够轻易告诉你现成的答案，但是多年经验告诉我，那些费尽心思追求简单答案的人，往往是在自欺欺人。真正能够在交易中发挥作用的是理论性的框架结构，并且要能在它的基础上，对市场的走势进行综合分析，这样的判断才会持续发挥作用。总之，在这里我想强调的是这种灵活性。

　　我很理解这种困局：指标告诉你一回事，而市场的走势却是另一回事。而事实是，不管你的指标说什么，市场才是永远正确的。新手很容易忽视这一点。他们只想一劳永逸地找到答案——交易的圣杯。然而他们投入全部热情与信念得到的这些所谓的答案、所谓的圣杯，只会一次又一次让他们失望。

　　这种执迷不悟、这种对神秘答案的执着追求，只有一条解脱之道，那就是承认现实：你不可能每一步都先于市场做出预测。也就是老生常谈的，要无条件接纳市场走势的不确定性。

　　要想真正理解市场，我们应该从哪里着手呢？不妨从一些简单的数字计算开始。我将介绍一些真正的基础性运算，50 多年前，泰勒在做谷物交易时就用过，它们能够用来测量市场在每日的走势基础上如何影响后市的交易。在特定的条件下，这些计算的预测效果相当不错。

泰勒认为，市场是一台具备内部动力的引擎，市场中存在以 3 天为基础的循环周期，不断地滚动重现。这三天，由所谓的买入日（buy day）、卖出日（sell day）及做空日（short-sell day）构成。市场走势高低点的排列方式，对于确定三日周期的具体位置非常关键。在买入日，当日低点通常在前日低点附近形成，之后市场上涨。在卖出日，在前一日（买入日）的高点附近会有不少的成交活动。泰勒通常不做日内交易，他仅仅是在卖出日卖掉他在买入日买入的盈利头寸而已。到了第三日，也就是做空日，这一天市场先上涨，走出一个高点，给做空提供机会。在三日循环末期，也就是做空日最后一段，价格跌到当日低点附近，这时候市场的打压又给精明的投资者提供了买入的机会。以上就是三日循环理论的内容。如果你仔细查看市场走势，分析高低点的出现方式，你也许经常会发现这个模式。

熟练掌握这个三日循环的法则，你就有更大的概率提前识别后市的行情。这个方法很管用，但你也不要简单地理解成，每隔三天买入就能自动赚一笔（虽然我知道很多人试图这么干过）。掌握这个循环的真正价值在于，它能够提示你，避开做空日那些引诱你做多进场的上涨行情，尤其是在早盘出现强劲高开时。追涨追到了"山顶"上，难道这种情况还不够常见吗？出现在做空日的上涨会让所有的技术指标一起昂首向上。这可乐坏了那些低位买入的多头，他们现在有了不错的账户浮盈。更谨慎的多头之前还在场外持币观望，现在也按捺不住要进场了。这些情绪，乐观的、贪婪的，一起营造了做空日开盘时强烈看涨的多头氛围。此情此景，恰如泰勒 50 年前慧眼如炬看出的，这正是精明的投资者争相抛售之时。真正有价值的知识和规律永远属于少数人。现在我们理解了，为什么说绝大多数人在市场中唯一的作用仅仅是向少数人转移财富罢了。

那么，究竟应该如何进行精准地进出场呢？为此泰勒创造了他称为预测法则（book method）的测量体系。这种方法并不复杂，无非是基于市场行为的一系列计算，背后的思想也无非是基于常识。它能够测量市场逐日波动的目标位。

泰勒的法则包括以下四种核心计算。

（1）上涨值（rally number）：

今日高点 − 昨日低点

（2）下跌值（decline number）：

昨日高点 − 今日低点

（3）推高值（buying high number）：

今日高点 − 昨日高点

（4）推低值（buying under number）：

昨日低点 − 今日低点

▶ 当今日高点高于昨日高点时，推高值是正数。

▶ 当今日高点低于昨日高点时，推高值是负数。

▶ 当今日低点在昨日高点下方（大多数情况都是这样）时，下跌值是正数。

▶ 当市场上涨很强，连今日低点都超过了昨日高点时，下跌值是负数。

▶ 当今日低点在昨日低点上方时，推低值是正数。

▶ 当今日低点在昨日低点下方时，推低值是负数。

通过对一系列交易日的参数取平均值，现在我们就可以得到我所谓的买入组合线和卖出组合线。⊖你设置的组合线包含的信息越多，它们就越有可能指示出真正有效的阻力、支撑位置。除此之外，还要做最后一步计算工作，那就是把组合线给平均化，最后得到单一的买入、卖出位置。

这些概念可能不容易正确理解。这里的特定的买入、卖出位置只有在市场无趋势盘整的时候才会有效。我回想起在 20 世纪 80 年代初次将这些数字用于交易时，这个规律常常起作用。那时市场相对比较稳定，今天的上涨涨幅会被明天的下跌吞没。因此你可以在提示买入的位置买，在提示卖出的位置卖，以此获利。然而，不用我说你也知道，自 1982 年以来，市场发生了天翻地覆的变化，尤其是刚刚过去的 10 年里。在单边牛市行情里，一厢情愿地在昨天的阻力位置卖出注定是螳臂当车。所以在解读这些数字时，你必须十分小心谨慎。

和数字打交道

我认为，还有其他汇总的价格数字能用来追踪市场。在过去几年里，我习惯于用三日周期来平均数值结果。你也可以用别的数字来取平均值。这属于个人偏好问题。但是，不管你怎么选，大的原则是必须坚持的，那就是你必须清楚为什么要平均，以及怎样做平均。

记得吗，我在理解市场中提到过，"熟能生巧，理解市场需要做很多基础工作"。其中一部分涉及对上涨和下跌走势的理解。现在让我们把视线转向对上涨和下跌的测量。

⊖ 关于这个概念，我在其他至少五六本拙著以及更多视频教程中详细阐述过了，因此不打算在本书中详细展开，感兴趣的读者不妨参考以下著作：《赢在期货市场》（*Winning in the Futures Market*）、《精准执行有利可图的日内交易》（*Profitable Day-Trading with Precision*）、《泰勒的预测法则》（*Taylor's Book Method*）、《日内交易的关键秘诀》（*Essential Secrets of Day-Trading*）、《股指期货如何让你的财富一年扩大三倍》（*How to Triple Your Money Every Year with Stock Index Futures*）。

1. 上涨值

前面已经定义过，上涨值等于今日高点－昨日低点（注意这个高点必须是收盘后确定的高点，下面所有的计算都是基于收盘后的数值），这个上涨值测量的是市场的上行动能，也就是每过一个交易日大概能走多远。要想得到这个参数的确切值，只能用测量计算的方式，不过交易的老手靠经验也能够大致估出阻力、支撑位值。比方说，有这么一只股票，平均每天大概能上涨 2.50 美元。一只期货平均每天大概能上涨 0.10 美元。在下面的例子里，我们会模拟标普 500 股指期货价格。

日期	今日高点	昨日低点	上涨值
1	1284.00	1260.00	24.00
2	1285.50	1266.50	19.00
3	1292.00	1271.00	21.00

在过去的三天里，市场相对于前一日低点的涨幅范围在 19.00～24.00 点。对这三个数字取平均值，你就能得到 21.30 点的结果。⊖这个数字告诉了我们市场在过去三日的日均涨幅有多大。在拿到这个结果后，应该如何用来预测下一日的潜在价格目标呢？很简单，收盘后，在当日低点的基础上加上这个日均涨幅即可。

假设今日的高点是 1292.00，低点是 1268.00，收盘在 1272.00，用日均涨幅加上今日的低点以获得明日的高点：21.30+1268.00=1289.30。现在我们得到了需要的结果：1289.30。这个数字将成为卖出组合线的一部分。当然这不是说市场一定会到这个位置，它可能到不了，也可能超过这个位置。这个数字并不神奇，它仅仅是以最近的走势为基础推算出来的可能让市场停下来的阻力位的其中一个而已。

2. 高点推高值

高点推高值测算的是，市场今日高点相比昨日高点推高了多少，因

⊖　计算结果经过四舍五入。后文中的计算结果也会四舍五入。

此计算方式是今日高点减去昨日高点。如果今日的高点没有超过昨日的高点，那么推高值是一个负数。推高值的用法也很简单，就是将推高值的平均值加在当天的高点上，用来预测明日高点会达到什么水平。这个位置就构成了卖出组合线的另一个成分。比如，如下为最近几天的参数。

日期	今日高点	昨日高点	推高值
1	1284.00	1281.00	3.00
2	1285.50	1284.00	1.50
3	1292.00	1285.50	6.50

在过去三天的行情里，最高点逐日抬升。第一天，当日高点推升了3.00点。昨天，高点推升了1.50点，今天收盘后，高点推升了6.50点。平均一下就得到，过去3天的平均推高值是3.70。这就意味着如果近期的涨势延续，明日高点应该会出现在1295.70附近（今日高点1292.00+平均推高值3.70=1295.70）。

现在，根据上面的计算过程，我们就得到两个阻力点数字了，分别由上涨值和推高值得出。为了完成这个卖出组合线，我们还需要找到两个阻力点。

3. 今日高点

泰勒认为，行情走到前一日的高点附近时，总是会存在阻力。譬如今天下午，价格在某个价位停下来了，不管阻力是出于什么道理，明天再到这个位置，依然不会轻易过去。你也可以把这个位置看作是一个磁极点，要是今天开盘在它下方，就很可能引发一段上冲行情，或许它一过前高就会立刻刹车，又或许在还差一点儿就触及前高时杀进来一堆卖盘。在你绘制卖出组合线时，记得把当日高点也放进来，作为一个潜在的阻力位置。以上面这段假想的行情为例，这一天的高点1292.00将成为一个阻力位。

4. LSS 关键突破买入位置

这个指标的用法稍微有点复杂，作为卖出组合线的一部分，它起到的是阻力的作用，而在我设计的"以交易为生"的程序中，它是趋势跟踪的一个信号，起到的是提示突破买入的作用。这不奇怪，因为阻力位就是价格停止上涨的地方，而一旦被突破，从正统技术分析的视角来看，阻力就转为支撑了，阻力和支撑总是可以互相转化的。正是这个关键买入位的双重属性使得它特别重要。按照定义，这个位置总是在收盘价之上，或者更高。在流畅的趋势行情里，下列公式计算得到的位置非常重要，一旦这个位置被突破，就可以认定市场要大概率创出新高了。而在横盘行情里，这个位置会成为一个很难超越的阻力位。

公式如下：

$$X = \frac{当日高点 + 当日低点 + 当日收盘}{3}$$

$$2X - 当日低点 = 关键突破买入位置$$

让我们用下面的行情数据计算一番：

当日高点：1292.00

当日低点：1268.00

当日收盘：1272.00

$$X = \frac{1292.00 + 1268.00 + 1272.00}{3} = 1277.30$$

关键突破买入位置 $= 2 \times 1277.30 - 1268.00 = 1286.60$

现在我们的卖出组合线就有第 4 个成分了。下面 4 个数字一起构成了卖出组合线：

1295.70 推高值

1292.00 当日高点

1289.30 上涨值

1286.00[⊖] LSS 关键突破买入位置

最后一步计算，把这 4 个数字相加，再除以 4，也就是这 4 个数的平均数。对上面 4 个数字取平均得到的最终结果是 1290.70。

接下来，我们还要计算买入组合线。在此之前，让我们先审视一下这段市场走势。过去这 3 天，市场是上涨行情，高低点都在抬升。这 3 天是否构成一个循环周期呢？很有可能。比如第 1 天是买入日，市场先向下探出了低点，也可能第 3 天是做空日，这一天价格先向上探出高点，接着便一路下行，因为收盘价（1272.00）在当日低点（1268.00）附近。按照循环周期，第 4 天又是买入日，如果出现低开，又会提供很好的买入机会，市场重新进入上行趋势。

现在让我们动手计算构成买入组合线的几个要素吧！

5. 下跌值

下跌值为今日低点减去昨日高点，它可以衡量市场在 2 个交易日里能够下跌的程度。现在我们观察 3 天的行情，看看下跌值会给我们什么线索。

日期	昨日高点	今日低点	下跌值
1	1281.50 [⊜]	1256.70 [⊜]	24.80
2	1284.00	1260.00	24.00
3	1285.50	1266.50	19.00

对这 3 天的下跌值取平均数，得到 22.90^㊃。这个数字告诉我们，过

⊖ 英文原书中为 1286.00，疑有误。

⊜ 英文原书中为 1281.50，疑有误。

⊜ 英文原书中此列数据如此，与其他表中数据不一致。

㊃ 由 3 个下跌值计算得 22.60，而英文原书中为 22.90，疑有误。

去 3 个交易日内，市场平均每天下跌了 22.90。值得注意的是，最近一次下跌值是 19.00 点，而 3 天前的下跌值是 24.80 点。这个信号意味着，价格在较高的位置，却获得了较强的支撑。如果趋势继续，有理由相信下一个交易日的下跌值会更小，因此，接下来跌幅很可能会达不到前几日的平均下跌值。如果按照当前 22.90 的平均下跌值，接下来的支撑位置很可能在 1262.20。⊖何以得知？因为当前的高点在 1285.50，而支撑位会比高点低 22.90 点，也就是 1262.60。将上一日高点减去下跌值，就获得了下一个支撑位。因此，1262.60 就构成买入组合线的第 1 个成分。

6. 低点推低值

推低值的定义是昨日低点减去今日低点，它衡量的是今日低点相比昨日推低的幅度。如果今日低点比昨日要高，推低值本身就是负数，此时，昨日低点减去一个负数就意味着，这个推算出来的支撑位在昨日低点的上面。让我们观察下面的例子：

日期	昨日低点	今日低点	推低值
1	1260.00	1266.50	−6.50
2	1266.50	1271.00	−4.50
3	1271.00	1268.00	3.00

由表可知，现在 3 个推低值有 2 个负数、1 个正数。它们的平均数是（−6.50−4.50+3.00）/3=−2.70。

今日的低点 1268.00，减去这个平均推低值，就得到了明日的支撑位 1270.70。（注：减去一个负数，你得到了更大的数，减去一个正数，你得到了更小的数。）好，现在我们获得了买入组合线的又一个成分。

7. 今日的低点

在每一个交易日，在前一个交易日的低点附近，或高或低，盘面多

⊖ 英文原书中为 1262.20，疑有误，根据上下文，此处应该为 1262.60。

少会获得一点支撑。因此，今日的低点也可以作为支撑位。这个价位将要扮演的角色取决于当前的市场氛围。在多头氛围里，价格会在触碰到这个位置前就停止下滑；在空头氛围里，价格则会穿破这个支撑位。你也可以预期到，在这个位置会触发不少止损盘预埋单。总而言之，昨日让价格止跌的位置总是会成为一条关键的支撑水平线。这就是为什么它也被纳入了买入组合线的组成成分。在这个案例中，今日的低点在1268.00。

8. LSS 关键突破卖出位置

这里类似地，这个数字起到两种作用，它既是一被破位就容易引发惯性下跌的关键支撑位，也是一个价格回调时能够获得支撑的有效支撑位。回顾这些年来，市场已经由一个死气沉沉的市场发展为动力澎湃的大牛市，近来又不时出现熊市行情，行情不会一成不变，因此我们也要对交易的理念进行调整。时至今日，价格在早盘倾向于由支撑位一跃而起，而同样的支撑位在下午的下跌行情面前，却又一触即破。这里计算得出的价格位置所体现的关键含义，与标准的技术分析并无二致。支撑位一旦被下破，就转为阻力。价格在跌破支撑后，常常倾向于反弹一下来检测新阻力位，然后才穿过阻力位放心地开启新一轮的跌势。

这个位置的计算公式如下：

$$X = \frac{当日高点 + 当日低点 + 当日收盘}{3}$$

$2X-$ 当日高点 = 关键突破卖出位置（同时也是趋势回调买入位置）

以下面的行情数据为例：

当日高点 =1292.00

当日低点 =1268.00

$$当日收盘 = 1272.00$$

$$X = \frac{1292.00 + 1268.00 + 1272.00}{3} = 1277.50^\ominus$$

由此，2X=2554.60

$$2554.60 - 1292.00 = 1262.60$$

现在，买入组合线就获得了第 4 个成分要素，以下 4 个数字共同构造了买入组合线：

1270.70 下跌推低值

1268.00 当日低点

1262.60 下跌值

1262.60 LSS 关键突破卖出位置

最后一步就是对四个数求平均，得到最终的买入位置是 1266.00。

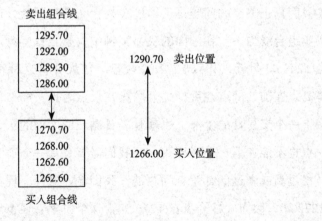

注意买入组合线最后 2 个数字完全一样，都是 1262.60，显然这个位置的重要性不言而喻，一旦价格运行到这个位置就得当机立断，要么

⊖ 经计算，应为 1277.30，但英文原书中如此，疑有误。

是准备好参与反弹，要么就准备好破位做空。

买入位置和卖出位置的垂直距离差就是第二天价格走势的预期波动幅度：24.70 点。我们对过去几年的行情做研究发现，这个工具预测波动幅度的效果相当不错。然而，在没有见到早盘的开盘情况之前，想单纯靠这个工具提前判断高低点具体位置是一厢情愿。当然，在没有太大波动的日子里，倒是可以这么做。

现在，我们拥有了每日的买入卖出组合线和各自的具体买入卖出位置，然而交易的问题还是没有彻底解决。我们应该如何使用这些数字（价位）？也许你会以为在买入位置挂多单，卖出位置挂空单就可以了，但很遗憾，事情没有想象的这么简单。想想吧，如果是一个多头趋势，你在计算得出的卖出位置做空入场了，收盘时你很可能发现今天做空做在了地板上。反过来，如果是空头趋势，你在计算的买入位置做多入场，也很可能是买在了天花板上。所以千万不要做交易不知变通，不管这些数字有怎样的妙用，保持适度的灵活性仍然是必要的，不要墨守成规。

我们真正关心的问题是，市场会在什么价位开盘，市场何时会运行在买卖组合线当中。在上面的交易案例中，第三日尾盘价格运行在当日低点 1268.00 附近，并以 1272.00 收盘。仔细分析这种情况，由于当日走势高点在前，低点在后，并且收盘在低点附近，那么很可能市场正在酝酿下一个交易日的上涨，也就是三日循环中所谓的买入日。但是仅凭这一点也不能在下一日轻率买入，我们需要等待一个适当的开盘。开盘价开得过高或者过低都是有问题的，我们最好避开。现在，上一日是收在 1272.00，假如次日开盘在 1276.50，这个位置就很尴尬，因为它处于上下组合线的中间区域，在这种模棱两可的位置，最好的策略就是静观其变，尤其是刚刚开盘以后。如果目前是上涨趋势，而你想等待价格先抑后扬的机会，那么在买入组合线的最上沿 1270.70 就可以密切留意买入机会了。你可别一厢情愿幻想市场回落到买入值 1266.00 获得支撑，再回头上涨至卖出位置 1290.70。道理何在？其一，在趋势性行情中，开盘价通常落于这一日交易区间的其中一侧。否则开在中间位置的话，则通常是处于没有趋势的盘整行情。其二，开盘后的第 1 个小时通常会确立这一天的高点或低点（至少两者之一）。因此如果你能监控开盘后半小时到 1 小时的价格走势，确立走势区间范围，再做点儿计算，就差不多能对这一天的走势有个全景判断了。比方说，开盘在 1276.50，早盘确立的区间为 1272.50 ～ 1279.50，那么 1272.50 的低点大概率是能够维持住的，低点确立以后下一步就是找到上方目标（预计的高点）。要计算这一高点，你只需要把预计的区间波幅加到早上的低点 1272.50 上就可以了：

$$1272.50 + 24.70 = 1297.20$$

我们的做法相当于是把这个组合线整体向上移动，同时维持波幅区间不变。要是不采用这种办法，你就只能被动等待买入卖出组合线被打到，这通常是徒劳的等待。那么我们该何时进场做多呢？显然不可能在最低点。因为价格在最低点的时候，你并不能判断那就是最低点。现在交易界最大的一个悖论要浮出水面了。在价格走高时买入，要好过在价格走低时买入。一旦价格的低点有确立的迹象，你就可以在低点上方的任何价格买入，当然前提是它还没有进入强劲拉升阶段。比方说你买在 1275.50 吧，进场以后，你最不愿意看到的局面就是价格再次走弱、回去测试低点去了。所以最好在多头有力度、市场在走强时买入。同时你要设置止损单，止损的位置最好是在当日低点的上面，因为低点一旦被打破，就有可能引发大幅的惯性杀跌，这会给你造成不必要的损失。你可以采用随盘跟踪止损的方式，或者简单地把止损单挂在 1273.00 或者 1274.00 这些地方。另外，你需要记住，设置止损单只需要考虑，按照你对当时市场走势的理解，市场不应该出现哪个价位，就在那个不应该出现的价位离场，而不是去考虑你会损失多少钱，用你愿意承担的损失来设定止损，这样的止损没有什么意义，纯粹是跟钱过不去。另外一旦进场后，就给手上这个头寸限定一个时间，时间长短取决于你，如果你的判断是正确的，在这段时间里市场会走出你预期的趋势行情，否则，如果这段时间过去了而市场仍然波涛汹涌，你就要果断离场，甚至要反向地理解市场行情。假如你的交易初见成效，账户有了一点儿浮盈，下一步要考虑的就是离场的策略了。

如果你想持仓到这一天的最后一刻，或许市场确实能够走到你预期的 1297.20 这个高点，这是最理想的情况。但有一些干扰因素会使你提前离场。比如只是你对持有头寸感到疲惫厌倦，这情有可原，因为很可能到达预期的目标位要花费一整个交易日的时间。当持有一个有浮盈的仓位时，很少有人能够抵抗住获利平仓的诱惑。然而这通常不是最明智的选择。如果你的浮盈太少，只有区区几百点，那么很可能下一次情况不利时，亏损会远大于这一次的盈利，利润就被吞掉了。另外，你预期的高点也许就是到不了，所以我们还需要其他的离场策略，譬如设定一系列的离场目标点。如何设定这些离场目标点呢？

其一，考虑持仓直到最后一个小时，这是最有可能到达测算的目标位的办法；其二，考虑持有仓位直到收盘，在一个上涨趋势的交易日中，尾盘很可能出现空头恐慌性回补头寸，这就会构成额外的收益；其三，就是你预计的卖出目标位 1297.20 ；其四，原有的卖出位置 1290.70 ；其五，9.70 点宽度的整个卖出组合线区间内；其六，上一日的高点 1292.00 。以上位置都是合理的获利离场点位。

离场也可以从不利的方向考虑，比如你在当日低点的上方进场了，一旦价格开始走高，你肯定不愿意看到价格再跌回去，因此你可以不断上移离场点。当然这个做法也有弊端，就是你的仓位很可能在市场大幅拉升前，就被盘整给洗掉了。

下一日

假设交易策略见效，市场当天上涨，收盘在高点附近。这一日的行情参数如下：

$$开盘价 =1276.50$$

$$最高价 =1292.50$$

$$最低价 =1272.50$$

$$收盘价 =1292.00$$

这一日的波动区间比预计要小一些，但是从形态上来说，低点在前，高点在后，是三日循环里典型的买入日形态。现在我们为下一日的行情判断做点计算。

1. 上涨值

前三日行情数据如下：

日期	今日高点	昨日低点	上涨值
1	1285.50	1266.50	19.00
2	1292.00	1271.00	21.00
3	1292.50	1272.50 ⊖	21.50

对上涨值取平均得到 20.50，将它加到昨日低点上去，得到上涨阻力位 1293.00。

2. 买入推高值

前三日行情数据如下：

⊖ 英文原书中为 1272.50，实际可能应指今日低点，疑有误。

日期	今日高点	昨日高点	买入推高值
1	1285.50	1284.00	1.50
2	1292.00	1285.50	6.50
3	1292.50	1292.00	0.50

买入推高值的平均数是 2.80，将它加到最后一个高点 1292.50 上，推算出接下来的又一个高点在 1295.30。

3. 当日高点

当日高点在 1292.50。这也是个阻力位，也构成卖出组合线的其中一个成分。

4. LSS 关键突破买入位置

对最后一个交易日使用公式，计算此关键位置，过程如下：

$$X = \frac{1292.50 + 1272.50 + 1292.00}{3} = 1285.70$$

$$2X = 2571.40$$

$$2571.40 - 1272.50 = 1298.90$$

这就是卖出组合线的第 4 个成分，现在这个次日的卖出组合线就如下所示：

1298.90 LSS 关键突破买入位置

1295.30 上涨推高值

1293.00 上涨值

1292.50 当日高点

对这 4 个数字取平均得到 1294.90，这就是卖出位置。下面继续，让我们计算买入位置。

5. 下跌值

前三日行情数据如下：

日期	昨日高点	今日低点	下跌值
1	1284.00	1260.00	24.00
2	1285.50	1266.50	19.00
3	1292.00	1272.50	19.50

对这三个下跌值取平均得到 20.80。用最后一日的高点 1292.50 减去这个下跌值平均数，就得到下一日的一个低点 1271.70。这是买入组合线的成分之一。

6. 买入推低值

前三日行情数据如下：

日期	昨日低点	今日低点	买入推低值
1	1266.50	1271.00	−4.50
2	1271.00	1268.00	3.00
3	1268.00	1272.50	−4.50

对这三个结果取平均，得到 −2.00。用当日的低点 1272.50 减去这个买入推低值均值（记住，减去一个负数相当于是加上一个正数），得到次日的预计偏移低点 1274.50。这也是明日买入组合线的又一成分。

7. 当日低点

当日低点在 1272.50。市场价格运行到这个位置附近会获得一些支撑，这是买入组合线第 3 个成分。

8. LSS 关键突破卖出位置

对这个数值的计算过程如下：

$$X = \frac{1292.50 + 1272.50 + 1292.00}{3} = 1285.70$$

$$2X = 2571.40$$

$$2571.40-1292.50=1278.90$$

这是买入组合线的第 4 个成分。现在我们就得到了下一日的 4 个买入组合线位置，如下所示：

1278.90 LSS 关键突破卖出位置

1274.50 低点偏移

1272.50 当日低点

1271.70 下跌值

对这 4 个数字取平均得到 1274.40，作为买入位置。

明日我们需要的全部数字就如下所示：

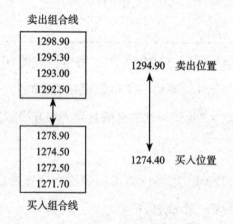

针对再下一日的行情，计算过程就以此类推。现在有了一组可以信赖的阻力、支撑数字，对于专业的交易员来说显然是如虎添翼，现在他可以在合理的基础上审慎地做决策，而不必主观臆测。有条通用的法则你可以借鉴，就是买入要发生在买入组合线内，而卖出要发生在卖出组合线内，但若向上突破卖出组合线，就构成了一个买入的机会，若向下突破买入组合线，就构成了一个卖出的机会。如果不失灵活性地运用这些数字，它们

将会成为相当好用的工具，来帮助你判断市场的阻力与支撑。

数字的局限性

妄想用阻力和支撑来预测未来是不切实际的想法。我们研究过简单运用阻力和支撑数字来做买卖决策的交易策略。回测的结果并不支持这种简单运用具有有效性。但这也不是说这些数字就一无是处。有时候这些阻力、支撑数字也确实能够恰好指出市场的转折点，能够带来盈利。关键是不要错误地以为，只要在这些关键数字上一买一卖就能赚钱。没有这么简单。

这些数字何时会起作用，何时又最好忽视它们？显然，答案和市场最近的趋势状态有关系。如果目前是盘整，没有趋势方向，那么这些阻力、支撑数字效果会非常不错。今天的上涨被明天的下跌抵消，市场就这样波动下去。在日线图上，这就是一个横向发展的盘整走势。然而盘整终将结束，有一天，市场开盘价位于卖出组合线内（甚至在卖出组合线上方），此时你做空入场，却发现价格一飞冲天。只要你在止损时多迟疑片刻，情况就会飞快地恶化。这显然是突破的场景，你肯定不愿意在这种走势当中持有错误的头寸。

由上可知，在这些数字上的惯性思维是相当有害的，因此需要知道何时要运用这些数字与何时要避开它们。技术分析领域有一些古老的法则，其中一条就是，"你眼中的支撑位正是别人眼中的阻力位"。因此，你会看到市场每每在关键的阻力、支撑位获得更多的关注，发生如此密集的成交（买入和卖出）。需要记得，市场中每一笔成交，都是由两个截然对立的观点驱动的。所以千万不要把昨天还完美适用的规则和策略过分地普适化，一股脑地推行到后面的所有行情中去。你经常会发现这种做法很有吸引力，但千万不要这么做。

阻力和支撑的矛盾

虽说阻力和支撑是那些专业的场内交易员安身立命之所在，但场外交易员也同样可以用好它们，来应对市场走势。这也让我们发现了市场中存在的一个矛盾的概念。经过多年的研究，我们在 LSS 交易系统更新版本时融入了这个概念。简单地说，市场永远不会高到让你不敢买，也永远不会低到让你不敢卖。怎么理解呢？通过识别和现在价格有一定距离的阻力和支撑位置，我们就能够标注出一些区间，在那里市场会获得足够的力量来推动价格迅速上涨或者下跌。然而，矛盾的地方在于，市场到那个位置时，已经长途跋涉了这么远的距离，消耗了走势空间。

举个例子吧。比如美联储报告会在这一天晚些时候公布，早上的价格走势会怎样呢？不错，它大致会照常开盘，然后窄幅波动，直到报告出来。道理很简单，大家都不想承担报告出来的瞬间价格大幅波动的风险。因此大多数的成交量都是短线客在市场上炒单，在报告出来之前，他们高抛低吸赚点儿小钱。让我们看看新闻公布以后，市场会起什么变化。假如公布的消息让市场大吃一惊，价格就会瞬间大起大落。这个时候，你跟随市场走势追涨或者杀跌，显然要好过你在之前的高抛低吸的策略。这是一个很明显的矛盾。

我理解你的想法，你可能觉得在报告出来之前，在低点买入会更好。其实不然。如果报告是负面的，接下来恐慌性的抛售就会把地板砸穿。所有潜在的多头都不敢接盘。因此在这种场景里，最好的策略是"高买低卖"。我们做的统计研究表明，在这种场景下，高开更容易引起多头走势，而低开更容易引起空头走势。

我之前认识一个交易员，他非常擅长在下午的行情中追涨杀跌。下午的行情非常关键，因为上午的行情通常不会太明显，而下午这个时候，市场才会展示出真正的趋势。此外，这个交易员的过人之处在于他能够坚定地咬住头寸不放，除非市场走势证明他确实错了。他绝对不会为一点点蝇头小利交出头寸。很多年以后，当我们借助计算机做大量的研究，也只不过发现了他早就掌握的事实：市场最好在上涨时买入，在下跌时卖出。这就是矛盾之处。

因此，到后来我为我的课程"以交易为生"设计交易程序的时候，我们团队就把上面这个理念融合进了交易系统中。按照系统，在上涨行情中，新的多头头寸会在更高的价格加进去。当然这个理念也让一些准用户困扰了一阵子。他们会很疑惑："市场很可能走不高，为什么还要在这里买呢？"然而关键点在于，市场能够上涨到这个价位的事实本身就证明了它是一个很不错的买入机会。我们并不是在预测明天的走势，预测未来是办不到的。我们真正要做的，就是仅在市场按照预设的节奏发展时下注。从概率上来讲，上涨的行情持续上涨，概率上要远远大于一潭死水的行情忽然离地起飞。对于熟悉赌场的老赌客来说，这个概念就相当于寻找热手的赌桌（赌场里，有些赌桌冷冷清清，只有几个人站在周围，没有人玩；有些赌桌被围得水泄不通，不时有赢钱的赌客叫嚷着，吸引了整个赌场的人气）。这里的重点在于，我们不是要预测价格，而是要指出在有些市场走势中，继续原有走势的概率比较大。区间交易的概念从根本上就是立足于这一原则。

衡量市场的强弱

要想判断市场有没有趋势，其中一种思路是衡量市场的强弱（strength）。你可以以 1 天的行情为基准，也可以以 5 天的行情为基准，这取决于你的交易风格是长线还是短线。通过衡量市场的强弱，你就获得了一种对市场走势的见解和观点。但是要小心，你必须对自己所交易的市场的脾气有充分的了解。如果它的走势经常是一天强一天弱，那么这个市场的强度只能代表这一天而已。如果市场的强度有不错的惯性，你就可以对市场的方向抱有更为持久的观点。我们先介绍一下短期的强弱（LSS 单日强度指数）的计算公式。这个公式会基于一天的行情产生一个百分比数字，公式非常简单，在收盘后就可以快速计算出来。公式如下：

$$\frac{收盘价 - 最低价}{最高价 - 最低价} \times 100\% = 单日强度指数$$

当你看到收盘价格相对于日内高低点的相对位置，你就能大致估计出这个强度。比如收盘价接近最高价，强度差不多就是 100%。如果收盘价接近最低价，强度差不多就是 0。如果是在中间位置，强度差不多就是 50%，以此类推。

现在假设 3 月的标普股指期货当日行情如下：

最高价 =1315.00

最低价 =1296.50

收盘价 =1301.00

计算过程如下：

$$\frac{1301.00 - 1296.50}{1315.00 - 1296.50} \times 100\% = 24\%$$

通常，强度低于 50% 就可以看作是弱势行情。因此上面这个 24% 的强度预示着后面价格还会走弱。这里我想重点强调"通常"这两个字，意思是有一些特殊情况还需要另外考虑。比如目前处于三日循环中的上涨日，这一天会有抛压，把价格打到低点附近，但是接下来的低开高走就构成了非常经典的买入机会。还有一种情况，比如这个抛压发生在牛市中的一个周四，那么下一个交易日（周五）的高开就很容易引发价格持续的上行。关于以周为循环特征的交易周期概念，我会在下一章阐述。

如果想更全面地衡量近期的市场走势强度，你可以考虑五日的行情。下面的公式，原理是类似的，计算的结果便是 LSS 五日强度指数：

$$\frac{上日收盘价-过去五日最低价}{过去五日最高价-过去五日最低价} \times 100\% = 五日强度指数$$

比如过去五日的标普股指期货行情数据如下：

五日最高价 =1351.70

五日最低价 =1274.50

上日收盘价 =1294.00

计算过程如下：

$$\frac{1294.00-1274.50}{1351.70-1274.50} \times 100\% = 25\%$$

这个结果传递了什么信息？简单地说就是，市场走势很弱。你可能会利用这样的弱势行情做空赚钱。如果价格开盘落于买入组合线上，并进一步破底下沉，当它向下穿透买入组合线，很可能就是一个很好的做空机会。如你所见，一个全面崩溃的弱势行情中，最好不要考虑在买入组合线上逢低买入。一个疲弱的低开很可能是持续惯性下滑的信号。

LSS 五日摆动指数

摆动指数（oscillator）的用法本身非常简单。该指标超过 70% 就是强势行情，低于 30% 就是弱势行情，在 30% ～ 70% 之间的是中性行情。虽说例外情况和其他因素也值得考虑，但是作为久经考验的、运用广泛的摆动指标来说，这一款是据我所知表现最好的。

我们所有的计算公式都是基于收盘后的行情数据。计算公式如下：

$$X= 过去五日最高价 - 五日前开盘价$$

$$Y = 上日收盘价 - 过去五日最低价$$

$$LSS五日摆动指标 = \frac{X+Y}{(过去五日最高价-过去五日最低价)\times 2} \times 100\%$$

以上就是 LSS 五日摆动指标的计算过程，它是基于过去五个交易日的行情计算的。要想保持数据最新的状态，就需要每天重新计算一遍。

现在我们用具体的行情数据举例说明：

过去五日最高价 =1317.50

五日前开盘价 =1308.20

上日收盘价 =1264.30

过去五日最低价 =1250.00

只看这些数据本身，你也大概能感受到这是一段比较弱的走势。具体有多弱呢？我们用五日摆动指标计算一番。过程如下：

$$X=1317.50-1308.20=9.30$$

$$Y=1264.30-1250.00=14.30$$

$$\frac{9.30+14.30}{(1317.50-1250.00)\times 2} \times 100\% = 17\%$$

对摆动指标来说，这确实是一个低位，暗示后面很可能还有"跌跌"不休的行情。

现在不妨对这个理念加以升华。这个摆动指标可以用过去三日的平均数来平滑波动。比如你计算了前面两日的摆动指标，你把第三日的摆动指标读数加上，然后取平均数，就得到了平滑后的摆动指标。鉴于目前市场在下跌，前两日的指标读数很可能也偏低，假如说分别是30%

和 26%。你把这两个读数加到最近的 17% 上去再取平均，就得到结果是 24%。一般来说，经过平滑处理后的摆动指标更加能够反应市场的强弱氛围，因为单天强弱指标的信息量太少，指标受单天行情走势的影响太大，干扰了我们对市场强弱的判断。经三日平均的摆动指标，误判的可能性就小一点。后面的专题讨论交易在周循环的定位时，我们还会多次重点谈到如何用 LSS 五日摆动指标来衡量市场强弱。另外还会谈到，指标在 50% 上方还是下方的差别，我们会把指标的摆动区域划分为上、中、下三块。掌握这些结构性观察的视角对交易都很有益处，尤其是当我们把摆动指标和其他因素（诸如周内特定交易日或者前日收盘情况等）结合起来考虑时。现在暂时不用考虑这么多，这里我们只需要掌握 LSS 摆动指标的算法，以及如何用过去三日的读数进行摆动指标的平滑处理。当你理解这些内容并熟练运用以后，你就能体会如何利用指标来驾驭趋势，而且你也会不断提升持仓的信心。

日内高低点的博弈

仅仅知道如何识别阻力、支撑，以及如何计算市场强弱是不够的，你还要进一步将这些信息熟练运用到你的交易中去。据我所知，有一个经久不衰的交易策略，那就是将早上开盘的交易区间上下沿作为转折点，低买高卖。这种阻力和支撑之间来来回回的价格运动乍一看可能不起眼，但是考虑到它上下反复的次数，盈利就相当可观了。很多次，我就曾经见过市场上下来回十几次，最后才确定向其中一个方向突破。当然其中最值得注意的要数第三次逼近阻力、支撑并试图突破的尝试。如果市场多空双方速战速决，第三次尝试的成功突破就能让价格起飞、一骑绝尘。否则，一旦过了这个点，市场就会陷入了漫长的盘整行情（可能要持续 1 个小时以上）。我最近就刚刚见过这种盘整，价格对盘整区间的高低点各做了足足 14 次突破的尝试，最后才成功突围。

有一种形态非常棘手，那就是形态的假破位。比如你遇到价格强劲上涨，但在关键阻力突破一两跳以后，又缩回去了。十有八九，这就是市场即将反向发展的征兆。你得搞懂市场交易者的心理，只要价格上下跳动而横盘发展，那些追求突破的交易者就会作壁上观。他们可不想在这种横盘走势中高点买入或者低点卖出。对于已有的头寸，他们也会将止损设置在震荡区间以外，这样一旦价格突破震荡区间开始趋势行情，他们就不会错过了。当然，这仅仅是理论上成立的做法。实际上，这些设置的止损单，将会成为场内交易员的猎物。对这种止损单最明显的突袭，表现为价格一创出新高或新低，触发这些止损单以后，就马上缩回来。怎么会这样呢？其实，当价格涨过日内高点，并且在新高区域活动时，看上去似乎要继续上冲。那些想做突破的交易员就会在这里做多，他们做空会等到另一头跌破日内低点。但场内那些经验老到的止损单突袭者，就会驾轻就熟地向那些做突破的倒霉蛋开火，把头寸丢给他们。因此，这样造成了价格创出日内新高，又很快缩回盘整区间的现象。跟在这种情况后面的不外乎两种情况：要么是再上冲一次，多半冲不上去，要么就逐渐下行，最后跌破震荡区间底部。

上涨趋势转成下跌，必然会先跌破支撑位。但如果支撑位下破后，价格又回到震荡区间里，那么市场多半还是会向上走的。另外，如果价格跌破了震荡区间，再重新反弹回前一个震荡区间下沿，通常就是大跌前卖出的最后一个机会。然而以突袭止损单为目的的假突破却涉及截然相反的操作。

既然情况这么复杂，那么应该如何分析选择呢？有两条线索值得你注意：价格运行的状态，以及在交易日中所处的时间点。当你遇到空头平仓引发的上涨（意思是做空者正在买入回补他们的空头头寸）时，市场会上涨，随后陷入寂静，在顶部逗留片刻，随后便是争先恐后的抛售，价格一跌再跌。那些在山顶上买入的交易者如梦初醒，不得不为错误的交易买单。或许是他们在追涨时鬼迷心窍，又或许是他们设置的条件单被触发了。一般来说，这些针对预埋单的突袭更有可能发生在上午，而不是下午。

这种假破位的价格运动和真正的上涨之间的差别在哪里？在真正的上涨走势里，多头的获利了结会迎面遇上强有力的新多头，市场调整片刻，很快又越过前高创下新高。多头的新生力量不断涌入，上涨趋势正在形成。

空头回补仓位引发的上涨，总是发生在价格上行期间，但是价格抵抗（price rejection）的概念可以出现在上涨或者下跌中。通过研究市场可以发现，价格运动的方式总是与市场在某一位置逗留的时间长短有关，正常的趋势发展有点儿像抛物线，总是先盘整，然后发展出趋势。在区间高低点被突破之前，需要在盘整中酝酿不少时间。另外，研究逐笔成交就会发现，在真正的顶部和底部，价格逗留的时间相当短，顶多一两分钟。这种现象揭示的市场本质就是，交易者大都喜欢占便宜。如果价格跌了，贪便宜的多头就会上车抄底；如果价格涨了，贪便宜的空头就会追求高价抛售。因此，在正常的交易日里，趋势会遇到反向的力量，倾向于被推回区间中位，推回多空双方能达成均衡的地方。

我前面提到过，精明的场内交易员仅靠震荡区间内高抛低吸就能赚不少钱。他们的行为也使得市场保持在均衡位置。均衡会一直保持下去，直到其中一方明显占据上风。要想知道均衡何时被打破，关键就是仔细观察价格在新高或新低位置如何表现。而价格抵抗就是最明显的市场将要向相反方向发展的信号。

我们还可以从泰勒的市场动力学（market engineering）的角度来观察这里的现象。将欲取之，必先与之，市场的下跌是为随后的上涨做准备，而市场的上涨是为随后的下跌做准备。当然，像这样泛泛而谈是一回事，实盘时先人一步观察到这一现象又是另一回事。以前我不理解这一现象，赔了成千上万美元（我真希望能让市场退回这些损失）。记住这条底线吧，如果你做的是上涨或者下跌的区间破位，走势没有延续下去，反而遇到抵抗缩回区间内部，那就不要犹豫，立刻转变立场。别考虑亏损金额了，机会只在瞬息间，必须当机立断。

预埋止损单

确定预埋止损单聚集的价格区域，是利用阻力、支撑的可靠办法。首先考虑前一日最后30分钟的交易区间（也可以称为前一日的收盘价），如果今日市场开盘在这个区间内，在继续走向新的价值区间之前，市场很可能要回踩试探这个价格区间。基于这个道理，场内交易员认为持仓过夜没有什么好处。如果价格大概率要回踩昨日尾盘的交易区间，他们又有什么必要去承担持仓过夜的风险呢？

我把开盘理解成一个大弹簧，如果开盘跳空距离昨日收盘太远，接下来就很可能向中间靠拢。也存在例外情况，比如隔夜突发的新闻事件，导致跳空出现了极端的大缺口。这里于是又出现一个矛盾的现象：上涨的跳空缺口越大，若这个缺口不被回补，走势延续上涨的可能性也就越大。反过来对下跌的缺口来说，这个理论也成立。

撇开这些少数极端情况不谈，给定一种开盘情况，该如何判断后市走势呢？你需要回顾昨日收盘的情况以及尾盘的走势。你要知道，这些信息是可以帮助你在合适的位置获利了结的。

任何时候当你有持仓浮盈，你都会想到要设置一系列的止盈目标位。前文提到，设置目标位有很多方法。但首先要关注的位置肯定是昨日高点上沿或昨日低点下沿。这个位置的意义在于，过了一夜，又会有不少新增预埋单出现在这里。在美国，至少一半的经纪人会指导客户把止损单预埋在前高或者前低附近，这些预埋单多半会被触发，这也算是"如他们所愿"了。当然，我也不是说这些前高或前低附近的预埋单肯定会被触发，这些都是概率上的事件而已。

日内的高低点、前一日的高低点，以及合约上市以来的高低点都是预埋单集中的地方。场内交易员对这些位置如数家珍，请确保你也清楚这些位置。

每当我无法理解为何市场在特定的位置停下脚步时，我总是缩小价格走势图，观察前面的高低点，几乎每次我都能发现与之相关的阻力和支撑价格。有时候也许要回顾到两周以前的行情走势才能找到相应的位置，但我肯定它的确存在。

你得理解市场总是走走停停的，70% 的时间在走盘整，30% 的时间在走趋势，所以呢，最赚钱的交易仅仅是少数几次交易，别指望天天出现赚大钱的机会。

斐波纳契数列

斐波纳契数列用在阻力和支撑上的效果相当不错。其用法就是，选取日内的高低点距离，然后乘以斐波纳契比率，在高低点的基础上加上或者减去这些数字。对于高低点的选取方式没有标准做法，可以选取开盘后 1 小时左右的区间，也可以选取更长或者更短的时间。在绝大多数情况下，开盘后的区间会逐步在接下来的日内行情里扩展开来。有几个斐波纳契数字非常重要：

$$1.382 \qquad 1.618 \qquad 2.236$$

我经历过这样的交易日，市场在上涨到达顶部前，遇到 3 个斐波纳契数字时都有反应，然后反转下跌，在低位遇到 3 个斐波纳契数字时同样有反应。但这属于例外情况。更加典型的情况是，市场在遇到顶部前，顶多对 1 ～ 2 个斐波纳契数字有反应。为了讲清楚斐波纳契数字的用法，我们最好还是举个例子。假设有个交易区间如下：

高点 =1292.70

低点 =1283.00

区间波幅 =9.70

9.70（区间波幅）× 1.382=13.40

9.70（区间波幅）× 1.618=15.70

9.70（区间波幅）× 2.236=21.70

1292.70（前期高点）+13.70=1306.40

1292.70（前期高点）+15.70=1308.40

1292.70（前期高点）+21.70=1314.40

1283.00（前期低点）−13.70=1269.30

1283.00（前期低点）−15.70=1267.30

1283.00（前期低点）−21.70=1261.30

如你所见，这样的计算方式，基于前期区间与斐波纳契数字，就计算出了关键的阻力、支撑位置。每日进行一次这样的计算，你就能额外获得 3 个阻力与支撑位置。

LSS 交易法的改进

LSS 是我在泰勒的交易理念的基础上，创造出来的交易程序，3 个字母分别代表做多（long）、平仓（sell）、做空（sell short）。LSS 一开始的思想非常简单，不外乎是计算阻力和支撑位置，但后面却演化出了相当复杂的理论。最近几年市场发展日新月异，因此我们需要回测以往的交易理论。1982 年还非常好用的理论，到 1997 年就已经没那么适用了。因此，我们要对原来的一些理论做出改进。LSS 由一个反弹卖出、回调买入的交易系统，演变成突破价格开仓的交易系统。另外，随着市场行情的发展，早些年用它还完美适用的特定市场，现在就得放弃了。

我对此并不意外。20 世纪 70 年代末，通胀走高，几乎所有的商品价格都在上涨，随后通胀被遏制住。20 年后，通胀几乎不是问题，商品的价格总体上是下滑的，大多数商品的波动性也随之变小了，与此同时，诸如标普 500 股指期货这样成交活跃的金融市场工具开始获得市场广泛的青睐。

作为短线交易者，在选择交易品种时，你需要确保两件事：流动性（充足的买家和卖家）和波动性。在那些死气沉沉的市场，也许你也能赚钱，但是考虑到你还要支付手续费，进出场时还要承担额外的价差，这些冷门的市场就不具备交易的价值了。这些年来，我见识过太多的炙手可热的品种几年后变得门可罗雀。我认为今后此类情景还会反复上演。

在几年前，我认为关于阻力和支撑，我已经研究得足够深入了，于是转而探索其他交易方法。后来接触到时间与价格空间交易法，作为威廉·江恩的长期信徒，这让我十分兴奋。时间和价格空间交易法真正令人兴奋的地方在于，它和我前期研究的阻力、支撑体系能够如此完美地契合，事实上，这两者几乎就是同一事物的不同观察角度。市场价格在阻力位和支撑位之间运动的方式确实是相当精确的。另外，时间和价格空间交易法赋予我交易中的灵活性，这是我长期渴望的品质。我很早就知道，有些交易者可以在同一个交易日来回切换多空方向，但我从没有获得可行的具体策略。

为适应市场变化，我们对 LSS 做了改进。有趣的是，经过反复测试，我们将 LSS 其中一些交易原则颠倒过来了。现在很少有上下起伏的市场供我们高抛低吸，因此我们决定与趋势为友。关于这一点，最显著的案例是 LSS 关键买入卖出位置的运用，现在我们会在强势市场做多入场，弱势市场做空入场。而在 20 世纪 80 年代早期，我们还在和市场动作对着干，上涨时卖出，下跌时买入，因为那时候市场价格基本上不会走太远。

在最近的几年，我开始注意到，市场中第三种交易方法就是以周为周期的交易定位。在充分研究过去 18 年的行情数据后，现在我们可以非常清楚地用计算机证明，在一周中的特定日子，市场确实存在对上涨或者下跌的特定偏好。另外，相邻两日的市场行情存在非常强烈的走势相关性。

我承认这些理念无法用三言两语讲清楚。究其本质而言，这是对阻力与支撑，以及时间与价格空间交易法的重要补充。就像一幅绝世的绘画作品，画中各项要素必须在空间几何上高度地和谐。如果你投入足够的努力来消化这些概念，相信未来某一天面对市场，你也能胸有成竹地说："我当然知道走势怎么发展，看一眼图形就知道了。"对我自己而言，一些交易上的问题已经困扰了我多年，现在我认为我可以为你揭开市场走势的一些其他隐藏线索，请看下章分解。

第 4 章

周内特定交易日

市场何以如此

对周内特定交易日（day-of-the-week trading）的走势风格进行一番认真的研究，恐怕会在根本上动摇你对市场的假设、概念和信念。谈到短线交易，似乎最正统的评价就是将它仅仅当成一种赌博，只因为大多数人眼里，日内的走势总是杂乱无章的。多年来，我深以为然，并告诫自己，不要对多空其中一方产生偏好，以免带来交易的偏见。但同时，我内心又隐约感到不安。为什么周四的做空常常会获利颇丰，为什么周三的操作又很容易来回碰壁？为什么周一的上涨似乎格外强势？昨日的收盘与今日的开盘，似乎存在某种关联？

倘若你也对某种交易策略或技术产生过坚定的信念，你应该很能明白我的意思。同样的技术，前两天让你满载而归，后两天就让你的全部获利回吐。是不是感觉似曾相识？相信我，具备这种感觉的远不止你我二人，绝大多数交易员都有类似经历。

多年来，凭直觉我喜欢在周四做空，但说不出个所以然来。我只知道在周四更容易赚大钱，整月的收益往往要拜周四所赐。后来我开始注意到这个现象了。作为场内交易员，我喜欢和大众对着干。大众就像市场上的羊群，他们想做多，我就卖给他们。一旦市场的风向停止上涨，开始转跌，这帮羊崽就紧张不已，争相抛售。这就为做空者提供了丰厚的收益。虽然周四做空能让我大赚一笔，但我做空并不局限在周四。那时候我没怎么认真想过这个问题，但是直觉隐约告诉我，我在周四做空比周内其他任何一天都要出色。

这有没有道理可讲？那时候我不认为其中有什么道理，我仅仅是把周四当作幸运日而已。

多年以后，我终于揭开了周四的奥秘。在对约 577 个星期四的逐笔交易数据做了细致的研究之后，我以此为基础绘制了典型的属于周四的汇总形态，这个汇总形态给周四的做空提供了压倒性的支持。周四的汇总形态表现，就是下跌。虽然多年里，我不知不觉地多次利用易跌难涨的特质在这么多周四里获利，但要命的是，我居然也一直傻乎乎地在其他的交易日里坚持做没有胜算的空。除了周四，周内其他交易日的汇总形态同样有显著的轨迹，只是未必都是下跌。

从周一到周五，市场的整体形态开始越发清晰，这就是泰勒三日循环预测法则。在这一法则下，买入日形态是低开高走，第二日常常是延续趋势，第三日多空双方都意志坚定，走势开始动荡不安。随后三日循环又重新再来。

渐渐地我才懂得，一知半解、不懂装懂会产生多大的危害。以前我根本不认为今天是周几会对交易有什么影响，我甚至不屑于对这种思路做分析测试，这么做看起来多此一举。然而实际检验结果却半点都不含糊，周一就是一周里最强势的交易日，周四的走势就是最弱，周三的行情就是最颠簸。如果你掌握了买入的技巧，周五会给你提供绝佳的买入机会。当然这些都是概率意义上的认识，具体情况还要具体分析。另外，上述论述仅适用于牛市，如果是熊市，情况正好要反过来——你会发现周四适合做多。所以不要盲目地交易，先把各种情况搞清楚。好吧，这里可能一下子信息量太大了，慢慢来，我们先研究如何汇总周内特定交易日的走势。

市场快照

市场快照（snapshot）的概念，就是通过对所有日内走势取平均，从而汇总出整体走势。如果你取的样本足够多，并对它们取平均，很快你就得到汇总的走势图，它可以指出市场在一周里任何特定的交易日有怎样的交易倾向。举例来说，你想了解典型的周五在汇总图里是什么样的，我们要做的就是每 30 分钟取一次价格，并且对同样时间点的价格取平均数。比如，你看的是标普 500 股指期货在上午 10 点的价格，如果有 50 个样本，就对这 50 个样本取平均。在我们自己的研究中，我们研究了 577 个周五。通过对 577 个周五的价格取平均数，现在我们就得到了单一的一个价格，这就是标普 500 股指期货在周五上午 10 点的平均价格。每隔 30 分钟，如法炮制，以此类推，最后再作图，把 30 分钟时间间隔的平均价格连起来，我们就得到了一张走势汇总图。

同样用这个办法，我们还可以对市场特定的情况做出汇总图，进行分析。比如说，我们想知道周一在高开以后会倾向于怎么走。我们只需要过滤出既满足周一又满足高开的走势，并制作汇总图来分析这种条件下的价格轨迹。如果周一价格高开，后面走势容易上涨还是下跌？对于这种刁钻的问题，汇总的走势图会给你答案。当你在分析一幅几百个样本汇总的走势图时，你当然知道这只是平均化以后的理想的结果。在实际行情中，任何一天的走势都会和汇总图截然不同。但若要说具体的行情走势倾向于仿照汇总的走势，这的确存在概率上的支持。

现在基于汇总走势图，我们可以提出简单的交易法则了。比如你周一开盘就直接买入，并持有到收盘，这个交易做法怎样？比如你在周一的 LSS 关键破位买入位置做多入场，收盘前卖出，怎样？你在每个周一的 LSS 关键破位卖出位置做空，怎样？诸如此类。这些都是简单直白的交易法则。当你研究的市场（比如标普 500 股指期货），自 1982 年上市以来就是大牛市行情，那你就会发现，总体上做多比做空容易赚钱。考虑到市场本身的性质，这一点不难理解。

在做这种周内特定日的交易回顾测试时，我们还发现了这样的情况，就是总有一两条规则是会整体上给你长期高额回报的。但是当你将手续费和滑点考虑在内，这样的策略就没有多少盈利能力了。但是，如果你过滤掉那些不具备最理想条件的交易，你就能锁定绝佳的交易机会，比如每手合约获利超过 700 美元的机会。但不利因素是，这些稀少的、回报丰厚的、十拿九稳的交易机会，显然是可遇而不可求的。你得学会在场外等待大量的时间，等待一个天时地利人和、各项标准全部满足的机会自发呈现出来。这就需要一种高度的自律精神，它注定只有极少数交易员具备。对最后丰硕的收获来说，这些耕耘付出显然是值得的。

绘制收益曲线图

前文里，我们制作了周内特定交易日的价格波动的汇总图。我们也可以绘制出反映收益波动的曲线图。其具体做法如下。首先你把交易开仓、平仓的条件列举出来，然后用行情数据回测，计算损益并绘制权益图（charting the equity）。然后你分析收益波动的曲线：它是稳定上行呢？

抑或是横向盘整呢？这种交易策略每年的回报有多少？月回报呢？单次交易的回报呢？在往市场里投入真金白银之前，你最好仔细了解这些情况。如果交易系统在回测中的表现都不尽如人意，那么很难指望它在你将要做的实战交易中有什么出色表现。另外还要考虑到市场本身的变化对交易策略的影响。适用于牛市的交易策略，能够经历熊市的考验吗？我猜，不管牛市还是熊市，只要市场保持趋势性的运动，而你进场时就已经准备好执行一贯的出场策略，那么结果多半差不多。

筛选交易的条件

当你开展程序化的交易回测时，要选择计算机能够理解的条件（criteria selection）。因此，进出场的规则必须简单明了，例如在开盘时买入、关键买入位置上破时买入、高开时买入，诸如此类。出场的条件同样要简单明了，例如在移动止损位离场、收盘时离场、某个止盈目标达到后离场，等等。在读完前面几章的内容后，你应该掌握了很多方法来优化交易策略。任何方法，只要对你有用，我就没意见，但一旦涉及判断的问题，你就不能再依赖计算机了。若决策的背后包含隐藏信息，电脑是没有办法做这种决策的。作为人来说，有时候你能够明显预感到有些东西不对劲，因此，对于这一点，我只想粗略地一笔带过。

这个方法有优点也有缺点。在一个真正有趋势的日子里，如果你持有头寸到收盘，你可能会积累很多持仓浮盈。但如果市场是盘整行情，同样持有到收盘的策略就会被吞掉不少交易的浮盈。如果你正确地判断出市场当下属于趋势行情，那就很可能会留住绝大部分的持仓利润，并落袋为安。如果你正确地判断出市场当下属于盘整行情，那么对交易系统进行调整，也能让盈利最大化。我这么说是因为总有人问我"为何持仓到收盘"，或者"为何要按照某规则进行处理"这样的问题。

我之前强调过很重要的一点，也许你还记得，那就是在交易里，钱不是通过你自己挣来的而是通过你经受的种种磨炼挣来的。有一些交易系统确实很赚钱，但有点儿理智的人都不敢用，道理很简单，你没有办法撑住这个系统的低谷期。短线交易有一大优势，那就是风险是高度受控的。衡量短线交易的最重要的统计指标是每次交易的平均获利，而不是总体获利。也就是，平均来说，每一单交易（其中包括亏损的那些）能赚多少钱？

在前文里，我们已经提到了几个有用的公式。我在后面的内容中重述它们，这样你便不必重新向前翻阅。当然也有其他的公式，作为交易的过来人，虽然我觉得你尚未准备好，但我得先把交易的答案告诉你，那就是没有任何单一的公式能够独自支撑起交易的盈利，而将这些公式组合成和谐的整体才最有可能帮你实现持续的盈利。说到这里，我必须告诉你，交易上最大的敌人就是你自己。你有无数种途径将一条好的交易理念搞砸。如果你已经经历过交易，那么你可能已经知道我在说什么了。

现在谈到了保持耐心这个话题，我必须表达清楚。所有的人都表示他们只想在最好的机会做交易，并且声称他们愿意耐心等待这些机会。但是当他们打开交易账户时，其理智就被抛到九霄云外了，他们开始干起和理智一点儿关系都没有的事情来。他们对经纪人的指示照办不误，对财经节目的大佬俯首帖耳，没有想好止损就杀进市场，总之他们彻底沦为市场的跟屁虫，成了他们自己过去鄙视的那种人。这种现象的原因我不想再说了。但如果你就是无法摆脱这样的剧情，那就行行好，把交易账户里的钱全部提出来，去赌城拉斯维加斯试试手气，也许你归来同样一贫如洗，但至少你快乐过。这只是我的忠告，现在让我们回到对周内特定交易日走势的讨论。

管用的和不管用的

如果你问一个最诚实的、稳定盈利的交易员，在交易时到底都做些什么，恐怕他苦思冥想半天，最后也只憋出一句话来——低买高卖。实际上，交易有很多因素是和特定的市场特征有关的，如果换个品种，这些因素很可能就失效了。此外，经验丰富的交易员做的很多决策都是基于他在长期练习中后天培养出来的交易直觉，这些决策过程是如此自然，甚至他自己都没有意识到决策过程的存在。这很像开车（骑车）的体验，在开车时，你不会去刻意思考"下一步要干什么"，甚至可以一边开车一边打电话（出于法律和安全考虑，最好不要这样做）。

我想用上周末的真实案例来进一步解释。有几个朋友邀请我去钓鱼。尽管我在海边长大，但钓鱼经验一片空白。我接受了他们的邀请，并预先宣告我是个钓鱼的菜鸟。我的朋友们都是经验丰富的钓鱼老手，技法非常娴熟。

周六早上，我们约好在码头见面。他们准备了钓鱼竿、鱼钩、鱼饵、各种刀子、钓具箱和啤酒，而我两手空空，甚至连帽子和防晒霜都没有，接下来可要在太阳下面暴晒 5 个小时以上。我们驾船来到渔场，关闭引擎，在暗礁外抛了锚。然后，两小时过去了，我们一条鱼也没钓到。我当时在想："我也不算最差，这些专家也没什么收获嘛。"

有人已经开始抱怨鱼儿怎么不咬钩了（显然专业的渔夫不会发出这类抱怨）。然后我们拉起了船锚，前往新的渔区。我们用的都是一模一样的钓鱼竿和鱼饵，同样的钓鱼方式。但我的钓友们开始一条接一条地收获，甚至有一条 10 多千克的大家伙。

后面就像电视上的钓鱼秀节目一样，大家发出了诸如"好大一条鱼""这家伙真能钓""看，又一条鱼"之类的感叹。

在这一天结束时，船上装满了鱼，其中属于我的仅仅是一条不起眼的小鱼，而且是别人钓到的，因为嫌弃它太小了本打算遗弃的。

为什么会这样？我的推测是，钓鱼就像交易期货和股票一样，是一门技术。对于门外汉来说，这些技术看起来并不难。但这其中存在隐藏的知识，只掌握在经验丰富的行家手中，正如老钓友们知道该如何钓鱼一样。

这些隐藏的知识是什么？该如何去学习掌握？这些问题的答案正如那个经典问答一样——"我怎样才能登上卡内基音乐厅表演台？""不断地练习！"

不管是运动、政治，还是商业，专家总是能轻松解决复杂的问题，而新手总是用错误的方法去解决问题。新手总是更关心结果而不是过程，试图快速跳过中间艰难的尝试与犯错环节。

比如谈到交易方法时，常常会听到这种问题："这种方法能赚多少钱？"这种问法本身就有问题，就像我钓鱼时问别人"你能钓到几条鱼"一样。

钓到一条鱼，需要对其中的策略有全面的理解。比如装鱼饵的技巧，如果这一步有问题，小鱼很可能会咬走饵料却不上钩。如果鱼儿上钩了，还要掌握将鱼钓起的技巧。你只能保持耐心，积极进取。小鱼不会自己跑到你船上来，毫无疑问，钓鱼是一种艺术。

交易也是一样。当我们谈论一种具体的交易方法时，你需要掌握其中的风险所在，也就是你有可能承受的最大程度的损失。你必须清楚，要想实现特定的盈利目标你不得不承担的代价。交易的盈利归根结底不是你创造的，而是靠你在过程中的承受与担当。

另一种错误的问题是："交易的胜率有多高？"一方面，哪怕胜率只有5%，同样可以赚到大钱——只要其中盈利的金额足够大。另一方面，哪怕胜率高达 80% 或 90%，也同样有可能亏大钱——只要其中少数的（20% 或 10%）亏损金额足够大。所以，执着于胜率本身没有意义，这是错误的问题。

最有意义的问题是："每笔交易的净盈利有多大？"每一笔交易中，我可以获得的盈利是多少？一旦你成功地将每笔净盈利提升至可观的水平，你就能实现长期稳定的盈利。这个净利润应当足以抵消所有错误交易的亏损和全部交易手续费，这是最终极的问题，这个数字值得每一个交易员关注。那么，我们该如何提升每笔交易的净利润呢？

可以从对交易策略的优胜劣汰入手。我理解，这一点是和你内心深处对交易的渴望（"交易，交易，再交易"）相抵触的。但过度交易是吞噬每笔净利润的罪魁祸首。避开那些让你亏损的交易，自然会提升你的业绩。单单这样还不够，盈利还要覆盖那些不盈不亏，仅仅付出手续费的交易。所以，现在的问题就变成了——我们要如何筛选出最佳的交易机会。

你需要识别出最佳走势的方法。这里我谈论的不是日复一日的随机波动，而是真正的趋势性行情。如何找到这样的机会？第一，要研究机会在什么时间出现的概率最大。第二，要具备识别出这些机会的算法和观察的视角。我们很快将会进入到周内特定交易日的研究。眼下要先关注识别市场即将大幅波动的方法。

我应该提到过我那个靠交易标普 500 股指期货发家致富的朋友，他的做法仅仅是见到新低做空，见到新高做多。每当市场运行到这些关键的点位时，场内的那些短线客就会激进地冲进市场，打击价格进一步突破的苗头。毕竟，他们靠高点卖出和低点买进，一个下午也能赚不少钱。但是，我朋友显然是个聪明人，他能够辨别出区间内的涨跌与真正的趋势的差别。当他感觉市场即将长途跋涉时，他就会在高点以对手价全力做多，或者在低点以对手价全力做空。那些玩砸了的短线客此时想必是一脸错愕。随后市场开始大幅波动，他就收获了利润。

他能够理解市场的悖论所在：该做多的时候永远不嫌价格高，该做空的时候永远不嫌价格低。大众总是像羊群一样被市场呼来喝去，但人数更多并不会使他们的决定更加正确。我的朋友常常对我解释道，价格要想走得更高，就先得越过前一个高点。请你务必认真思考这一点。这是一个再显眼不过的结论，它如此简洁，却揭示了一条异常深刻的真理。

现在考虑到这一观点，我们需要将价格位置量化。计算机能够处理的是数字，而不是直觉。你要怎么做才能量化这些关键的位置呢？再一次，让我们粗略地思考，我们发现答案就在眼前——就在之前用过的 LSS 关键买入卖出位置上。这里，又出现了一个悖论。几年以来，我们把 LSS 的低点作为买入点，而把高点作为卖出点。而反过来运用这两个数字，就确定了突破发生的位置，也因此涉及了悖论的概念。为什么这一点很重要？因为这么做，我们就能仅在市场即将大幅波动时选择入场。

当然我不是说，这样就不会遇到市场方向和头寸方向相反的情况。做错是难免的。对专业交易员来说，亏损就像是做生意的成本。哪有生意不存在成本费用呢？我在前面的章节已经介绍过这些公式，这里简单回顾一遍。

LSS 关键突破买入位置：

$$X = \frac{(当日高点 + 当日低点 + 当日收盘)}{3}$$

$$2X - 当日低点 = 关键突破买入位置$$

LSS 关键突破卖出位置：

$$X = \frac{(当日高点+当日低点+当日收盘)}{3}$$

$$2X-\text{当日高点}=\text{关键突破卖出位置}$$

当你以这种方式将市场围住，就有较大的可能抓住突破的行情，不论是向上还是向下的突破。通常市场不会触及其中一边的位置以后，又反身去另一边。但如果这种事情真的发生了，记住下面这条规则：避开这个交易日其他的交易机会。如果真的发生这样的情况，那么市场几乎一定会在第二次触及关键位置时，发生力量的衰竭。另外，还需要加上"仅在当天收盘时才出场"的规则。为什么会有这样的规则？在那些有趋势的日子里，有较大的可能性是当前刚刚开盘时走出价格区间的其中一侧，而当天直到尾盘附近才走出价格区间的另一侧。当你采用收盘价附近作为出场点时，你就能确保获得最大的波动份额。虽然你不大可能赚到所有的收益，但确实存在这样的交易日，收盘前最后一刻市场走出当日最高点或者最低点。

止损点的设置

无论你是实盘交易一个系统，还是测试一个系统，你都必须设置止损单。我们使用的止损单有两种类型。一种是初始止损单，一旦进场就马上设好。另一种是跟踪止损，如果你做多而价格走高，止损单就会上移；如果你做空而价格走低，止损单就会下移，这种跟踪止损的方式能够保护你的浮盈。

我们使用的初始止损的方式是过去五日平均波动的 50%。这个计算很简单。将过去五日的波动区间累加，然后除以 5。一旦头寸出现了比较积极的浮盈迹象，你就以过去五日平均波幅的 65% 设置跟踪止损。这里我知道你有疑惑：为什么跟踪止损的风险容忍度不再设得小一点呢？实际上，我们对更小的跟踪止损做过回测，我们也测试过容忍空间更大的跟踪止损。在前一种情况下，一个本来有机会获取丰厚利润的头寸很容易被波动洗出去。对后一种情况来说，一旦头寸方向反了，就会亏更多。当然这些只是统计结论，实际行情总会有例外出现。

总而言之，止损的设置必须要匹配市场的行为，而不是你个人的账户。新手非常普遍的现象就是，根据他们愿意承担的风险来设置止损。这是不对的。考虑到大多数市场的波动性，如果止损设置得太近，几乎总是会被价格的随机摆动触发。我们经过程序化测试，可以证实止损设置得太近是一个错误。

对于止损，这里可以提出一项通用法则，那就是仓位潜在的获利越大，止损就越应该设置得远些。当然如果你本身是一个谨慎靠谱的人，使用的是诸如时间与价格对称这样的交易策略，你的确可以用更紧的止损。但如果你要将头寸持有到收盘附近（也许要持仓 5 ～ 6 个小时），那么你最好给市场留足够的摆动空间。

最适合买入卖出的交易日

如果你交易的市场最近几个月一直是上涨趋势，最好的买入机会就是周一，其次是周二，而周五的中间时段也会提供不错的买入机会。通常周三是值得回避的日子，因为这一天行情震荡最激烈，买卖都不合适。而周四也不适合买入，因为这一天是一周里最弱的。

在下跌行情里，周一、周二和周三都很可能走弱，这就创造了周四买入的机会，正好和牛市行情里的情况反过来。周四通常发生与主要趋势相反的行情。

当然这些惯例也不是每次都发生。比如周五尾盘的弱势行情通常会延续到周一，而周五的强势，也通常会延续到周一。

在熊市行情里，周一、周二和周五仍然会出现买入的机会，只不过持续性不像在牛市行情里那么好。

这些都仅仅是大致的规则，你仍然需要计算方法来衡量特定市场的具体强弱量值。

经验告诉我们，不存在单一的指标可以指示出当日的市场会走得更高或者更低。但若你同时关注两三个指标，你将会发现某些和次日行情方向高度相关的特定的指标形态。

周一，碾压式上涨

要想检测周内特定日的交易思路，可以从周一着手，因为它奠定了一周的基调。周一的走势通常是接下来行情发展的重要预兆。如果你想踏上趋势的节奏，最好不要错过周一的机会。在牛市里，周一的趋势最显著。在这种日子的开盘买入，持仓到收盘，通常有不错的收益。典型的周一剧情通常是这样发展的，价格在上午就早早地明显上涨了，临近中午会有一些获利了结头寸让走势适当回落，下午出现的是最后一段上涨，一直冲击到尾盘的高点。如果你觉得这里的描述听起来很像前面章节的时间和价格交易法中谈到的一个日内趋势由两个波段行情构成的说法，那么没错，正是如此。毫无疑问，图形的组合证实了市场对称的结构。

基于这种典型的周一形态，我们可以着手进行一些基础回测。比如在每一个周一的开盘买入，持仓到当天收盘，这个策略效果如何？这有没有可能是一个盈利的策略？回测结果显示这个策略只是略微有点儿盈利。实际上，如果把手续费也算上，就很可能一点儿利润都保不住。但这里必须指出，我们对市场的观点是有偏见的，我们研究的对象仅仅是标普 500 股指期货过去 12 年的历史数据（3012 个交易日），这一时期的市场显然呈上涨趋势。

既然如此，在这段牛市行情里，市场易涨难跌便没什么奇怪的。但是，我们对比研究了周一和其他的交易日，周一相对于其他典型的交易日，显然具备更强烈的上涨冲动。

话虽如此，盲目地在周一执行"买入持有到收盘"的策略，就想得太简单了。我们仍然需要一些参数，来过滤掉那些不太理想的交易机会。因此现在的思路就是，确立标准来量化地识别出最佳的周一交易机会。其中一条是："周一早上开盘价高于上周五的收盘价。"

这一条标准确实改进了回测的结果，看来我们努力的方向没错。股票市场确实存在可靠的周一上涨的偏好。在此我必须强调，我们谈论的观点是以过去12年的牛市行情股票价格为基础的。如果你对玉米、小麦这些农产品市场做过同样的研究，很可能就无法找到类似的偏好。图4-1展示的是过去12年中开盘价高过上周五收盘价的所有周一汇总起来的走势图。

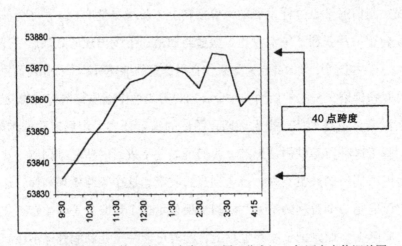

图4-1 标普500指数（周一开盘高于上周五收盘）12年历史走势汇总图

由图4-1可知，周一的高开往往预示着一整天的强势上涨偏好，起码前面三四个小时确实如此。实际上，如果你对比高开的周一和低开的周一之间的走势，你会发现差别非常显著。高开的周一要比那些低开的周一强势很多，如果周一的开盘直接开在周五的高点上方，那就更加强势。当你遇到一个大幅高开的周一，后市的走高几乎就是板上钉钉了。或许我们可以说，高开就是强势行情的先兆。

测量前一交易日的走势强弱

在前面的章节中，我们已经介绍了单日强度指标的计算方法，但在此回顾也很有意义。以下是一个单日强度测量指标，原理是计算收盘价在价格区间内的相对位置高低。在区间的最高位置收盘将会把指标推高至 100%，而在区间的最低位置收盘将会把指标推低至 0%。

算法如下：

$$单日强度指数 = \frac{收盘价 - 最低价}{最高价 - 最低价} \times 100\%$$

我们把指标值大致分成三个区间：高位（66% 以上），中位（33% ~ 66%）以及低位（33% 以下）。

从 1987 年 1 月 1 日到 1998 年 12 月 31 日，在这 12 年的历史回测数据里有 576 个周一数据。在这么多周一里，按照周五的单日强度数值高低可以归为三类：

▸ 周五收盘时强度在区间低位 =154，占比 27%。
▸ 周五收盘时强度在区间中位 =166，占比 29%。
▸ 周五收盘时强度在区间高位 =256，占比 44%。

针对这几种情况分别画出走势的汇总图，你会发现当周五收盘指标处于区间的中高位置时，周一会倾向于走强，而当周五处于区间的低位时，周一的走势就没有那么强。这就告诉我们，弱势的周五往往带来弱势的周一。

图 4-2 展示的是 12 年的所有周一的走势汇总图。

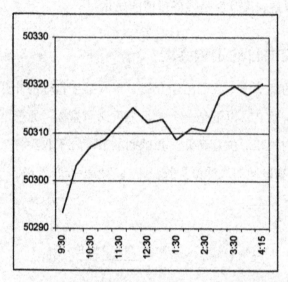

图 4-2　标普 500 指数（周一）12 年历史走势汇总图

从图形中可以明显看出具备两段波动走势，早上和下午各有一段。我们已经知道股市和标普 500 股指期货在周一倾向于走强。而当之前周五收盘在价格区间的中高位置时，强势程度就更为显著。此外，周一早上的高开，尤其是比周五最高点还要高的高开，会给当天接下来的强势行情画上浓墨重彩的一笔。

周二，大器晚成

周一的特点是早早地展示出行情强势的一面。而周二在多头再攀新高之前，需要一些时间来消化周一的上涨行情。图 4-3 展示了 12 年历史数据中，周二的走势汇总。可以看出周二的早盘走势相当颠簸。而到了下午的晚些时候，价格就常常一飞冲天，呈现相当华丽的上涨趋势。按照泰勒的三日循环预测法则，你可以把周二理解成循环中的第二日上涨。

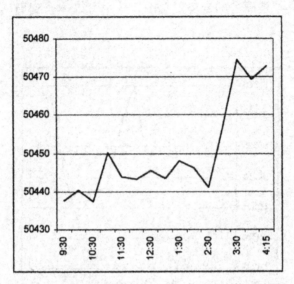

图 4-3　标普 500 指数（周二）12 年历史走势汇总图

　　倘若周一市场的表现符合预期的强势，周二通常不会给出太理想的买入机会，至少周二早盘是这样的情况。这一点不难理解，因为周二的早盘会有一些获利了结的多头准备出场。这也正是泰勒的理论所指出的，上涨日之后，价格成交将持续发生在上一日高点附近。真正的趋势性的买卖力量还需要一段时间的酝酿，直到下午才会出现。如果你是一个"时间与价格"的交易者，你将能很好地利用这一现象来获取收益。此外，所有周二的汇总图形也可以帮助你锁定最佳的交易时机。但是要注意，走势汇总图中指出的走势规律未必次次见效，这只是 12 年历史数据中所有周二的平均表现而已。

周三，风高浪急

　　到目前为止，周三是一周内最没有吸引力的交易日，它们以走势刁钻著称。由于 12 年的历史数据整体属于牛市行情，股票价格整体涨幅显著，因此在这段数据里周三存在走强的倾向，意味着低开高收的可能性更大。图 4-4 是周三的走势汇总图，从中可以体会到周三走势的刁钻之处。

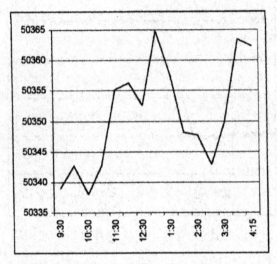

图 4-4　标普 500 指数（周三）12 年历史走势汇总图

周四，飞流直下

要想在牛市行情里找一个不错的做空机会，那就是周四。周四早盘先出现高点，紧接着下午出现抛售的走势，这显然就是泰勒三日循环预测法则中的做空日了。图 4-5 是周四的走势汇总图，明显可以从中体会到先高后低的做空机会。

其实，周四是一个逆势的交易日。在牛市中，周一、周二和周三都走高，那么周四几乎总是会出现多头止盈离场的行情，因此这一天的走势最弱。但若处于熊市行情，周一、周二和周三都走弱，周四作为一个逆势的交易日，将会出现反弹上涨。因此，若你要在周四进场，首先判断清楚大趋势的方向就尤为重要。

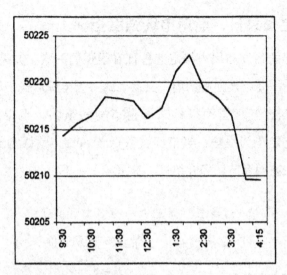

图 4-5　标普 500 指数（周四）12 年历史走势汇总图

周五，落叶归根

　　周五的早盘可能还会延续周四的下跌，当周四在当日低点收盘时，情况更是如此。周五下午砸出最后一个低点后，偏低的价格就会吸引大批抄底的多头，推动价格上涨直到收盘。这种走势我已经见识过无数次了（见图 4-6）。交易员若认识并利用这一规律，将会获得相当丰厚的回报。

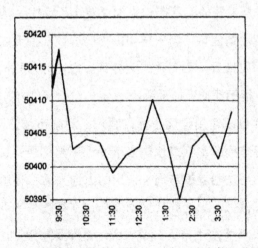

图 4-6　标普 500 指数（周五）12 年历史走势汇总图

在周内特定交易日，运用市场强度指标

市场走势的强度和周内特定交易日有很强的关联。如果在牛市行情中，你选择在一周中最强势的周一交易，这一天上涨的概率就相当大。

我们用 LSS 五日摆动指标来衡量市场的强弱。当指标读数超过50%，就认定走势为强势；当指标读数低于50%，就认定走势为弱势。指标的算法在前面章节已经介绍过，这里温习一下：

$$X = 过去五日最高价 - 五日前开盘价$$

$$Y = 上日收盘价 - 过去五日最低价$$

$$LSS五日摆动指标 = \frac{X+Y}{(过去五日最高价 - 过去五日最低价) \times 2} \times 100\%$$

这个算式得到的是单日的读数。你可以用每三天读数的平均值画线，来平滑读数的上下波动。当我们前面谈论五日摆动指标时，主要用的就是平滑后的指标。

现在再回顾一下周一的走势汇总图，你会发现若摆动指标读数大于50%，周一通常是上涨的。若摆动指标读数小于50%，周一通常走不出预期的强势行情。请注意，周一摆动指标的读数在周五收盘时就可以确定，周五是周一前最后一个完整的交易日。请注意，我们谈论的是三日平滑后的指标，指标摆动更加平滑。

有两种方式可以运用强度指标。其一，观察市场前一日如何收盘，以单日强度指标来衡量；其二，观察市场近期整体强弱氛围，以五日摆动指标来衡量。当这两者都与周一指出的方向一致，你就会遇到最强的走势。单日指标偏强，加上五日摆动偏强，本身就是接下来强势行情的有力预告，如果再叠加牛市大环境，周一的效果就更加厉害了。另外，

不难理解，如果单日指标和五日指标偏弱，便指向后市下跌的行情，而周一也只会放大这一点。

现在我们不难理解，周一相对于其他所有的周内交易日，起到的是晴雨表的作用。若近期整体走势下行，周一也走弱的概率就相当大。而在多头控盘的日子里，周一走强就更符合预期。很显然，周五收盘的方式对周一的走势有重要的影响。而近期走势的整体氛围对周一走势的影响更大。如果五日摆动指标是足够强势的，那么上周五收盘的情况对周一来说就无关紧要了，周一的早盘走势将只有一个方向：上涨。

前文已经讨论过周二的典型走势形态：早上的盘整连着下午姗姗来迟的上涨。比较好笑的是，如果市场整体多头倾向不是太强，周二反而会表现得更强一些。这确实很难让人接受，但这一点很重要。实际上原理是这样的：如果周一整体非常强势，那么紧挨着的周二会出现获利盘离场导致的价格回落；但如果周一的上涨没有那么强，那么周一没有充分释放的多头热情就会积攒到周二并爆发出来。在这种情况下，你会见到一个强劲上涨的周二，如图 4-7 和图 4-8 所示。

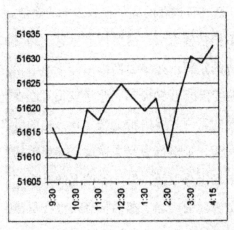

图 4-7　标普 500 指数（周二）LSS 摆动指标高于 50%

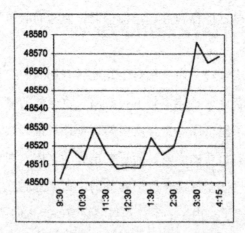

图 4-8 标普 500 指数（周二）LSS 摆动指标低于 50%

图 4-7 展示的是摆动指标高于 50% 时，周二的走势汇总图，注意其中出现的明显回调走势。几乎所有的周二早盘的涨幅都在下午的上涨开始之前回吐殆尽。而当摆动指标低于 50% 时，显示当前走势较弱，此时周二没有出现明显的获利回吐走势，并且在下午冲高时表现更好，这可能是周一的上涨不及预期导致的。注意这两种走势表现出了非常隐蔽但又很有意思的差异。若周一没有出现大幅上涨，也许就是泰勒的三日循环被推迟了一天，而在紧挨着的周二释放多头的热情。

到了周三，市场精疲力竭，需要休养生息。即便如此，价格运动还是会跟随整体趋势的氛围。如果强度指标低于 50%，周三将倾向于在下跌中收盘。如果强度指标比 50% 高，市场就很可能在上涨中收盘。

市场整体强弱的氛围与周内特定交易日，这两者产生最强的关联出现在周四。在这一天，价格行为完全逆反。如果市场五日摆动指标读数很高，一般表明市场走势很强，但如果撞上的是周四，价格就只会接连滑落。而对于一个疲弱的市场，摆动指标读数在低位，遇上周四反而会产生上涨行情。周四，这是个对抗大势的日子。

周四的这种现象到底是什么道理？我们可以这样设想，在一个上涨

的市场中，多头获利了结；在下跌的市场中，空头获利了结。前者的行
为打压市场价格，后者的行为推高市场价格。不管何种情况，趋势都十
分明显。

　　还有一种思路来理解这一现象。到周四，那些稀里糊涂的人在前三
天密切地观察市场之后，终于下定决心买票上车。他们一直等待局势稳
定，多头走势确立下来才上车，他们一直很谨慎（而前几天本应该冒险
进取一些才对）。现在，他们纵身一跃，在山尖上接了盘！你同样可以在
下跌行情中看到，经历了前三天的"跌跌"不休的折磨后，人们终于断
臂求生，在周四的底部割了肉。当然，就在这一天，就在这些糊涂蛋丢
掉头寸逃命之后，市场马上就出现了反弹的行情。这就是人性，大多数
人在市场关键转折点面前总是会判断错误。

　　现在到了周五，周内循环的规律又重新确立起来。如果市场近期走
势偏弱（五日摆动指标读数低于 50%），很多交易员就会在周五的早盘选
择做空，打压价格。但到了下午，一旦那些热衷于捡便宜头寸的交易员
进场，你就要高度戒备了。这正是我在本书引言中提到的非常典型的周
五下午走势形态。

昨日的收盘如何影响今日的开盘

　　在你实际交易时，抛开周内特定交易日不谈，你还必须要关注昨日
收盘价与今日开盘价之间的差距。通常价格高开更有利于做多，价格低
开更有利于做空。当然，也有例外情况。你需要格外小心的是那些以极
端方式跳空的开盘，这样的跳空在图形上留下了明显的缺口，而且是那
种很难被回补的缺口。通常，统计研究表明，大约 75% 的缺口可以被回
补，这意味着遇到高开就可以尝试做空，遇到低开就可以尝试做多，这
样的操作具备概率上的优势。这里体现的交易理念是，跳空缺口有 75%

的概率被后面的走势完全回补。

但是遇到极端跳空时，麻烦就来了。在这种情况下，今日市场的跳空会更加远离昨日收盘价，而且很大可能这种缺口没有办法被回补。

当你尝试用买入和卖出的预埋单将价格区间包裹起来时，正如之前利用 LSS 关键买入和卖出位置一样，在遇到极端跳空时你又会遇到一个问题。比如价格是大幅向下跳空，但又没有跌到可以触发空单，而适合买入的位置距离当前的市价又很远，这就很尴尬了。实际上，如果你用的是五日平均波幅这样的测量手段，买入位置距离当前市价很可能就是你想要操作的目标价格幅度。换句话说，当价格上行到触发你的买入单时，它已经移动了你想抓住的价格幅度了，此时再买入，很可能就买在了反弹高位。当然，有时候价格上涨不会止步在这个买入水平，上涨的空间幅度还会更大一些，但这显然是可遇不可求的。

基于上面的道理，你不应该在价格过于低开时做多，也不应该在价格过于高开时做空。看起来非常有诱惑力的机会实际上蕴含着相当的风险。螳螂捕蝉，黄雀在后。这也是市场的悖论之一。

你在进场交易时，总是希望后市还有足够大的波幅等着你。同样的道理，你在进场时，也要确保这笔头寸有足够多的允许持仓的时间。如果你是短线交易者，就必须给头寸充足的时间来产生利润。如果距收盘的时间所剩无几，而你在收盘时又想保持平静的心态，那就不要再交易了。在这种情况下我习惯的经验法则是——以 45 分钟为界限。如果交易所剩的时间不超过 45 分钟，那就最好保持场外观望。但请注意这条经验法则主要是用在发生突破时开仓的交易策略上。另外，如果你根据时间与价格体系找到一个交易机会，你预测后市波动会在 8～9 分钟内完成，那就值得采取行动了。但注意，这里的开仓条件与前面的情况完全不一样。

时不时有人会来告诉我，我介绍的突破交易的测算价格不起作用。我很清楚他们说的是那种市场恰好在关键买入或者卖出位置附近构筑出底部和顶部的走势现象，我也非常能理解这种情况下他们沮丧的心情。但我要提醒大家，请务必注意策略适用的背景条件。比如，价格走到你想开仓的位置时，是不是时间已经过去大半天了？如果是这样，很可能当天的大多数波动能量都已经消耗得差不多了。再比如，这一天是不是周三？周三是一周里最为风高浪急的交易日，在这一天入场做交易难度非常大。再比如，市场的近期多空情绪如何？如果市场仅仅是略微走强或者走弱，就很难出现大幅的波动。

另外，分析这些进场数据，你会发现那些极端跳空时进场的交易，就算最终结果是盈利的，通常也只是蝇头小利。因为这种情况下的价格大幅回撤的风险非常大，所以盈利的整体期望不太高。为了避免在这种操作中踩到雷，你必须每次都注意五日平均波幅的大小，注意在当天进场前市场已经运动了多大的幅度。

比如说，假设五日平均波幅是 20.00 点，如果这一天市场仅仅运动了 4.50 点，就触发了开仓信号，你就可以认为还有 15.50 点左右的运动空间，此时进场的获利空间还是比较充足的。

再比如，你还是寻找 20.00 点的价格波动，但是价格已经大幅波动了 18.00 点，我们就猜测剩下的空间大概还剩下 2.00 点，这么低的潜在回报，显然就不值得进场冒险了，价格完全可能轻轻松松回调 50% 以上，完全没必要为了"废铜烂铁"而赌上"金条"。

现在，我们可以这样研究长达 8 年的历史行情，看看怎样才能提升交易的成绩。首先，提取出单因子，也就是今日开盘的跳空缺口幅度相对于昨日收盘价的百分比，从而获得自变量。其次，分析因变量，也就是不同缺口条件下的收益曲线变动，研究何种缺口对收益曲线有何种作用。再次，把那些没有贡献的缺口条件剔除出去。按照这种思路，研究结果显示，若向下跳空的缺口超过 7.5%，做多就没有胜算了，若向上跳空的缺口超过 18%，做空就没有胜算了。最后，剔除上述不利条件后，用剩下的条件重新回测，发现 8 年的历史行情中，交易量减少了14%，我们省下了同样比例的手续费，降低了开支，但收益却提升了整整 19%，这真是一条价值连城的信息。

选择百分比图还是绝对价格图

也许你注意到，我常常谈论相对于昨日收盘价的百分比数字。道理何在？只因时过境迁，今日的市场波动性已经远远高于往日了。记得标普 500 股指期货在 1982 年春季上市交易，200 ～ 300 点的波动就相当不错了。到如今，波动性已然是当年的十倍规模。因此，再拿具体的点数波动说事就没有意义了。按照流程，我们把绝对价格的波动统统转换为按照百分比计算的相对价格波动，具体做法是以过去最高价为 100，过去最低价为 0，来计算当前价格相对于历史区间的百分比，这样就可以分析经年累月的价格规律。由于今日的绝对价格波动要明显大于往日，因此绝对价格图肯定会更加适用于近期的行情，而不太适用于更早期的行情。但有意思的是，如果某种策略同时适用于绝对价格波动和相对价格波动，那么在这种情况下，我们对策略的正确性就有了更大的把握，因为它经历了漫长的时间的考验。否则，就会给近期行情过大的权重，长期来看，很可能会扭曲最终的结果。

以昨日收盘的状况来衡量今日买入的机会

前文中，我已经强调过昨日收盘对今日行情的重要影响。为了验证这一点，我们非常精细地分析了前日收盘对整体账户操作盈亏的影响。当然，每一天的行情走势都是独一无二的，但总体来说，每当价格处于周期性底部，前一天收盘价越低，第二天就越能出现不错的上涨行情。而在周期性顶部，往往能看到前一天收盘价强势的迹象。这些迹象都是市场循环进入上涨尾声的信号，这也正是泰勒经典的第三日形态所指出的。

既然前一日的收盘情况确实具有前瞻意义，你再结合周内特定交易日的性质，就能更好地体会市场价格潮起潮落的节奏。如果周五收盘走强，交易者就要做好周一早盘的入场准备。如果是周一强势拉升，周二就不建议再如法炮制了。因为此时周一的买盘力量已经被消耗了大部分，市场已经疲惫，需要暂作调整。

现在以典型的周一走势为例，看看周五的收盘价会对周一走势有何影响。大量的历史数据研究表明，如果周五收盘比较弱，周一的价格走势就会整体偏低一些。统计研究进一步表明，周五收盘的单日强度指标数值至少要高于35%，才能支持周一的价格走势整体上行。

在牛市行情里，周五的显著特点是尾盘拉升，这一点会吸引很多多头进场，因为他们期待的是接下来周一行情的走强。所以，正是这种多头的想法和行动推高了周五下午的市场价格。

而到了周二的早盘，情况就完全不同了。在牛市行情里，周一通常是一周里最强势的交易日。周五尾盘走强，周一又走强，到周二就已经是第三日上涨了。此时就到了三日循环的顶部。你最好不要在连续第三日上涨时考虑做多，尤其是在经历了中间第二日大幅拉升的情况下，因为这构成了非常典型的做空机会。当然，如果周一的走势仅仅是温和的上扬，周二还是可以做多的。在这种情况下，三日循环的周期就得往后延迟一天。我们根据统计研究发现，若周一收盘时单日强度指数在75%之上，周二再做多的话，胜算就很低了。总之一句话，如果周一的走势强到令人发指，周二不要买入就对了。对于这一问题，另一种思考的角度是面对错失机会的态度。机会一旦错过，那就是错过了，不要再幻想重新制造机会。如果你周一想买，但最终没有下定决心进场，那就不要幻想周二早上再上车了。操作的良机已失，如果不识时务，强行入场，期待已经衰竭的市场继续向上爬升，只会自取其辱。

到了周三，情况再次产生了变化。如果周二收盘超乎预期地走强，单日强度指数在 75% 以上，那么周三还是很有机会好好赚一笔的。对这一现象，我能给出以下几种解释。第一种解释，因为不少节假日都安排在周一，在这种情况下，周二就成了周一的替代品，甚至有时候是周五的替代品，因为 3 天的假期会提前让场内交易员人心涣散。这就把周三推到了炙手可热的第二日上涨的位置，常常走势相当强劲。第二种解释，这是拜很多在周二下午发布、能够驱动市场涨跌的报告所赐。如果周二的报告结果非常积极，通常就会上周三报纸新闻的头条，这就让周三的走势进一步红红火火。第三种解释有点儿哲学悖论的成分——将欲取之，必先予之。市场常常用平平无奇的表现掩盖其即将展开的龙奔虎跃的走势，市场常常愚弄大家，这也不算新鲜事了。第四种解释，周二收盘强就表明市场是真强，大势面前，上方阻力位不过是螳臂当车，周三的多头也会因此大大受益。

图 4-9 展示的是，周二强度指标在 75% 以上导致的周三股票市场的强劲拉升。

到周三收盘，如果强度指标在 50% 以上，周四的做多机会也很不错。周三倾向于在牛市里上涨，在熊市里下跌。此时单日强度指标对第二日走势的效果只能说仅供参考。

如果研究周五，你就会发现前一天的收盘情况确实会对第二天的价格走势产生有力的影响。如果想让周五的多头缓一口气，周四就不能收盘过强或者过弱。最佳的周五买入机会，通常前一天周四都会有触底反弹或者冲高回落的走势。对这一现象稍加研究，按照惯例，周四是牛市一周中最弱、熊市一周中最强、对现有趋势大唱反调的日子，我们下面就分析一下这种情况。

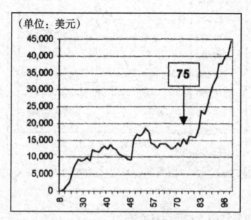

图 4-9　标普 500 指数，以周二收盘强度排列的周三买入交易绩效情况

　　比如市场已经持续上涨，你预判周四下午会走跌，然后呢？见到便宜想买入的交易员就会在周四下午杀进去，将市场抬起来，在收盘时至少能抬升到中间地带。如果情况不是这样，那就出问题了。比如市场在一周前三天都是上涨，盘面坚挺。到周四走势沦陷，尾盘收跌。如果周四是最低点收盘，就意味着周五早盘走势仍将一蹶不振，易跌难涨。退一步讲，就算周五早盘保持了强势并且也是上涨，要想让市场重返周四的高位，也还要发出向上突破的信号，中间要克服的空间阻力也太大了些。

　　现在考虑相反的情况，市场一直在下跌，一周前三天节节败退，周四恰如预期走出反弹行情，周五会如何演绎呢？不错，市场多半要重拾跌势。我们又怎能指望在这种弱势行情里做多来赚钱呢？

　　另外，我们研究发现，如果周四的单日强度指数在 33% ～ 65%，那么周五的买入机会通常是有利可图的。图 4-10 的汇总走势表明了在周四收盘符合条件时，周五走势的获利潜能。

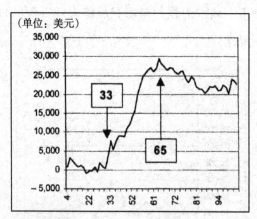

图 4-10　标普 500 指数，以周四收盘强度排列的周五买入交易绩效情况

昨日收盘如何影响今日的做空

需要知道，做多与做空的区别并不是简单的镜像对称。不过两者都受前一天收盘情况的影响。这里我们谈论的是突破型的交易系统，比如市场价格要先跌破某个目标价位，才会发出做空的交易信号。因此在强劲的牛市里，空头信号出现得更少，多头信号出现得更多。随着市场一天天上扬，买入的信号将会频繁发出。而要使下跌信号发出，市场至少要短期走跌。为了让这种做空信号的放出有意义，市场还要继续下跌，走得更低才行。否则，那些倒霉蛋就会发现自己做空做在底部了。

周一将那些准空头陷入了特殊的困境。作为牛市里一周中最强的交易日，周一易涨难跌。哪怕是那种不太强的周一开盘，并且早盘时市场还顺着周五的抛压继续下滑，也通常是在酝酿后市的上涨。对空头来说，周五收盘时的单日强度指标读数如果偏低，周一通常不再适合做空。为何？也许周五的弱势已经使周一的早盘产生了足够多的空头信号，但对更专业的交易老手来说，这种情况只会让他们义无反顾地进场做多，推高市场。盛宴过后，将由空头留下来买单。

如果周五收盘强势，周一又出现了实实在在的向下破位，此时下跌行情能够持续的概率就大大提升，做空就好得多了。统计研究表明，周五如果收盘强势，强度指标高于50%，做空的获利潜能就会显著提升。但如果强度在50%以下，随后出现的做空信号就容易诱导空头撞墙。

图4-11非常清楚地展示了这一现象。

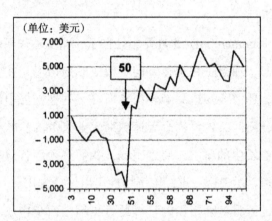

图 4-11   标普 500 指数，以周五收盘强度排列的周一买入交易绩效情况

在周二，如果前一天收盘的强度高于70%，做空的机会就更好一些。这个结论是站得住脚的，因为弱势的周一通常是周五抛压的延续。经过了前两天的下跌，不出意外，到周二就容易迎面遇上反弹行情。

一般来说，如果周二收盘的强度指标高于67%，周三做空的胜算就更大些。但对我测试的八年半的历史行情来说，满足条件的周三的做空信号实在寥寥无几。也许样本太少了，要想从中得出比较有把握的结论太牵强了。而且据我们所知，周三的整体基调就是震荡，不太可能出现压倒性的趋势。

周四的形态非常容易预判，不管前日收盘情况如何，周四出现的做空信号效果通常很不错。周五的情况和周四差不多。因此，在一周的后半段做空，比前半段要舒服得多。你要记住，我们只能通过过去的行情来总结规律，就大部分金融市场的历史来说，整体趋势是上行的。

衡量市场涨跌的动能惯性

前文已经详细介绍了 LSS 单日强度和五日强度的指标算法，它们分别衡量的是市场的短期强度和中期强度。接下来我想介绍一种很重要又很微妙的强度指标。

动能惯性（momentum）的重要之处在于，它能够表明趋势目前是加速还是减速状态，或是正在选择方向。仅仅知道市场正在上涨还是下跌是远远不够的，还需要知道关键转折点所在，并在交易中做出相应的调整。打开电视，新闻会告诉你今天道琼斯工业指数的涨跌情况，但这只能代表过去已经发生的事实。要想赚钱，我们必须用智慧和经验对明天的走势做出预判。对于这一点，市场惯性可以发挥作用。

前文提及，五日摆动指标的计算逐日更新由两步构成。第一步，算出这一日的五日摆动指标具体数值，读数在 0 ～ 100；第二步，对最近的三次读数取平均值，获得平滑后的指标读数。

正是这个平滑后的指标读数能够起到衡量市场惯性的作用。这里的算法非常直白：

当下的五日平滑摆动指标值 － 三天前的五日平滑摆动指标值

这一差值，也就是惯性指标，能够代表五日摆动指标的移动速度和方向。比如今天的摆动指标读数更大，减掉三天前的指标读数，就产生一个正数。这就意味着市场大势在向上攀升（记住摆动指标衡量的是整体的强度）。如果这一差值是负数，情况正好相反，代表市场大势是疲弱向下的（反向的惯性）。市场的转折点通常出现在差值指标读数变大时，不管是正向的还是负向的变大。这种变大的读数表明市场突然要经历大幅波动。对每一段趋势行情来说，获利了结带来的回调走势都是不可避免的，这也就意味着当差值指标扩大时，市场的反转也将随时降临。最起码，你不要在差值指标读数扩大时进场，免得买到高点或者卖到低点。

惯性指标也能够告诉我们，上涨下跌的动能是否在减弱，这也是市场反转的信号，它能够有效衡量市场做多力量和做空力量的动态变化。每当市场五日摆动指标读数高于 70% 时，就可以开始寻找市场的反转了。

比如当前市场正在上涨，平滑处理后的五日摆动指标读数如下：⊖

第几天	LSS 五日摆动指标
1	75.41
2	74.60
3	73.52
4	73.17
5	72.16

当前的读数减去三天前的读数，就得到惯性指标。比如当前是第 5 天，昨天（第 4 天）的惯性指标读数是 −2.24，今天是 −2.44，这表明反向动能正在增强，市场已经开始表露出减速的迹象。指标的读数有各种变化方式，比如可以从正数转向负数，从负数转向正数，从正数转向更大的正数，或者从负数转向更大的负数，等等。正是这个三日差值指标的变动方向，能够帮我们预判出市场下一步的动作。

现在进一步研究作为惯性指标的三日差值究竟能发挥什么作用。我们分别看一下摆动指标显示的强势（70% 以上）、弱势（30% 以下），以及横盘（30% ～ 70%）这三种市场形态，然后根据三日差值指标读数的情况绘制出走势图，研究结果相当有趣。

按照惯例，买入和卖出要按两种情况各自研究。因此，结合前面分出的三种情况——指标强势、弱势，以及横盘，就一共能区分出六种情

⊖ 英文原书中数字顺序相反，疑有误，这里已将顺序调整。

况来。然后，按照三日差值指标不同读数，我们绘制出价格走势图。不难理解，当强度指标读数高于70%、三日差值指标读数在 +28 以上时，容易出现最强势的行情。这种情况下，市场还能进一步走强，买入还能产生利润。但是，到某个位置还是会过犹不及，买入也不再有利可图，换言之，此时买入就是买在了顶点。

当强度指标读数在30% ~ 70%，并且只有当三日差值指标读数在 -28 ~ +17.5 时，买入才有可能获利。当强度指标读数在 30% 以下时，市场就是弱势，但当三日差值指标读数比 -28 更大时，买入还是有机会获利的。

我承认这些数字需要一个合理的解释。下面看一个例子，看看能否给我们一点儿启发。比如目前市场大势走弱，强度指标读数在30% 以下，但你想做多。为什么做多？也许是基于某个理由你相信市场会继续走高。强度指标读数在 30% 以下，比如说是 21% 好了。当强度指标读数在 21% 时，三日差值读数应该已经在负数区域保持好一阵子了，负数值也在扩大，显示反向动能在增强。但随后，你会发现三日差值读数的负数开始向正数靠拢。这就是买入力量在积极介入的证据，尤其是当三日差值读数缩小至 -28 以内时。这里传递的信息是，市场的抛压已经是过去式了，额外的抛压不再是撼动市场的主要驱动力，因为抛压已经迎面遇上了正在增强的多头力量。现在市场已经蓄势待发，做好上涨的准备了。

这里还是要提醒一句，倘若市场的强度指标读数在 30% 以内，而三日差值读数低于 -28，很有可能抛压还没有结束。在这种情况下，你最好克制住自己做多的念头，因为胜算并不站在你这一边。

如果是准备做空的情况，我们同样分成三种场景来讨论：强度指标在 70% 以上、在 30% ~ 70%，以及在 30% 以下。通常最麻烦的情况出现在强度指标低于 30%，市场已经表现得足够弱势时。在这种情况下，做空很可能深深地卖出在坑底，你必须小心避开市场随时出现的反弹，让你做空亏损。如果三日差值读数低于 −12，你做空就要格外当心了。

当市场强度指标读数在 70% 以上时，你做空的胜算就高很多。根据我们回测的结果，在这种情况下，只要三日差值指标读数高于 +3，就能够产生利润。

无论是涨还是跌，在每一种情况下，你最好能掌握市场动能，能掌握市场上涨和下跌的速度。在市场顶部，在真正的大顶降临之前，市场的上涨动能很可能已经开始放缓了。在市场的底部，也同样会经历下跌动能放缓。如果你想左侧进场、逆势而动，想抓住市场的顶部和底部，就必须参考这个领先指标。当然风险永远存在，但至少运用动能指标能够精确地量化你的判断，而不必诉诸所谓盘面的直觉。

若干简单法则

我理解亲爱的读者们都喜欢硬核的交易法则。但我也清楚自己实在是爱莫能助，只因每一条法则都存在如此众多的例外。然而，我还是准备写下一些法则，如果你遵照执行，仍然有望见效。这里有一些涉及交易机会的过滤机制，因此若遵照这些指引，每周最多只有三次交易机会。甚至因为过滤，有些周可能会一次机会都找不到。

法则如下。

（1）避开周二和周四。

（2）在周一，如果下列条件成立，仅仅在 LSS 关键突破买入位置做多。

▶ LSS 五日强度指标读数在 65% ~ 94.5%。

▶ LSS 五日摆动指标在 50% 以上。

▶ 五日摆动指标的三日差值读数高于 −10。

（3）在周三，当下列条件成立时，仅在 LSS 关键突破卖出位置做空。

▶ LSS 五日强度读数在 53% 以上。

▶ LSS 五日摆动指标读数在 70% 以下。

▶ 五日摆动指标的三日差值读数高于 −10。

（4）在周五，仅当下列条件成立时，在 LSS 关键突破买入位置做多。

▶ LSS 五日强度指标读数在 83% 以下。

▶ LSS 五日摆动指标读数在 50% 以下。

▶ 五日摆动指标的三日差值读数高于 −40。

小心应对波动大的交易日

如果你要在波动大的日子做交易也可以，只是要知道在这种情况下，你做的分析很可能会让你的买入位置过高和卖出位置过低。为了避免这两种情况，你最好将刚刚过去的交易日的波幅与前五日的平均波幅进行对比。如果这一日的波幅超过前五日的平均波幅，那就需要再来一次同等规模的波幅才能产生利润。当然这种走势不是不可能，但显然不能每次都指望它发生。因此，如果你的分析是基于这种高波动性的交易日，那你就要格外当心。LSS 关键突破买入和卖出位置很可能会把前一日的上下沿组合起来。如果前日波幅太大，要么会根本进不了场，要么就会买在高点或者卖在低点。

缺少波动性的日子

当你遇上低波动性的交易日时，问题正好和高波动性的交易日相反：现在这些面临突破的关键阻力位靠得实在是太近了。除非你正在分析的交易日的波幅至少在过去五日平均波幅的 70% 以上，否则那些面临买入和卖出突破的位置显然是太靠近当前市价了。

正如经历的是股指期货过去几年的上涨行情，买入位置太近并不是问题，它只会让你赚更多的钱。但如果价格小幅回调，你进场做空，结果迎头撞上反弹的市场，那么这种操作就有问题了。因此，你需要等待的是，价格波幅规模达到过去五日的平均波幅的 70% 到 100% 之间。

突破价位对交易的重要性，真是再强调也不为过。如果做多，在市场逐步走高时进场更好；如果做空，在市场逐步下跌时进场更好。而在关键位置被触及前进行买入和卖出的动作，仅仅徒劳地增加了亏损的概率。在盘整行情中（关键破位价格被触及前），有很大的可能性价格会回归波动的中心。（注意，这和之前介绍的时间与价格交易法中，对盘整的运用恰好相反。）在有效的趋势没有实际出现之前，提前猜测市场何时结束盘整恢复趋势，只会让我们犯错。即便是运用时间与价格交易策略，在实际进场前，也需要等待市场走势来证明它确实准备好波动了。如果在交易时没有发现市场即将大幅波动的证据，那么你最好保持旁观。如果你一定要持有头寸，请记住，此时从概率上看，从两侧的极限点向波动中心回归的可能性会更大。

适用于国债交易的法则

周内特定交易日的思想，除了能运用在股指期货上，也同样适用于其他市场，也许其中最大的要数美国国债期货市场了。想在这一市场中获得成功，你需要检查两个要素：波动性和流动性。

我们对债券市场做了和股指期货同样的研究。一如既往，你需要理解利润伴随着风险的道理。债券市场波动小，你的利润不会那么多，同时风险也小了很多。

关于债券市场，我们也能够提出些交易的法则。基本上大同小异，只不过参数大小会根据市场的特点做出调整。比如，以下是完全一样的法则。

▶（1）在 LSS 关键突破买入位置做多。

▶（2）在 LSS 关键突破卖出位置做空。

▶（3）一天最多交易一次。

如果基于过去五日的平均波幅来做空，债券交易有以下规则可以遵循：

▶（4）如果当日波幅大于过去五日波幅的 133%，不要进行突破卖出开仓。

通常像这样大的波幅会导致卖出的价格太低。现在我们考虑加上摆动指标：

▶（5）如果摆动指标数值低于 25%，不要进行破位买入开仓。

在这一情况中，市场并不具备足够的强度来显著提升市场，因而也难为多头创造出足够的利润空间。

▶（6）如果摆动指标读数高于 72.5% 或者低于 22%，不要进行突破卖出开仓。

因为在 72.5% 之上，市场就太强了以至于不适合做空，而在 22% 之下，市场走势已经太弱了，做空的空间也同样不大。

如果你将摆动指标与三日差值衡量的动能指标结合起来，就还能将一些获利不多的机会过滤掉。比如：

▶（7）摆动指标在 70% 以上，差值指标在 7.5 以上，不要做突破买入。

这种读数显示市场已经足够强势，很可能买在顶部，所以要避开这种交易机会。

▶（8）摆动指标在 30% 以下，三日差值指标低于 −37 或高于 +5，不要做突破卖出。

走势太弱也不适合做空。这种情况下市场已经大幅破位，还要继续下行，不是卖出的好时机。

接下来我们分析一下前一天收盘情况对进场交易的影响。对债券交易来说，做多需要等市场走强，但不能太强。做空需要等市场走弱，但不能太弱。法则如下：

▶（9）如果昨日收盘价与当前入场点距离超过 +14/32，不要做突破进场。

大多数情况下，要求债券单日上涨超过半个点（+16/32）显然是痴人说梦。要想实现半个点以上的涨幅，必须借助基本面大变化的东风，诸如联储降息之类的事件，这对任意一个普通交易日来说，显然不太现实。

▶（10）如果昨日收盘价与当前入场点距离超过 −6/32，不要参与突破做空。

在这种情况下，很可能做空做在了底部。

现在轮到周内特定交易日规则了。由于债券同样具备独特的每日形态，我们最好避开特定交易日的特定形态。下面是一些法则：

▶（11）如果是周二，且当日开盘与前一日收盘跳空距离超过过去五日平均波幅的 17%，不要做多。

因为如果开盘就出现了很大的跳空，当天市场要再上涨就很可能空间不足。

▶（12）如果是周三，且当日开盘与前一日收盘距离不到过去五日平均波幅的 21%，或者大于平均波幅的 41%，不要做多。

在周三的债券市场做买入交易，机会相当渺茫；和股票市场类似，周三对债券交易员十分难熬。

▶（13）如果是周四，且当日开盘与前一日收盘距离超过五日平均波幅的 30%，不要做多。

和股指期货市场一样，周四是适合做空的好日子。如果你遇到高开，这不是做多的信号，恰恰相反，市场已经在摩拳擦掌准备做空了。这种跳空开盘之后出现显著的回拉就是所谓的弹簧效应。如果向上跳空的距离在五日平均波幅的 30% 以上，市场就该下行走弱了。

▶（14）如果是周四，但市场低开，跳空距离在五日平均波幅的 17% 以上，不要做空。

这里就是反向的弹簧效应了。不要在地板上做空。价格低开确实会呈现出不错的做空机会，但前提是不要在一开盘就把下行的潜能全部用完。

▶（15）如果是周五，市场低开，跳空幅度超过过去五日平均波幅的 42%，不要做空。

通常周五适合对债券做空，但也不能在大幅低开时做空。这条法则会过滤掉很多开盘极弱的交易机会。

最后，债券和股指期货差不多，在一周的下半段会呈现其弱势的一面。由此，我们提出了最后一条法则：

▶（16）不要在周一、周二以及周三做空债券。

认识季节性的形态变化

在介绍完周内特定交易日的思想之后，如果你对前面内容感兴趣，不妨再了解一下季度形态变化。也许你无法想象季节对股票或债券的价格会有什么影响，但事实很可能会让你惊讶。一年内的特定时间甚至会影响周内特定交易日的走势发展。比如在 10 月下旬的周一买入会比在 4 月中的周一买入要舒服得多。

季节对交易的影响存在现实的原因，比如农产品。典型的谷物在一年里特定的时节播种，在另一个时节收获，最后被消费掉。传统上就有农产品成长的季节；利用农产品成长季节引起的价格起落来获利，也是非常传统的交易策略。甚至有些人会认为，大多数农产品按照季节性波动的价格来交易是显而易见的。

但有趣的是，股票市场上反而会出现更加容易把握的季节性因素。多年来，这一因素的影响效果非常持久。作为短线交易者，我不大在乎半年后的价格变化，但我仍然会关注当前处于季节性波动的哪个位置。正如一周里每一天都有非常鲜明的个性，你也不能指望 6 月的周一与 12 月的周一完全一样，3 月的周四也会和 8 月的周四大相径庭。不管你是做多还是做空，都存在一年里你需要格外小心的时间。

从最近几年的股市走势来看，如果交易者能够多注意季节性因素一些，也许就能避免至少几十亿美元的亏损。我们研究了过去 50 年的市场表现，以下是其中最基本、持续性最好的情形。

（1）1 月第一周出现低点。

（2）3 月出现高点。

（3）8 月出现次高点。

（4）10 月或 11 月出现低点。

（5）年底出现高点。

这里当然也不是说，市场一定会在 1 月或者 8 月走出高点。但有强烈的证据指出，在夏季的高点之后通常会跟着出现 10 月末到 11 月初之间的低点，再接着就是持续到年底的强劲上涨。我们对这些形态的研究可以一直往前追溯到杜鲁门总统执政时期。这些年来风风雨雨，有好行情也有差行情，但总的来说市场倾向于遵循这些季节形态。

尽管掌握季节形态本身并不足以获取收益，但它仍然是理解市场整体行为的关键要素。

接下来，我们将目光从数字转移到更加玄妙的市场心理学上来。本书直到目前的篇幅关注的一直是交易中外显的部分，诸如买入卖出价位、市场三日循环周期、前一天收盘与第二天开盘的关系，等等。所有这些都是可以被数字计量的。但那些无形的、交易中内在的成分，比如交易心理，肯定也会对你最终的成败产生至关重要的影响。幸运的是，对这一领域也存在可以识别的形态模式。

|第 5 章|

交易，一种心理的游戏

是什么素质最终区分了胜者和败者

一年前的一个周日下午，我正在当地一家书店闲逛，突然被一本讨论交易的图书吸引了目光。我通常对讨论市场的书不太感兴趣，但这本书的作者名气实在太大——只要你做过芝商所场内交易员，就一定听过他的传说。我想进一步了解他的交易经历，于是买下了这本书，准备回家细看。

我快速看完书中的章节，发现自己仅仅对这位作者的生平事迹、家庭背景、喜好与厌恶有了更多的了解。在书中，他对交易只字未提，我读完全书也没有什么收获。

那一周晚些时候，我给我的编辑（恰好也是那本书的编辑）打了个电话，我问她："这位作者是什么情况？他怎么没讨论他是怎么做交易的呢？"

"因为他根本不相信交易的方法可以通过教与学来传递，"她答道，"他认为交易仅仅和心理因素有关。"

关于这一点，我当时不同意，到现在也不同意，但这位编辑确实说到点子上了。那么，我们该如何教别人学会交易？

可能交易确实是教不了的。但我们至少能预先指出交易将会遇到的陷阱，并且给出应对这些陷阱的最佳建议。要想在交易中取得成就，有赖于两个要素：其一是知道该采取何种行动，其二则是坚定的执行力。就第一个要素而言，你可能要学的就太多了。交易新手会犯的错误数不胜数，简直不知从何说起。总的来说，人们常说的股谚都确实有可取之处。诸如"不要过分交易""控制交易成本""截断亏损""让利润奔跑一会儿""专注于你的交易品种""拥抱风险""面对未知敢于扣动扳机""自律成就自由""交易方法必须合理且设计精巧""认识到亏损只是交易这门生意的必要成本开支""资金准备要充裕，以免被其中的起起落落吓到"。类似的还有很多，恕我无法一一列举。

上述股谚或准则，是可以教的。但是，一旦提到交易获胜的第二个要素，那就要涉及深深植根在底层的心理问题，这就很难解决了。我认为交易上的成功，具体的交易方法只能贡献三成，而你的心理因素却要贡献七成。因此，事关交易心理的问题就不能轻描淡写、一笔带过。换句话说，你所用的到底是什么方法真的没那么重要。我以前多次提过，就算是一模一样的纯机械交易系统，找 10 个不同的人来执行，就会出现 10 种不同的交易结果。为什么？也许你认为在这种情况下，就算不出现完全一样的结果，至少也应该差不多。完全不是！让我告诉你为什么。比如，交易员 A 追求一击必杀。他进入市场就是要一展身手的，现在又遇上了一个可靠的交易系统，那就正合心意了。这个系统确实赚钱，交易员 A 开心了。但他的性格使他很快就不满足于每周 1000 美元的盈利，他要 10 倍以上。于是他决定对市场重拳出击，重仓博取高利润，最终遭到了市场无情的反击，被洗了出去。我们都难以逃脱贪婪和恐惧的摆布，交易员 A 显然是贪婪的受害者。而交易员 B 正好相反，是处处谨慎的那种人。她不肯轻易投入真金白银，先做了一阵模拟测试来观察交易系统的表现。当模拟账户的利润开始积累，她才开始相信这个系统确实能够盈利。于是她在实盘建了一点儿小小的头寸，但很快止损了。第二天她又尝试了一次，又以止损告终。第三天她决定再试最后一次，但运气不佳，仍然止损。她退出了，她不想再这样挥霍自己的金钱了。如你所料，她一退出，交易系统就捕获了一次绝佳的盈利机会。交易员 B 的心理特质显然过分偏于恐惧了。我以前还认识一个交易员，他有一个盈利的交易系统，但每次恰好在其中亏损的那部分中交易。每当交易系统捕捉到盈利行情，他一定是在场外观望，每当交易系统承担亏损时，他却风雨同舟。你能说这仅仅是运气不好吗？

赢的态度

在 20 世纪 80 年代末，我和一群朋友一道从芝加哥前往赌城拉斯维加斯进行一场周末旅行。这群人当中有两位是来自拉萨尔的律师，两位是标普股指期货的交易新手，最后一位也是股指交易员，但是非常老练，他正忙着从交易的股指期货市场中提款。我们一行共六人。上飞机后，我发现，除了我之外，他们之前都没有去过拉斯维加斯。我在加州生活了 8 年，基本上每年都会去一趟赌城，所以这对我来说没什么大不了的。但我必须承认，那时候，我在赌城还不算一流的赌客。然而，我很清楚大多数赌博游戏的原理和下注的策略。于是，我告诉邻座的那位股指交易老手，在我看来他最好的交易机会会在哪种赌桌上。我告诉他赌博该怎么玩，如何获得最大的获胜概率。

在短暂研究后，他很快就掌握了一些赌博策略。

他说："在赌桌上对骰子下注和卖出期权很像，少数时候其他面会出现，带来亏损；但大多数情况下，点数7会出现，带来盈利。"

我说："差不多，但大多数情况是五五开的胜算，赌场会占据一点优势，但大多数赌客喜欢赌骰子。"

他说："那我就要和人群对赌。"

我提醒他："这就要看骰子的运势如何，你最好不要在一张手气正旺的赌桌上和赌客对赌。"

他若有所思："这么说赌桌也有自己的趋势了，骰子自己会冷场或者热手，我们就要弄清趋势，然后将对手们一网打尽。"

这正是他接下来在赌城的所作所为。到那个周末结束时，这个第一次来玩的赌客、以承担风险为生的交易老手已经将账户翻了一番。他对赌博的理解非常到位，他总是在机会明显偏向某个结果时，明智地拥抱风险。

他的成功可不是新手运气好这么简单。那天在赌桌边上，他指着桌上摞得高高的黑色筹码（每一枚面值100美元），对我说，这点儿钱和他平时在股指期货市场的枪林弹雨比起来，简直就是小巫见大巫。所以就算亏掉这么多钱，对他来说也没什么影响。而且实际上，他的兜里还装着50张100美元的大钞。

不管是交易股指期货，还是在赌城一掷千金，你都必须自内而外、由身到心地做好完全的准备。他明白这一点，他也很清楚，资金管理第一原则就是确定你目前在玩的游戏是有胜算的。试问有多少人初次到赌城是盈利的？我无从得知。但我多年与概率苦斗的经历告诉我，每当我需要赚这笔钱时，我总是会输掉。直到我足够放松，不必考虑赢钱的问题时，我才能赢钱。

　　你应该能看出这里的悖论所在。从来没玩过赌博游戏的人，却知道赢钱的奥妙。好吧，这里有一点不确切。尽管他没有玩过这个特定的赌博游戏，但他一贯是以承担巨大的风险为生的，已经具备了这个行当中赢家的心理素质。

　　你一定会关心：这种赢的素质该如何培养？该如何鼓起勇气做出正确的选择？

　　要想回答这些问题，有很多种途径。最重要的是，你必须非常严谨地对待你的交易方式，对其中的得失成败有深刻的认识。第一流的交易员会用一种超然物外的眼光看待自己犯下的错误。他们做对选择时，固然会感到满意，但当他们做错时，他们懂得宽恕自己。我猜测，只有极少数人是天生的交易者。骤然临之而不惊，无故加之而不怒，这永远是极少数人才具备的品质。但我相信，在交易时与自己的情绪隔离开来，是可以通过努力实现的。我也相信，仅仅这种简单的策略会给你带来任何单一交易系统无法实现的超额回报。

人贵有自知之明

　　我接过很多电话，一打来就说："乔治，市场已经开市了，你现在在交易吗？"

　　我的回答总是一成不变："我没在交易，要不然我就没工夫和你闲聊了。"

　　交易需要我们如此多的专注，以至于我很难在交易期间一心两用，尤其是像接电话这样令人分神的事情。外科大夫在手术台上穿针引线时，不可能接电话；律师在法庭唇枪舌剑时，不可能接电话；航班机长在控制飞机起落时，不可能和塔台领航员以外的人通话；既然如此，一个专业的交易员又怎么可能例外呢？

我怀疑这种将交易看作是不太需要脑子的观点，是源自所谓的赌场文化。因为有些人烂醉如泥还在赌博，也有些人一边抽烟一边赌博。何不把交易干脆也看作是一种消遣行为呢？

你很清楚答案。在交易时，你越是三心二意，越是行为举止散漫无边，你就越容易亏钱。也许营造一种乱七八糟的氛围对赌桌上下注会有帮助，但对于正在做交易的你来说，没有任何帮助。事实上，它会相当程度上妨碍你做出清晰的思考和理智的决策。

这些年来，我已经多次品尝过交易时心不在焉的恶果。因此每当有人想在交易时占用我的时间，我总是一口回绝。在交易时，哪怕是再浅显不过的问题打断我对盘面的专注，都可能会让我付出无法承受的代价。记住，在交易中，仅仅是开一会儿小差，也有可能会造成巨大的亏损，勿谓言之不预也。

当然有人天赋异禀，在混乱中能取得更好的交易业绩，看看传统的场内交易圈就知道了。你需要结合自己的性格特点，为自己量身打造交易环境。我个人偏好安静的环境。不过，也许你能做到在人海喧嚣中稳如泰山。我想强调的是，你必须自己筛选在物质和精神层面对你有帮助的交易元素。

每个人生来都有自己的特质，交易的道路上也不存在唯一的真理。我在这里不是想指点你该干什么和不该干什么。交易在本质上是你独有的事业，你的交易风格是否让你满意，只有你自己说了算。但我得说，大多数交易新手，太专注于资金账户的波动了。他们想要立竿见影的回报，但是真正的回报总是等这些交易新手度过了漫长无边的学徒生涯，才会姗姗来迟。在任何称得上具备专业素质的领域，概莫能外。

市场中有太多的"老生常谈"，但知道是一回事，做到是另一回事。天道酬勤，只有几十年如一日地全力以赴，才有可能笑对市场。每当你经历一次市场中无法避免的挫折，就会对这个道理加深一层理解。

有一次，微软公司的一条广告提醒了我，广告写着："今日，你将何去何从？"你必须在交易前，就想清楚这个问题。除非你对个人的目标有了切实可行的计划，否则你不可能实现它们。我必须补充一点，那就是目标本身也必须切实可行才可以。我之前遇到一个家伙，他设计了一个简单的交易程序，靠报纸上公布的价格做模拟交易。他认为如果他能够做 1 手单子赚到钱（当然，他在想象中已经在报纸版面上进行了多次交易），那么实盘中 10 手或者 50 手应该也不成问题了。这就是不切实际的幻想。理由如下：其一，大手笔的报单会撼动市场，在流动性薄弱的市场，你甚至可能都找不到与你交易的人；其二，当你下的赌注变大时，心态上不可能毫无变化。也许就你的个人情况来说，1 手交易刚刚好，但如果做 10 手的大单子，在这种重仓压力下你很可能就无法保持思路清晰。倘若你不信，大可亲自试一试，看看我是否所言不虚。总之，交易的目标必须切合实际、具备可行性才行。

交易员资历的深浅似乎和他对交易难易的认识成反比。对初出茅庐的交易者来说，战胜市场是指日可待的事情，他们总是幻想着不用太多的时间和经验，就能够杀进市场，从各路老手那里轻松赢钱。我不否认存在这种可能性，但是交易的世界从不缺少"明星"，稀缺的是"寿星"。打个比方，这种幻想就像一个周末玩玩临时组队摸摸橄榄球的人，准备挑战绿湾包装工队（美国橄榄球联盟中的强队）一样荒唐。保持虚心，用不了多久你就会远远超过那些自命不凡的家伙。

交易关乎行动，尤其是在高强度压力下的行动。一旦入市，你就会重新认识自己，你会发现在其他场合下无法发现的个人特质。举例来说，如果你是一个容易感到恐惧的人，你就会发现趋势中小小的回撤常常把你洗出去。这种情况下，你就要认真思考自己的恐惧究竟对交易业绩构成了多大的妨碍，并应当积极采取应对措施。反过来，如果你过于勇敢，低估了市场，在该获利了结时也无动于衷，那么你的贪婪也会妨害你的表现。贪求太多也是一种罪过。但如果你发现自己在交易时犯傻，希望你不要过分苛责自己，因为这些情绪都是人性使然，人非圣贤，孰能无过？倒不如认真反思自己是如何踏入陷阱的，并发誓不再重蹈覆辙，把那些犯错的经历都转化为交易的宝贵经验。

这就需要我们直面自己，不自欺欺人。写交易日志是很好的办法。每次记录花不了几分钟，但是贵在坚持。写的篇幅不用很长，甚至短短几行就足够。比如："当日一开盘做空，10分钟后加仓，市场开始下跌，但接下来价格反弹，并开始触发那些意志不坚定的止损单，当时这种走势很吓人，以至于我的空单全部在顶部割掉了。我必须记住这种形态，下次再出现时，还要加仓才对。没多久，市场又破位下行，但我踏空了趋势。"

认真记录你每次进场交易的情况，这一点很重要。因为这样，假以时日你就能回顾自己的交易经历，看看有没有从过去的失败中吸取教训。当然，记录和列举那些成功的经历，也会对你有帮助。

除了交易日志以外，你最好绘制你的净资产曲线图。具体做法很简单，只需要在绘图纸上随时间推移绘制出资产变动并连线即可。你肯定希望净资产曲线走势向上，但是你要学会把握净资产曲线的整体趋势。如果净资产曲线走势不断下探，很可能是你过于恐惧，出现了持续的止损。这时候你就要搞清楚，到底是哪一个环节出了问题。如果净资产曲线波动太剧烈，一天上一天下，那很可能是你太激进了。这种线形就代表你的交易有点儿太频繁了。赢的时候净资产曲线一飞冲天，亏的时候获利如数吐回。没有人能百战百胜，但我们仍希望净资产曲线能保持稳定的上行。如果你是新手，这个目标看起来遥不可及，奋力拼搏而保持净资产曲线不上不下就很不错了。勤学苦练，终有一天你的付出会改变权益图曲线的走势形状。

不论是交易中还是个人生活中，每个人都毫不怀疑自己有自知之明。但不可避免地，确实有当局者迷的时刻，使我们发挥不出潜能，这个时候就可以考虑咨询专业人士，寻求帮助。这种帮助不必经年累月，可能短短几周或者几个月，就足以查明是什么因素妨碍你的交易业绩。

几年前，在我刚刚开始交易生涯的时候，我记得咨询过心理治疗师，当时我还持有金属市场的多头头寸。当时我坚定了持仓的信念，不论后果如何。但治疗师有一天告诉我，我对市场的直觉非常出色，只不过我潜意识里传递出来的信息都是离场。我没有理会他的说法。但没多久市场就崩溃了，我损失了所有辛苦积累的利润。由此我也学到了宝贵的一课，那就是倾听自己的直觉。

我很能理解，直觉是一种无形无状、难以把握的东西，但是来自这一领域的任何知识、经验都会带给你巨大的回报。我还记得在 1987 年大股灾前夕观看《本周华尔街》的电视节目，其中一位嘉宾努力地向观众解释他那种莫名的预感，直觉告诉他市场有点儿不对劲。没几天，市场就出现了大崩盘。这就是直觉向我们传递的信息。

你相信像直觉这样难以把握的能力也是可以培养强化的吗？我相信。但前提是你愿意花费足够的时间事无巨细地观察感受市场的动态。何时才能判断这种直觉已经开始显现？直到你能够清楚地预感到市场下一步的行动为止。你将看到市场如何起承转合，但这很难解释。一旦你能提前洞察市场先机，你犯下所谓的"愚蠢的错误"的概率就更小了。比如我以前认识的一位交易者，热衷于做上涨突破的买入。从交易策略的角度，如果你对交易机会精挑细选，只做那些有把握的走势，那么这种做法是没问题的。但如果你思路一根筋，见到突破就买，那就很可能买在顶部。想想吧，每当市场突破，就会引诱巨量的买单进入市场，这就推高了市场价格。你的经纪人会拿着你的报单和其他几百张买单竞争。这就是问题所在，你的买单本身就推高了市场，等到有人（毫无疑问是那些在上涨前就已上车的交易者）愿意将头寸拱手相让时，价格趋势多半接近尾声了。

那位交易者面对突破行情，就只会市价买入，常常一时间成交不了，每当这时他就打电话给经纪人，咆哮咒骂，抱怨这种垃圾的经纪服务。此时市场价格一涨再涨，就是吃不到他的买单。直到最后，终于盼来了单子成交的电话通知。

他几乎要暴跳如雷了："怎么能成交在这种价位？比我报单的时候高出整整 200 点！"

他抓起电话，把经纪人全家问候了一番，然后兀自挂断了电话。

我问道："他们怎么说？"

"他们让我换家经纪商。"

对于经纪人的回复，我深感赞同。当时这段突破上涨仅仅 9 分钟。前面 3 分钟在盘整，而他直到第 4 分钟突破才打电话下单，给经纪人下单，按部就班地把单子报送到交易所又花了 1 分钟，市场还在强劲拉升，在拉升过程中很可能卖单已被抢得一张不剩。等单子最终成交了，距离趋势到顶也就两三分钟时间了。届时，恐慌性抛售将大幅打压价格。

顺便提一句，市场几乎从不会再回到最高点给这种愚蠢的单子第二次补救的机会。但能下出这种单子的交易员恰好是抱紧了这种幻想不放。他们就这样一错再错，冥顽不灵。

有三件事你染指越深，越无法摆脱失败的泥淖：对你所作所为及其后果一无所知、过分苛求他人来承担你失败的责任，以及刚愎自用。要想让工作、生活，以及交易步入正轨，你必须学会摆脱这三件事。

同样是处理这种盘整突破上涨，直觉交易者的应对就完全不同。他们很可能预感到波动，并提前买入，我称之为一叶落而知天下秋。等所有人都看清楚市场目前的方向时，已经太迟了。看看 2000 年的股灾和互联网公司股价泡沫，你看有多少人在自认万无一失的情况下义无反顾地冲进市场高位接盘？

离场也是同样的道理。当市场走出排山倒海般的上涨行情，很可能就是回光返照的表现。记住，乌合之众往往代表错误的方向。还有，在同样的行情中，如果你发现自己错了，要马上离场。直觉交易者不会沉湎于过往的错误，放下包袱依然能轻装上路。

交易之路的绊脚石

我常说，交易亏损的方式有千千万，但是盈利的方式就那么几条。每当你经历失败的打击，你很容易把它归咎于你内在的致命缺陷或缺少天赋，你很容易会产生这种人云亦云的想法。说来好笑，我早年刚刚进入交易领域时，总是忍不住去想其他所有人都在赢钱，就我一个人在输钱，我甚至害怕保安会随时把我赶出交易场，恐怕我早年这种体验与其他典型的交易员的成长经历并无二致。试问：谁不曾经历挫折、沮丧、绝望？谁不曾深深地怀疑这个弱肉强食的市场是否曾有人活着离开？但我必须提醒你，这种体验与实际情况完全不符，仅仅是你自欺欺人的幻觉。

为了改善你的交易，你首先要做的就是停止自责。我遇到过的一位最成功的交易员告诉我："你根本无法想象我失败的频率有多高。如果其他普通人经历过我这种失败，就早已万劫不复了。"说这话的这位交易员经常能在一个交易日里挣到 10 万美元以上。

我们把大多数交易员会犯下的错误，分成以下几类。

1. 囊中羞涩地交易

这是新手常犯的错误。就算是不差钱的交易者，战胜市场也十分困难，更不要说，本金不足的交易者，对亏损的恐惧很可能会战胜对其他因素的关注。如果你执行一个交易系统，你必须清楚最大的回撤会有多少，并且一开始就要做好亏损这么多的准备。只要你不是倒了血霉，最坏的情况就不会发生，但你还是要有心理准备。本金不足地参加交易，单单这一条很可能就是将大多数交易者赶出市场的原因。想想吧，就在你感觉快要驾驭交易这门技艺时，钱没了，多凄凉。如果你的经纪人允许你降低保证金比例，这条"毒蛇"提供的仅仅是一根勒紧你脖子的绞索。把账户资本放充足，才能应对一系列的不利行情。而且一开始就资金充足的话，就不必再补充保证金。如果保证金充足意味着你还要在现在这项工作中辛苦半年，那就多坚持半年。你最终会发现，不被账户余额不足困住手脚才能充分地发挥自己在交易方面应有的水平。

2. 毫无节制地交易

这是新手又一项致命的错误。我们来到市场的任务是赚到钱并将它们留住，而不是鲁莽冲动地挥霍资金。哪怕你每天只能赚到一点点钱，这也很不容易实现，并且也足以让你账户稳定增长。过度交易只会让你的经纪人受益。新手通常忍不住想赶上每一波涨跌（对他们来说，每次都选对方向似乎很容易似的），但这是不切实际的目标。你真正要做的是赚到钱，而不是追求在交易中表现完美，别搞混淆了。

3. 毫无主见地交易

倘若你的经纪人真是交易界的奇才，他就会用自己的钱交易，而不会来对你的账户说三道四。记住，没有任何人对你的利益的关心超过你自己。因此，真正需要在你的交易中做出关键决策的人，是你自己。如果你听从了经纪人的建议，事后证明是愚蠢的建议，那你就可以给自己开脱了，因为现在你有一只替罪羊可以责怪了。而面对错误，真正可取的态度是接受亏损并反思自己的所作所为，将它当作又一次宝贵的学习经历。

4. 不负责任地交易

你可能会让经纪人代你交易，但是，一旦你交出了自己账户的操作权限，你就为各种麻烦打开了方便之门。我听过的最大的抱怨就是，我那该死的经纪人亏掉了我的钱。就算是一流的经纪人，也会面临他的利益和你的利益冲突的时候，更不用说那些不老实的经纪人，他们只会使劲倒腾你的账户，最终让你一无所获，还要支付高昂的手续费，而且针对这种情况，法律上你也得不到支持和保护。如果完全自己操作，就算结果比经纪人代操作好不到哪里去，但至少你知道自己在学习交易的过程中犯了哪些错误，你得到了实战经验，这一点还算有收获。我见过一些无耻下流的经纪人，窃取客户盈利的头寸，仅仅把亏损的头寸留下来。很不幸的是，目前的监管机构对这种令人发指的行径还没有很好的干预手段。

5. 交易太多的市场

在交易上，我建议你专业一些，一次只关注两三个市场。当然，如果某个市场流动性和波动性已经不如以往，你换个市场来操作也问题不大。我知道那些关注面太广的交易员是不想错过市场的波动，但是在太多的市场进行激进的交易肯定没有好处。最好把鸡蛋放在一个篮子里，并且密切地关注它的动态。另外补充一点，真正适合交易的市场就那么几个，不要浪费时间在不同的市场里来回变换。

6. 自命不凡，目空一切

交易是为数不多的能够教你做人要低调的领域。成熟的交易者会尊重风险。而新手，不管运气好不好，总是把成功看成理所当然的事情。如果你有抑郁狂躁症，顺风顺水时趾高气扬，行情不顺时一蹶不振，为人处世过于极端化，那么你最好不要交易。真正厉害的交易员都知道，交易的结果不如交易的过程重要。对他们来说，只要交易的过程无可指摘，那么结果无论盈亏都是正常的。他们非常肯定，随着时间的推移，他们的努力最终会获得市场的回报，这份自信和狂妄自大是完全不同的。

7. 无法正视风险

对确定性的过分执着会不可避免地导致交易的失败。一旦你感觉在交易上万无一失，那你就要开始犯错了。盈利和风险是同源的，你拒绝了风险就是拒绝了潜在的盈利空间。成熟的交易员知道这一点，因此他们为了盈利，敢于承担合理的风险。

8. 做交易决策时过分考虑金钱的因素

市场的价格运行有自身的内在逻辑，你的头寸究竟如何配置，它既不知情，也没有兴趣。如果你的眼里只有盈亏的波动，那你就无法再考虑市场本身，也就无法再跟上它的节奏了。当然，对盈亏过分在意，几乎总是和本金不足有关系。在交易中很矛盾的一点在于，你只有学会对金钱放手，它才会主动流到你手中。而你越是努力尝试，结果只会越糟糕。那些真正的交易赢家，毫无例外都是在充分放松地做着自己享受的事情。

9. 缺乏自律

一旦进入市场，你就必须带好充分的计划。这个计划也许还谈不上是交易系统，但它得告诉你如何进场出场、止盈止损、头寸大小，等等。总在交易中随波逐流，临时才思考应对办法，就很可能让你犹豫不决，白白让机会溜走。这又会导致更多的问题，相信用不了多久，你就要对着所剩无几的账户傻眼了，无力承担失败的代价。然后就是每况愈下，陷入循环失败的旋涡。如果不想发生这种情况，你就要在情况出现之前自己先做好应对措施。你要不断提醒自己："如果我知道自己要寻找的是什么机会，那么等到机会真的出现，不管那时候的感觉是多么糟糕，一定要当机立断，抓住机会。"这样的交易才是通向盈利的交易。

10. 满足于肤浅的答案

这个市场如果说有什么容易的地方，那就是亏钱实在太容易了，尤其是当你不知道自己在干什么的时候。无论你的策略看起来有多么简单、多么靠谱，如果你以为靠了这么一两条策略就可以在市场中高枕无忧，那就太天真了，市场将很快吞掉你那可怜的利润，给你一个大大的教训。不可能存在什么简单轻松的能击败市场的办法，否则很多年前就会被公之于众。能够对付一阵子行情的策略总是存在的，但是不管什么策略都有它应付不了的行情。交易的新兵总是会对市场的指标算法越来越迷恋。这些指标算法作为参考是没问题的，但是非要用同样的指标去丈量市场的每一步涨跌，那就是痴心妄想。如果要给指标算法一个比较客观的评价，那就是，如果多个指标指向相同的方向，会给你做多或做空更大的信心。无论你如何解读这些指标算法，它们都不会给"预测市场"这个难题提供简单明了的答案。

11. 三心二意

我对市场油然而生的敬意，源自我曾经允许别人打扰我做交易的经历。对你交易的干扰因素会以各种面目出现：接电话、社交活动、电视商业新闻之类，不可胜数。如果你对市场足够专注，就能留意到价格波动之前的蛛丝马迹。如果你心不在焉，就肯定会错过这些信息。

12. 不敢下单

如果你太恐惧亏损，以至于都不敢打电话给经纪人下单，那就是你的问题了，你得自己解决。当交易机会到来时，不管你心里是什么感觉，你都必须立刻执行，如果错过机会，就保持在场外观望。这些实际上都和自律有关。但也不要走极端，成为一个拿起电话就放不下的市场杀手。两种状态都不可取，你最好的策略仍然是保持中庸。不管交易是不是能成为你命中注定的归宿，你至少要给自己公平的机会来试一试，这首先就需要你解决好贪婪和恐惧的问题，在心态上和那些交易赢家看齐。

13. 过分依赖机械性的指标算法

很多人会认为为了避免情绪的干扰，必须依赖机械式的交易系统。这也是擅长左脑理性思维的工程师、医生、建筑师、飞机领航员之类的专业人士，被吸引来交易领域容易采取的思维方式。指标算法得出的是非黑即白、泾渭分明的数字结果。这种数字结果又被进一步转化为概率、百分比，这种语言非常受到那些以打理数字为生的从业者的青睐。不幸的是，这些数字总是需要解释，因为它们描绘的对象并不简单。比如我们拿期现货的价差举例。期现货的价差很高，说明市场当前很强势，那么你是准备买入还是卖出呢？正在上涨的价差可以是熊市触底正在反转的信号，也可以是牛市狂热的行情接近顶部的信号。摆动指标的读数也是同样的道理，比如正在上涨的行情，摆动指标会走高并且持续停在高位，还有正在触顶的行情也会引发摆动指标走高。每当你妄想用数字将市场的运行状态锁定时，你就在走向一条交易的不归之路。顺便补充一点，不管你用了什么神奇指标，只要你拿自己的真金白银冒险，你不可避免地会感觉到情绪的起伏波动。我自己做交易时，会把指标当作一种辅助的手段作为进出场的确认信号。我交易时真正依靠的并不是指标，仍然是我自己对市场的感觉与认知。

14. 迷信市场权威，人云亦云

如果你要等别人给你建议才能做交易，那么等这些建议过来，就已经过时了。我有位朋友是经纪人，他就在股指期货场内交易的核心区域办公，根本来不及给他的客户最及时周到的服务。姑且假定他给的信息都是可靠的、有效的，想想吧，及时可靠的建议需要通过邮件才能传到你手里，该是多么绝望？实际上，市场风云变幻莫测，你必须临阵应对，审时度势，才有可能抓住获利机会。那些场内交易员常常在转瞬间就清仓反手，如果不是亲临一线，你又怎么可能跟得上这些专业人士的节奏？也许你会想到通过订阅市场权威的第一手信息和订阅最及时的市场评论来解决这个时效性的问题，但这同样不能让你高枕无忧。比如你用什么角度来理解这些评论的内容？比如《华尔街日报》或《投资者商业日报》的刊文作者，他们的工作就是负责解释市场上涨和下跌的原因。比如归因于降息、担忧通胀、持仓获利了结，或者别的原因。说它们是没什么用的废话简直是一种恭维，实际上它们还相当害人，因为它给读者提供了一种一切尽在掌控之中的虚幻的安全感。那些在消费者新闻与商业频道（CNBC）上高谈阔论的权威人士扮演的是他们其实无力胜任的全知全能的专家角色，但无可救药的消费者就喜欢这种论调。实际情况是，市场的运动天行有常，它才不在乎专家们怎么想呢。

上述 14 种错误的观念是否也曾让你深受其害？你的遭遇并不特殊。绝大多数的交易者刚入行时肯定会犯下其中不下一种错误。真正的挑战在于认清这些成功路上的绊脚石，清除这些交易上的障碍，对交易做出必要的改变，然后继续前行。

将成功案例归纳为经验并遵照执行

不论你过去犯下何等错误，市场总是会给你一次改过自新的机会。

天生我材必有用，你在市场肯定具备你的优势，并且毫无疑问和你个人的特质高度相关。对你来说有用的交易法门很可能换个人就完全不适用。你可以对自己的优缺点做一个系统性的回顾，你能否看到自己的错误并且克服它们？你是否固执己见，对市场的多次警告不管不顾？如果你总是忍不住担心盈亏的波动，且本金不足，你有没有尝试各种办法来扩充你的交易账户？你是否保持虚怀若谷的心态，不自以为是，并随时做好自我革新的准备？很多与生俱来的特质在他人眼里是严重的缺陷，但在我看来不过是交易的旅程上不可避免的颠簸罢了。我主张交易中的得失成败都要辩证看待，没有绝对的好与坏，但很多人就是无法对最终的交易结果保持平常心。回到根本上来，认识你自己的优势，最终你将获得交易中最不可或缺的品质——自信。你要相信自己已经具备了实现交易成功的全部品质，剩下的就是树立一系列正确的交易理念。

让我举个例子，比如你最近深受其中一项短板的困扰，你成了市场的"野兽派"，一次交易六七张合约，但你无法冷静观察你的持仓。然后轮到你付出代价了，你的账户保证金损失了40%，你的经纪人乐了，因为你一系列鲁莽的行为带来的高昂手续费让他大为受益。现在是时候结束你荒唐的举动了，你必须清楚让你陷入麻烦的是你自己，你必须脱胎换骨、洗心革面。

最近我有位朋友成功戒酒了，酒精曾困扰了他大半辈子。戒酒让他的生活焕然一新。我无从得知他何以开启这戏剧般的转变，但我相信很多人无法做到像他一样。他能够毅然放弃这一深度成瘾的"爱好"，本身就是一项优势。

如果你想重回市场交易的本质，类似这样能够毅然放弃的优势，就是你必须具备的。很简单，你只需要发誓再也不重走旧路，并信守你的誓言就行了。然后你就能把注意力集中于寻找起作用的因素。你逐渐打磨出属于你的交易计划，然后就是坚定地执行这些计划。

我自己有一条规则，规定我不能开单，除非我非常确定价格将到达的目标位置，以及到达目标位置的时间。这一条可能听起来难度很大，但至少对我来说非常管用。我还有一条规则，即我不能错失良机。也就是每当我看到机会在成形发展，我都必须抓住。丰富的经验告诉我，如果我不立刻采取行动，我就会入宝山而空手回，然后不断地懊恼："我本该……我本可以……"因此，我针对性地训练我自己在充满不确定的时刻，按照事先设计的交易法则采取行动。当然这种行动也是有利有弊，利的一面是我在判断正确时增长了信心，弊的一面就是我也会犯错，但我早就知道犯错是在所难免的事情。重点在于我让交易计划主导了交易全过程，我知道我在等待什么机会，我知道我该如何执行交易计划。请注意，我没有说交易很容易，实际上，很多时候坚定地执行自己的交易策略是相当艰难的。

但舍此之外，别无他法。你需要找到适合你自己的方法，并且坚定地与之为伍。每当你懈于自律，你就卸下了自己的防御，然后又因为亏损变成一个自怨自艾的失败者，就好像不可救药的酒鬼再一次向酒瓶缴械投降。此时你就需要回到根本的理念上，重新建立你交易的优势。

有时候你从一种交易风格向另一种转变，会经历一段转型期，交易不顺心，你可以给自己放个假，或者告诉自己"今天到此为止，明天再来"。关于这一问题，存在两种思想认识。一种是认为亏损对交易心理有侵蚀作用。在一连串亏损过后，你就会彻底丧失战斗意志，只求痛快的一败，然后继续失败。另一种是，必须屡战屡败，屡败屡战，一旦遇到失败，就要尽快重新入场战斗。我之前认识的一个交易员，承受了连续 24 次亏损，然后才开始大赚特赚。我特别欣赏他这种在连续亏损面前咬定青山不放松的坚韧意志。当然这两种观点都有各自的可取之处，没有高下之分，适合你的就是对的。

你交易时的思维框架非常重要。你要尽你所能地避免心理上的负面情绪，诸如疲惫、昏沉、愤怒、敌意以及悲伤。一旦你受到这种强烈的负面情绪的支配，你就无法正常交易了。我一直坚信，发挥最佳交易水平有赖于身体和精神同时保持最佳的状态。理想情况下，你要保持精神上的自信但不自负，你的自信必须深刻地以现实为基础。另外，你必须保持开放的心态，认识到这笔交易也有失败的可能性。失败是交易中正常的过程。总之，你的身心是否正在最好的状态上，你自己说了算。

每个人都有精力的高低循环周期。你要识别出你自己的精力周期，并把交易安排在你状态最好的时候。请尽量做到这一点。我自己常有体会，在盯盘五六个小时以后，下午尾盘容易做出一天中最好的交易。你肯定也有你自己的最佳机会，请确保为机会的到来做最佳准备。另外我想强调一点，如果明确感觉到自己不想交易，就在午饭后给自己放个假。这段时间可以放松一下，恢复精力。我经常能发现，那些一天到晚不离开盘面的交易员，几乎很少会做得比懂得及时离开盘面、会休息的交易员要好。同理，那些熬夜看盘甚至通宵饮酒作乐的交易员的操作水平，也比不上那些休息充分、足够放松的交易员。

在交易上，你喜欢独来独往还是融入团体？拿我来说，我交易时别人甭想打听到我交易的情况，但也有人喜欢在交易时畅所欲言、交流想法及思路。我也试过用实盘的方式来举办交易培训讲座，结果有好有坏。虽然不管盈亏，对培训的学员都有启发，但我知道如果独自操作，我本可以做得更好。

我承认和大家一起交易会发生很多有趣的事情（比如"我这笔交易都怪他"之类），但我想你在交易时保持独立思考才符合你的最佳利益。另外，在独自交易时，你也要奋力抵抗经纪人带来的影响。很多经纪人不满足于仅仅做个下单的通道，而是要发挥更加建设性的作用，这就常常给客户带来灾难性的后果。我自己的经纪人对我非常了解，知道我对他们的观点没有兴趣，他们也有一流的职业素质，从来不会提及我的盈利和亏损。我也有亏损的时候，但我尽量不把亏损怪罪到经纪人的头上。我想，这才是经纪人与客户的关系应有的样子。

成熟的交易员总是会告诉家人该如何答复来电。如果我在开市时间给某位交易员打电话，他的家人接听并告知我"他会稍后给您回电"，我就会对这位老兄油然而生敬意。这就意味着他很清楚交易的轻重缓急。你肯定也不想在交易时被人打扰，对吧？

我们常常听到别人说，要把交易当成一门生意来对待。我所在的城市很有生活气息，人们到点了就关掉商店门出去钓鱼，在这种地方生活就要保持节奏，与大家合拍。成熟的交易员知道该如何平衡他们的事业和生活。他们很懂得中庸之道的重要性。尽管在专业的场内交易员里也总有那么一批人，晚上去酒吧买醉到深夜，第二天又双眼深陷地出现在交易场内，但更多的人会回到亲友身边，并保持铁打的生活作息纪律。如果你想排解交易带来的巨大压力，我很推荐你报名参加一门健身训练课程。我认识一个交易员，到下午就会去健身房举重，还有一个交易员会骑行 80 多千米来排压解乏。游泳和慢跑也很受交易员欢迎。

尽管这些现象显而易见，但它们是需要针对特定个人量身定制的微妙组成部分。你要尽可能维持健康的心理状态，帮你保持工作和生活的平衡感，并且锁住充沛的精力。

你准备得再充分，但智者千虑，必有一失，你总会遇到马失前蹄的日子。从我自己的经验看，这种情况大概一个月一次，它经常会以我所谓的"寻找－破坏"形态的面目出现。这一日，市场的走势波动极其剧烈，价格走势在日内高低点之间来回震荡，反复击穿上下边界再回撤。

对那些以趋势为生的交易员来说，这一天市场会让他们领略绝望的含义。我经历过这样的日子，起先我想用操作弥补 500 美元的亏损，结果到那天收盘时以亏损 10 000 美元告终。这么大的亏损是因为我彻底被市场牵着走，来回操作，反复受挫，还不断加大头寸，真是咎由自取。这种交易日给我心灵带来的刻骨铭心的创伤，已经超越了语言的形容范围。

有一天，在又一次"寻找－破坏"形态收盘后，有个交易员跑过来安慰我说："你得接纳这一切，市场永远是正确的。"

我很赞同他的说法，但我更主张这种时候"退一步海阔天空"，站在全局的角度冷静旁观当下发生的一切。我现在会使用一条规则来对付这种灾难性的交易日，那就是在一个交易小节出现 3 次连续亏损时，我会强迫自己停下来。一个交易日分成上午和下午两段，如果上午的操作出现了 3 次连续亏损，我就罢手去做点儿别的事，等下午重新开始。

这条规则虽然看起来没什么技术含量，但是如果不认真执行，有时候就会导致小小的止损迅速膨胀为巨大的损失。也许你还记得我在债券市场中，放大头寸来报复市场的故事。如果你一意孤行，不见利润不罢手，那么早晚你将遇到一连串亏损的连环打击，而加大头寸无异于饮鸩止渴。如果你有一天操作不太顺，也没必要为之付出更惨痛的代价，对吧？

如果你觉得我太小题大做，那只能证明你的交易经历还不够丰富。谁都会碰上这种倒霉的日子。我知道很多介绍交易的参考书告诉你，每次冒险不要超过总资本的 5% ～ 10%，理论上来说是这样没错，但实际操作中我们难免有时候会犯糊涂。无知无畏的新手交易员一头扎进市场中，半天亏掉几乎全部的资本，这样的例子时有发生。我已经说过很多遍，最好的亏损就是只有第一次的亏损。习惯于在交易中居安思危，你才能处变不惊。

多年来，我也常常受到批评。有一个新手交易者对我说："你太'悲观主义’了，你干吗总是强调亏损的可能呢？"但我完全不同意他的看法，我自认是一个现实主义者。那个批评我的交易者，因为奉行与趋势斗争的原则，最后以亏损 7 万美元的结果黯然收场。不过像他这样的批评不但不会困扰我，反而给我增添了不少乐趣。你说像这种没什么经验的人，怎么就有勇气对专业人士如此随意地发表不负责任的意见呢？想来想去，我觉得唯一的可能就是在他眼里，从市场中获取交易盈利太简单了。

几年前，我和一位客户一起做了一周的交易。她也有轻视市场、低估交易难度的毛病。

她会抱怨道："我们干坐着干吗？为什么不直接开始做交易呢？"

实际上，在她说话的时候，我正在集中注意力观察市场，寻找值得交易的机会。但在外行眼里，显然看不出这其中的门道。

我指着电话机说："我一共有 3 条下单线路，请自便。"

我可不想把本金用在可有可无的交易机会上。

"下单。"我催促道，但她充耳不闻。

最后我终于找到了满意的交易机会，开了单，然后她居然做了我的对手盘。

经过我精挑细选的几次交易，在那周结束时，我已经有了超过 1 万美元的盈利。而她却以亏损告终。看来有些人就是自寻毁灭。

很多交易者满心绝望，急于解决交易的难题。近来有个人打电话找到我，我都不认识他，但他开门见山地问："你觉得我能从交易中赚钱吗？"

我怎么知道？于是我问他最近在市场上都干了些什么。

他说，他一直在卖出看跌期权。

我大为惊奇："卖出看跌期权？市场最近一跌再跌，看跌期权价格水涨船高，你肯定亏了不少吧？"

他说："我已经爆仓了。"

他急于寻找一针见效的解决之道，也许在期待什么金玉良言能够妙手回春？在交易上过于固执己见，会让一个人死无葬身之地。我相信他接下来总是能遇到各路"专家"，专门满足他急于求成的心理。

如你所见，对很多人来说，唯一的救赎之道就是尽快退出交易，远离市场。出于各式各样的原因，很多人不适合做交易。如果你发现自己不做交易比较幸福，那就趁早罢手吧，还能省下一大笔钱。

努力做正确的事情

也许你已经能够辨别出自己的短板所在，现在你想要克服它们。对很多人来说，从这里开始就是分岔口了。如果没有选对正确的道路，你将很快脱离交易的赛道。成功交易没有这么简单，但是你越早排除这些障碍，就能越早改善自己的处境。

这些障碍就是挡在当下的你和未来的目标之间的绊脚石。在通往成功的道路上，你可能会遇到如下这些障碍。

障碍1：你渴望以交易为生

当然这个梦想很了不起，但作为交易的学徒，你难道真的以为自己可以在交易生涯刚起步时，就把"以交易为生"作为选择项吗？也许少数天才可以，但我们大多数人都不行。每个新手交易员都要尽量掌握交易的学习曲线。如果你一定要从交易中获利，才能应对生活中的柴米油盐，那你就给自己施加太大的压力了。就算没有必须要盈利的压力，交易本身就已经够难了，不是吗？实际上，这种背负生活压力的交易几乎总是要失败的，因为交易员很可能会为了硬性的盈利目标，承担过多的风险。

交易账户里的钱，必须是你输得起的钱。如果你带着输不起的钱来市场，你就没有交易的资格。当你 1 分钱也输不起的时候，就是你的账户爆仓清算的日子。

作为新手交易者，你不能从交易账户中取出资金，支付贷款、房租、日常生活开销或是信用卡账单。这些花费都必须在你交易之前就妥善处理完毕。

等到时机成熟，等你能够稳定地交易盈利，你才能随心所欲地从账户出金。但你一入市就一厢情愿期待盈利，显然是不切实际的幻想。作为新手，你的任务就是花费尽量少的学费，学到尽量多的交易经验。实际上，如果你能在 6 个月里维持账户盈亏平衡，那么靠着这些坚实的实战经验，你的盈利就指日可待了。

障碍 2：你喜欢买期权，只因它们风险有限

当你买入看涨看跌期权，你唯一要承担的风险就是买进时一次性花费的成本，亏损最大就这么多了。但问题是，你完全有可能亏损 100%，而且这是非常现实的可能性。但奇怪的是，这偏偏吸引了不少不敢参与期货交易的人，因为他们听说期货风险是无限的，有爆仓的风险。

购买期权有点像买彩票，一张彩票很便宜，并且存在一定概率中大奖。但问题出在盈利的概率上面。期权也是同样的道理，要想通过购买期权赚钱，首先要等证券的价格大幅波动到行权价格上方或者下方，刚刚弥补期权的成本，才能盈亏持平。然后，继续波动下去，才是你盈利的部分。虽然这种情况也不时发生，但大多数情况下，期权对应的证券不会走出如此大的波幅，而期权购买者很可能以亏损告终。更糟糕的是，期权只有在限定的时间内（在期权到期结束之前）完成这种波幅，才有盈利可言。所以就算你看对了波动性，也很可能看错了时间点，一旦期权到期前没有实现既定波幅，仍然是亏损全部成本。

你如果想参与期权交易，最好学会卖出看涨和看跌期权，并确保你

充分理解了其中的风险。期权卖出者只能收到一笔有限的期权费用，但如果他判断错误，要承担的风险则是无限的。

障碍 3：有时候识别趋势很困难

一个出色的交易员是可以通过逆势交易赚钱的，但这种方式难度相当大。在动荡不安的行情里，找准并驾驭趋势同样不简单，但有高胜算相伴，才最有可能保住交易的盈利。

我介绍过两个指标：LSS 五日摆动指标和单日强度指数。它们都可以用百分比数字的方式指示出市场走势的强度。你最好当指标在 50% 以上时才考虑做多，在 50% 以下时才考虑做空。如果再结合周内特定交易日的经验体系，比如周一适合做多，周四适合做空，那就更是如虎添翼了。

$$单日强度指数 = \frac{收盘价 - 最低价}{最高价 - 最低价} \times 100\%$$

$$X = 过去五日最高价 - 五日前开盘价$$

$$Y = 上日收盘价 - 过去五日最低价$$

$$LSS五日摆动指标 = \frac{X + Y}{(过去五日最高价 - 过去五日最低价) \times 2} \times 100\%$$

障碍 4：你只愿意根据最信赖的研究报告做交易

我对专业的研究机构毫无不敬之意，但我认为倚重它们来做交易是不对的。短线交易最关键的是时机的选择，如果信息不是当下即时有效，那就没什么用。另外，就算这些研究者一直本着为客户服务的初心，也难以阻挡市场本身的瞬息万变。绝大多数人会把这样的研究当成拐杖，他们就是想依赖别人，出了问题好找到可以责怪的对象。一个典型的研究订阅者会不断地找寻更新更好的研究报告，这种对所谓的"靠谱信息"的搜寻会一直持续下去。

如果你学会了在交易上自力更生、艰苦奋斗，那就再好不过了。花点儿时间研究一切你能找到的关于市场交易的资料。过一阵子，你就不必再向外界寻找答案，不必再问经纪人、交易顾问、电视节目里的权威人士、研究者，你要找的答案就已经在你心里了。这些所谓的专家，提供各种言之凿凿的市场观点，只是因为大多数人喜欢消费它们而已。

障碍 5：你缺少下单的勇气

我认为相比于过度交易，这种缺乏交易勇气的问题更加普遍。大多数人厌恶不确定性，并会尽其所能避开它。他们在交易中的表现就是在该做决策的时候呆若木鸡、不敢下水（尽管此时交易系统给出了相当不错的信号）。他们作壁上观，最终如愿以偿得到了确定的结果，那就是不盈也不亏。

怎么突破这种困境呢？你应该拥抱风险，强迫自己交易，不管你有多害怕开单或害怕亏损。同样的事情在第二天再来一遍。再过一阵子，打电话下单就不太成问题了，你通过训练自己，得到了交易的执行力。另外，有个小技巧能保障你的执行力，那就是不要去想和钱有关的事情，也就是说交易的时候不要去统计盈亏有多少。等到收盘以后，再来算一算这一天究竟战果如何。当然，做到这一点很不容易。但如果你害怕亏损，不敢打电话下单，那就必须采取行动了。

障碍 6：离场不够及时

因为缺少合适的离场策略，所以你一直持仓，完全没发现市场走势已经大大不利，此时你来之不易的利润正在快速流失。这种离场不及时的问题根源于向市场过度索取，因为你希望从头到尾抓到整段行情，而不是被动等待市场的赐予。我很理解这种心态，因为我也偶尔有亲身体会。但离场时机错误的问题，注定会损害到交易的绩效。

怎么解决这个问题呢？运用时间与价格的交易体系，你就总是能提前辨别出离场点。每次你一进场，就快速计算出持仓要承担的最大的风险，以及这波趋势终结的位置，那里就是你该离场的位置。

你只有保持高度的自律，才能顺利执行这一策略。其中的难点在于，当市场逐渐靠近你的离场点时，你可能会心猿意马，忍不住想再多持一会儿仓。你觉得目前走势与持仓方向相符，何必着急平仓呢？请注意，这种就是贪得无厌的思维方式了，你千万不要受诱惑。另外，如果出场点非常明确，你的多单出场就能够迎面遇上大众的一群买单，反过来空单出场就能遇上大众的一群卖单，这就能确保你离场的单子以相当不错的价格成交。

设置离场点要充分考虑近期市场的表现。那些战战兢兢的交易者总是草木皆兵，随时准备平仓逃跑，这也是大有问题的。我希望你不要把离场与否的决定建立在当前的浮盈浮亏有多大上，而是要建立在市场走势的实际情况上。市场当前是否在冲高筑顶？或者是即将跌破关键的支撑位？你持仓的浮盈、浮亏与这种判断没有一点儿关系。所以知道何时进场还不够，你还得做好离场的工作。

持仓过久还可能会对心态构成不利影响。你会对自己很不满意，因为你懊悔，如果及时离场，你的账户盈亏状况将会好很多。所以一旦你设定了一个合理的离场位置，那就等到达位置后获利了结就行了，离场后不必再回头看，而应认真准备接下来的交易。

障碍 7：你感觉市场故意在和你对着干

这种属于情绪上的错误，导致了很多交易者的亏损。问题出在你的情绪过于激动上，盈利时沾沾自喜、忘乎所以，亏损时又一蹶不振。大多数人很容易在牛市见顶时强烈看涨，可以参考 2000 年早期的互联网泡沫破裂的事件。同样的道理，大多数人容易在熊市见底时强烈看跌，就是这种情绪使得交易者容易在盈利时被胜利冲昏头脑。但恰恰是这种时刻，需要你控制住自己，并且设计好离场的策略。道理很简单，因为价格走势在真正的顶部和底部逗留的时间通常都极其短暂，因为在这个时刻，很多盈利的头寸都会同时急着离场。这种获利盘离场，就导致价格快速地反向波动，使你的浮盈快速蒸发。

我认为大多数人处理不好贪婪和恐惧的关系，在该贪婪时他们会恐惧，在该恐惧时他们会贪婪。在市场中，当别人都失去了持仓信心的时候，应该大胆做多。这种进场会让你得到非常便宜的价格。而当价格快速冲高的时候，却是你应当谨慎和恐惧的时候，因为这种快速冲高的行情是非常脆弱的，抛售很容易会诱发新的抛售，如果你不够谨慎，很快一大批慌不择路的卖单就会像潮水一样把你淹没。顺便提一下，基于这个原因，你需要一个流动性充裕的市场，这样不论你何时想离场，都能找到对手盘让你及时获利了结。

关于市场反转再多提一点，那就是顶部和底部通常是昙花一现。市场很少在顶部和底部逗留太久，看一眼价格走势图你就懂了。顶部和底部的极端价格一出现就会很快消失，所以如果你在价格走势极端时考虑离场，就绝对不能有片刻的犹豫，因为机不可失，时不再来。

先行指标能够帮你提前锁定反转的走势。在标普 500 股指期货的市场中，期现货价差就是行情转折时的先行指标。比如当价格走势"跌跌"不休时，现货指数、TICK、TICKI、道琼斯工业指数这些对应的指标都和股指期货一道在低点徘徊。在这种情况下，如果期现货价差开始扩大，你就知道有人在悄悄买进了，这就是转折点即将到来的预兆。而顶部的情况刚好相反，因此，你需要留心这些先行指标的表现。

障碍 8：你交易时仅仅做 1 手

资金管理对于交易的成功至关重要。有些时候需要你用更多仓位交易，有些时候又需要你保持谨慎。通常来讲，不管你用什么系统交易，在你做过的交易中，真正让你赚钱的交易仅占其中 20%。这不是说其他80% 就会亏损，而是说净利润会在第五次赚到。怎么理解？比如你周一盈利，周二亏损，现在盈亏五五开。周三又盈利，周四又亏损，现在你仍然是胜率 50%，但是总盈亏持平。到周五，你赚了一笔大钱，这就是一整周的利润了。从一整个月来看，你整体的利润就是由其中四五个周五的盈利构成的。

我这里只是谈论一般意义上的情况，所以你真正的盈利未必是在周五，其他周一、周二、周四都可以。我想强调的点是，你大部分的盈利总是由其中一小部分的交易构成的。

现在你应该也看出来了，如果每次交易时都承担一样的风险，这是有问题的。更合理的做法是在盈利时赢更多，在亏损时亏更少。但问题是，我们如何辨别盈利和亏损的交易机会呢？

为了解决这个两难的问题，有不少办法帮我们找到最佳交易机会。例如，尽你所能提升单笔交易的净利润。这是你平均下来每次交易的利润情况。比如你交易 4 次，总盈利 2000 美元，那么每次净盈利就是 500美元。过程可能是先交易 2 次，各自盈利 2000 美元，接着连续 2 次亏损 1000 美元，你具体怎么实现的总盈利 2000 美元，过程不重要。你把4 次交易平均下来，就是每次 500 美元的净利润。只要你每次交易都能保持不错的净利润，你将很快成为一个稳定盈利的交易员。

但如果平均下来净利润接近 0，甚至是负数，那就糟糕了。现在你平均每次交易都会损伤到本金。如果你能理智地认识到，无论你的交易水平有多厉害，你总是会发生一定比例的亏损，那么你就可以将注意力集中于扩大你每次交易的平均净利润。

一种途径是对亏损毫不留情、斩草除根，亏损还在萌芽状态就一刀斩断。信不信由你，大多数交易员嘴上说截断亏损、让利润奔跑，实际上干的却是另一回事，他们让亏损的头寸在市场中纵横驰骋。这种情况多有发生，原因也比较复杂。有时候是侥幸心理，觉得市场还会回到建仓位置，转为盈利。如果你发现自己在祈祷市场向你希望的方向前进，那么你就要知道这笔交易十有八九已经亏掉了。有时候是亏损已经大到不敢承担、不想止损，因此让浮亏的头寸隔夜持仓，寄希望于虚无缥缈的明天会出现转机。但市场很少会让人称心如意。有时你将止损点往后移，因为你不想它被触发，或者有时你不想设置止损点。有时候是因为在交易时不够专注。有时候是错以为胜券在握，志在必得。如你所见，小小的亏损像雪球般迅速滚大，它们有各种各样的原因。但这些问题毫无例外都是心理问题，根源都在缺乏自律上。

另一种途径是提高盈利的概率。如果利润足够大，你又对亏损头寸足够警惕，那么市场再想夺走你的利润就办不到了。比如你 7 次交易，积累了 7000 美元的利润，平均每次 1000 美元，然后亏损登场了。如果运气不佳，连亏 7 次，而你能限制每次亏损在 500 美元，那你仍然能保住一半的利润，也就是 3500 美元。而你很少会倒霉到连亏 7 次。我想强调这一点，就是只要盈利足够多，亏损就伤不到你。

那么怎样能获得大额的盈利呢？其一，不要根据事先设定的盈利目标位主动限制盈利的发展。天予不取，反受其咎，只要市场愿意给，你就坚决收下。你需要那些大赚特赚的交易日来抵消掉那些亏损的交易日，因此，不要主动限制你的盈利发展，否则你有可能破产。其二，不要让市场的发展逃脱你的掌控范围，一旦走势超出预期，立刻采取强有力的干预手段。否则，一次判断疏忽就会毁掉整个交易计划的执行。

总的来讲，你要在盈利时下更多注，在亏损时下更少注。这一点说起来容易，做起来难。不论盈利还是亏损，都倾向于以周期的方式累积。如果你进入盈利的周期，就必须敢于持有更大的头寸，但如果进入亏损的周期，你就要保守一点，以最小的头寸进行交易。

大多数新手交易员都会对确定性产生过分的迷恋和依赖。他们会在场外观望，直到市场有利可图，然后在观察到三四次可以盈利的机会发生后，才一头钻进市场。通常这种入场时机很糟糕，因为亏损的周期很可能即将开始。所以更好的策略是，等待你的系统给出三四次亏损的信号以后，在下一次信号出现时进场，寄希望于盈利周期的开始。

正如交易者的状态水平有高低循环的周期，市场本身也有容易赚钱和赔钱的循环周期。趋势性良好的市场会给趋势跟踪者带来很不错的交易回报。但等市场进入无趋势的盘整阶段，趋势跟踪者就会遭遇一系列亏损的打击。因此你入市交易前，十分有必要了解市场当前所处的周期所在。

只有市场有大幅波动时，你才能赚到钱，也正是这种时刻，才需要你全身心投入交易。如果你的判断是错的，你很快就会知道。但止损一次后，问题就来了。下一步呢？如果你止损时持有的是3手仓位，那么你不太可能通过把仓位缩减到1手来扳回全部损失。因此这就需要你的判断了。你可以选择缩减头寸数量来慢慢恢复本金，也可以选择用同样的仓位，甚至放大至两倍仓位，以承担更大的风险为代价，寄希望于更快回本。这里很显然，持仓两倍时，只需要原来一半的波动就可以回本了，但问题是你有把握做对吗？

在这种情况下做决策，既取决于你对待风险的态度，也取决于你交易的方法。如果你的持仓已经是个人心理承受能力的极限，那么继续扩大持仓就毫无意义，因为过重的仓位将让你丧失理智思考的能力。但如果这种程度的风险对你来说不算什么，那你就有机会快速弥补上次止损带来的损失，然后就可以继续做新的交易。顺便提一下，在这种情况里，如果能把亏损追平，就已经是胜利了。笑纳胜利的果实，然后重新开始吧！

我知道你可能有想法，交易 1 手头寸怎么了？其实也没什么大问题，只不过这么做你很难赚到大钱。要知道你还要承担交易的买卖点差以及手续费，你参与博弈的优势就太微弱了。因为你资源有限，所以不得不交易得保守一点。但我也要指出，那些和你做对手的全副武装的专业人士，他们不会受到账户的限制，你和他们竞争无异于与虎谋皮。在这种不利条件下，可能假装很有钱的策略会起作用，意思就是不时采取激进的持仓方式，并且不要太轻易地放弃自己的头寸，可能效果会更好。

障碍 9：刚愎自用

我在 20 世纪 80 年代早期认识了一个芝加哥的大豆交易员，他当时亏了一大笔钱，不得不接受他清算公司提供的柜员职位，并辛苦工作多年来还清债务。他败就败在太刚愎自用，他是我见过最一意孤行的人。他总是忍不住要对各种市场的走势公开发表各种高见，好像一切都在他掌握下似的。而且很显然，他对自己的判断非常自信。但不幸的是，市场并未"领会"他的旨意。我还认识另一个大豆交易员，有一天他冻结了自己的账户。他亏到手脚发抖、腰膝酸软，以至于最后将交易指令卡交给朋友，拜托朋友代为完成结算，然后他告别了市场，看一眼亏损对他来说都实在是太残酷了。要说最惨的，还是另一位 26 岁的身价百万的金属市场交易员，他居然挪用客户的钱来操纵黄金市场，最终身陷囹圄。

虽然很多新手会对自己的交易能力保持谦卑，但也有不少新手，尤其是一入市就撞大运取得盈利的新手，很容易自视过高，把盈利当成交易的标配。有个交易员亲口告诉我："我很清楚韭菜的割法。"很多交易者都会产生这种迷之自信，似乎不这样就无法表现出自己是个成熟的交易者似的。每周都有人问我对市场的看法，我总是尽量不带感情色彩地给出模棱两可的回复。虽然目前市场专业评论员的职位缺口越来越大，但我很怀疑，大多数交易员如果被迫发表对市场行情的公开看法，他们就很难做好交易。

如果你发现自己有变成刚愎自用的交易者的可能性，那你最好后退一步，重新找回对市场谦卑的感觉。市场非常擅长将那些装模作样、自以为是的"市场神棍"打回原形。要想让别人知道你的交易水平，只需要看你上一笔交易做得如何。

障碍 10：你选错了交易的品种

得克萨斯州的交易者倾向于交易活牛。艾奥瓦州的农民认为交易生猪最符合他的利益，南方州的交易者觉得交易棉花符合他们的胃口。但你住在何处或习惯消费什么物品，很难成为你选择何种商品期货进行交易的理由。一方面，你作为某种农作物种植者的身份，很难帮你在相应农作物品种的期货交易中加分。另一方面，很多商品因为自身波动性和流动性的问题，不能成为理想的交易品种（尽管从长期来看，你偶尔会发现很不错的长线机会）。但如果做短线交易，就需要流动性和波动性两个因素的配合，两者缺一不可，否则你很难获得理想的交易结果。因此考虑这两个因素的门槛，就会筛掉大部分的交易品种。

有不少人选择特定交易品种的理由是完全错误的。比如 1 手玉米或者燕麦的保证金仅仅需要几百美元，这些人因为付不起更多的保证金，所以选择了该品种。但是，这些品种的保证金低廉是有原因的，因为这些品种盈利和亏损的波动幅度也非常有限。其他市场（诸如燃油和无铅汽油）总是会在冬季受到广播节目的吹捧。一般来讲，投机的方向是炒作物资短缺和价格上涨，但对季节性规律的研究表明，这些市场在冬季倾向于价格走弱。原因是这些商品的主要生产企业通常在冬季到来前就做好了套期保值。这正是商品期货对冲未来风险功能的体现。

市场总是潮起潮落。当通胀上升，金属和谷物市场通常都会有不错的涨幅。但最近几年已经很久没看到金属和谷物的上涨了。然而，过去不强不代表它们未来没有走强的可能性。

在最近几年里，市场的成交主要集中在股指期货和利率市场上，因为股票市场在 2000 年早春之前都一直处于牛市行情，频频降息的消息也起到了强有力的推动作用。由于市场存在很可观的盈利机会，因此吸引了众多参与者入场交易。价格的上涨导致了保证金的上涨，也导致更多金融衍生品的问世。

如果你对通胀的概念有认识，就可以预见更多商品将会受到炒作。

面对大好的行情，新入行的交易员该怎么做呢？请先记住两个概念：流动性和波动性。第一，流动性，你需要足够多的交易者，能够让你及时成交离场，从而获利了结。请记住，市场上每一次成交都需要多头和空头达成共识。第二，你需要波动性（短线交易者尤其如此）来确保价格波动能出现合理的利润。实话说，除了股指期货和美国国债期货以外，市场中适合短线交易的机会非常少。

障碍 11：你对做空心怀恐惧

大多数新入行的交易者面对做空的机会都会心生胆怯。很多人对做空的操作非常困惑："你怎么能卖出你没有拥有的东西呢？"另外，股票交易所通过收取点差和额外的保证金给做空者设置了额外的障碍。但对期货交易者来说，做空和做多一样容易，就是交易时卖出在前，买入在后，来平掉空头仓位。这种操作的盈亏取决于你一买一卖的价格高低，以及两者的价差。你看做空也没什么难的，对吧？

众所周知，市场中每一笔交易都是多头和空头合作的结果。但这并不是说，如果成交量为100，就有100个多头和100个空头。实际上100个多头和1个空头达成交易也是有可能的。事实上，由于大多数交易者都更喜欢做多，因此大多数情况下，多头会比空头人数要多。那么当价格下跌时，情况如何？此时空头数量激增（原来的多头现在卖出头寸就变成空头），然后价格节节败退。这种快速的下跌就给原先少数的空头带来了大量的利润，现在空头就可以考虑平仓止盈了。你现在应该能理解，做空容易赚大钱的道理所在了。

如果大多数人都在买，那么卖给他们的是谁呢？卖给他们的是那些经验丰富的场内交易员和其他专业人士。他们知道大多数交易者更加喜欢做多，并且常常做错方向。有位场内交易员曾经把牛市比作众人推巨石上山，而把熊市比作把巨石滚落悬崖。显而易见，熟悉多空两个方向的交易比只会做多更加有优势。

障碍12：操作时机有问题

如果你总是害怕亏损，你就会在下单前犹豫再三，迟迟不肯进场。但如果你过于勇敢，你也很可能会注意不到市场波动的前兆。在这两种情况下，你的交易时机都不太理想。最理想的入场时机是在大幅波动到来之前，也就是不确定性最大的时候。在大幅波动来临之前，市场通常是横盘整理，此时多空双方都在试探水温。

有3个时间点，堪称是理想的交易机会。第一个时间点是刚刚开盘时。若之前价格被持续打压，则提供了买入的良机；若之前价格持续被抬高，则提供了卖出的良机。第二个时间点发生在上午行情过去的一半时刻，此时市场差不多会启动日内第一波趋势段。第三个时间点发生在下午，通常在交易的最后一个小时。

你最好在中午前后回避新增任何头寸，具体说就是上午收盘前到下午 2：00 左右。这段时间，通常是日内横盘整理的时间。如果你确实进场了，市场辜负了你，那就果断离场，寻找更加幸运的时机。最好的交易机会会很快走出你想要的方向。如果你入场时机有偏差，很可能是你在进场前执意等待市场给你更多验证信号导致的，这就意味着你进场太迟了，因为市场给你验证信号，本身就是在消耗你预期的波动走势。

障碍 13：你报单的执行结果很不理想

如果你的报单成交结果总是让你心生抱怨，那么很可能你交易的方式有问题。典型的成交单不理想的问题通常会在交易时机上找到根源所在。如果你的卖单是卖给一群空头，你猜猜结果如何？不错，你的经纪人需要将价格一降再降，才会吸引到有兴趣的接盘者。反过来，如果你想从一群多头手里买到头寸，情况也差不多，你的经纪人需要跟其他多头竞价才能获得成交，这也就推升了市场价格。

交易的羊群喜欢追涨杀跌，因此，为了避免成交结果不理想，你应该选择在走势平稳时介入，不要等大幅波动发生后再介入。

我有一次同时交易不同经纪公司（A 和 B）的两个账户。我想比较两者执行报单的效果，但我发现我不能先在一个账户下单，然后再在另一个账户下单，因为这两个单子虽然只差了一分钟左右，但市场条件很可能完全不一样。所以我想了个测试的办法，就是在两边都下了个指定收盘价成交（market on close，MOC）的指令。经过几个月的测试，我发现经纪商 B 表现最出色的几次也就是和经纪商 A 不相上下，其他时候，成交价总是要差个一两跳。通过这样的比较，我发现其中一个公司在执行成交方面略胜一筹，至少在这种特殊的指定收盘价成交的指令上，情况确实如此。

因此，你不必执意换掉你的经纪商，你还可以用指定价成交的指令，而不是市场价成交的指令来做点儿补救。在这种情况下，经纪商只能按照你指定的价格或更好的价格，来执行你的下单指令。但有时候进出场情况紧急，你未必能从容不迫地选择价格来成交。比如你想砍掉浮亏的头寸，如果用指定价，很可能根本没法成交。

在你进场交易前，最好向你的经纪人打听清楚，当前的卖价和买价是多少。他可能会说："70 对 80,"意思是 70 的买价，80 的卖价。市场的买卖价差也会扩大，有时候报价是 "70 对 00"，此时买价是 70，卖价就是整数关口。通过了解这种信息，你就能相应地调整自己的报价，从而确保你的报单能够成交。

你可以对经纪人这样下单："给我在 90 以上卖出一张合约。"你也可以直接说："给我在 90 卖出一张合约。"（"以上"是被默认的）。你也可以说："在 90 价格卖出一张即时成交，余量作废。"意思是会对着盘口及时成交掉，没成交的部分就自动撤销了。有时候你会对进出场精挑细选，但有时候你就是需要立刻完成进出场，那就得用市场价执行，并且寄希望于一切顺利。

当买卖价差扩大的时候，通常意味着流动性开始枯竭。当然在成交活跃的市场，也会遇到这种情况。所以，当你报出市场价成交的指令时，千万要注意价差的变化。最糟糕的情况就是你要和一群乌合之众向同一个方向奔跑，那就是自找麻烦了。大多数的场内交易员都会用非常专业的方式来对待客户发来的下单指令，尽管存在个别例外，但总体上大多数的报单还是会被认真负责地对待的。但如果交易者认为自己就应该得到报单时在行情终端上显示的那个价格，麻烦就来了。因为交易的成功执行除了要克服中间的时间差，还要找到愿意和你做交易的对手盘。这个交易的对手肯定觉得你的方向是错的，否则他为什么要在你买入的时候愿意卖给你呢？所以如果市场上大多数人都有共识，你的实际成交价格只会很糟糕。

有时候，糟糕的成交结果也意味着你选择的市场有问题。在几年前，我的 LSS 交易系统在咖啡市场上盈利非常不错。众所周知，咖啡市场的成交情况并不理想。而我的 LSS 交易系统有一个交易方式是以收盘时的市场价成交。当这种方式的窍门逐渐为人所知，越来越多的报单都有样学样，使用收盘时市场价卖出成交指令。再过一阵子，我认识的有些经纪人会将客户的指令稍微提前半个到一个小时执行。为什么呢？因为收盘时的卖出单太多了，整个交易池都被打压得喘不过气来。这些用 LSS 交易系统的交易者现在搬起石头砸自己的脚了，因为这个道理，你最好不要交易流动性太差的市场。同样的道理，很多场内交易员会开玩笑说，收盘时成交指令（MOC）其实是收盘时杀人指令（murder on close）。

障碍 14：手续费太多

我将这一点留到最后，因为它是新手交易员最常犯的错误之一。也许，手续费和 1 手合约的价值比起来算不了什么。但长期以来，这是经纪人一直在觊觎你账户中成比例的一部分。如果你开户时入金 5000 美元，在经纪人眼里，其中的一半就是第一年你能够贡献的手续费——倘若你能够在市场中存活那么久的话。

诚然，如果把交易比作生意，手续费就是做生意的必要开支。但为什么要额外地支付不必要的开支，无端增加成本呢？你也许会说，手续费越高，就代表经纪服务越好，一分钱一分货嘛！但你可知道，那些开平仓合计收费 50 美元一次给客户执行指令的经纪人，同时会给那些手续费减半甚至更少的客户下单。实际上，那个执行你的报单的人不知道你到底付了多少手续费，他只知道他自己受雇执行交易指令，做 1 单能赚 2 美元，多劳多得。你支付的手续费的其余部分都被经纪商和交易所联合瓜分了。因此如果你付了手续费，却没有得到理想的服务，肯定是经纪公司的问题。

　　我听说有个交易界的大佬推荐他的客户去某某经纪商那边开户做交易，开平仓手续费是 100 美元。在我做场内交易的日子里，我开平仓只需要付 1 美元。我离开场内，去楼上做交易，开平仓付 8 美元就够了。时至今日，我每次开平仓支付 12 美元。诚然，我花的手续费低也有一些特殊的原因。但我实在是不能理解，那些支付手续费超过 40 美元的人，这么做意义何在？

　　我知道他们肯定会说，高额的费用意味着一流的服务、一流的成交指令执行效率和对你关怀备至的经纪人，诸如此类。一旦你将账户充分授权给你的经纪人，他反而会收取更加高昂的费用，因为现在在交易上劳心劳力的全都是他了。如果你买了基金或者其他的资管项目，在协议的小字体部分会标注出项目经理和经纪商之间的费用安排。因为涉及交易的清算，费用还会略有增加。近来听说那些交易 E- 迷你标普股指期货的交易者，声称手续费很低廉，"仅仅 20 美元就能来回做一次开仓平仓"。好吧，让我们算一算是不是真这么便宜。E- 迷你合约仅仅是标准合约的 1/5 大，所以相当于是你为 1 手标准合约的开平仓支付了 100 美元，但要知道在标准合约上，我仅仅需要支付 12 美元。经纪商为了让手续费看起来便宜，还会故意只标注单边的手续费，好像我们买了就不用再卖似的。所以，单边的 25 美元考虑开平仓来回，就是 50 美元。因此，只要手续费能够确保你快速成交就足够了，货比三家，多打听不同经纪公司的情况，你最终会找到手续费合理的交易场所。

　　也许上述障碍也曾让你深受其害。但我想说，认识并了解这些阻碍你成功的绊脚石，就足以让你改变未来的交易生涯。我也非常清楚，只有认清并克服这些常见的交易障碍，你才有资格去挑战和掌握交易中真正的技艺。

学以致用

你也许具有成为交易员的强烈的愿望，但要实现却很困难。我也希望有一条大道，有一套简单明了的做法。可惜事情没这么简单。因此我将自己这些年交易的经历告诉你，希望对你有些启发。

我认识的最成功的交易员里面，有一个是在赤贫的单亲家庭中长大的。他很早就结婚成家了。有一天，他的妻子给本地的一家便利店开了一张空头支票，是一笔微不足道的钱，店主却将支票打出来放在收银台展览，以至于他们在伊利诺伊州小镇都家喻户晓了。于是这位交易者便下定决心，打电话给他的叔叔，借了几千美元，然后踏上了去芝加哥的火车，准备去期货交易所大干一场。他在入行的第一天就挣了钱。后来他告诉我，他从起步时就相信自己一定能取得成功，从未怀疑过。

在 20 世纪 70 年代早期，我还住在洛杉矶。我偶遇了一个人，后来我们成了好朋友。见面的第一天，他告诉了我他的名字，职业是电视编剧。那时候，他刚刚离开学校没几年，作为电视编剧也没什么名望。他在写作的空闲时间，就溜进影视工作室，往制作人的车里偷偷塞自己的剧本。工作室的保安总是会粗暴地将他赶出去。他给电视人打了很多电话，并说好会将自己的剧本快递过去。然后他自己开车去送剧本。接着又以最快的速度回家，打电话问电视人刚刚快递员有没有把剧本送过去。

几年过去了，他一直忙于写作，来回奔波。别人的回绝也打消不了他的热情。终于，他卖出了第一个剧本，后来被做成一档热门的影视剧，他撑起了大场面。在他的脑海中，对于自己电视编剧的身份，从未有过片刻的怀疑。

与此同时，在洛杉矶我们那栋复式花园公寓的水池边，也会出现一些新面孔。他们都怀着同样的目的来到此处——开启纸醉金迷的好莱坞人生。但不到一两个月，他们便默默消失了。而我的编剧朋友一直在忙于写作，忙于打电话。他从未起过打道回府的念头。这种影视行业的人，能够取得成功的寥寥无几。时至今日，他已经成为众多家喻户晓的影视作品的出品人。

我还有个朋友，亏损多年，一直在苦学交易技术。他的梦想是成为一名场内交易员。因此我邀请他，到我每年 6 月 4 日在芝加哥举办的场内交易员派对来玩。在派对上，各种场内交易员，以前的场内交易员、经纪人以及场内交易员改行做房产经纪人的，各路人马对他进行灵魂拷问："你多大了？你凭啥认为你能干好这个？交易有多难你知道吗？"诸如此类。许多人劝他不要做这个他们也曾经做过，但是失败了的事情。但他对这些话充耳不闻。时至今日，他已然是芝加哥商业交易所做标普 500 股指期货高抛低吸的交易员。他不但干着自己热爱的工作，而且从中赚了很多钱。我想，在他的脑海中，也从未怀疑过，自己能在交易上取得成功。

你应该看到这些成功例子的共同点了，是的，你没有错。在技艺的殿堂里，只有坚韧不拔，才能克服重重挑战。伍迪·艾伦（Woody Allen）有言："成功 70% 的要素，仅仅在于定点打卡。"若你具备必备的坚韧素质，那就可以好好规划交易了。下面是你需要做的事。

（1）开设经纪账户；

（2）给账户入金；

（3）获取数据服务；

（4）选择交易的方法。

这里除了选择交易的方法，其他都不难办到。然而，对这里的每一项内容，你都必须深思熟虑。为了保障账户资金的安全，你必须处理好和清算公司，或者 IB（Introducing Broker，即介绍经纪商，它们执行你和清算公司之间的清算交易）之间的问题。大多数情况下，你会被要求直接给清算公司开支票来开户。这是个好迹象，代表你的资金是被安全可靠的机构托管，而不是被分分钟会破产的小公司托管。

现在我们已经充分探讨过和手续费有关的事项了。你必须确保手续费足够便宜。另外提一下，如果你计划交易芝商所的品种，就算你居住在纽约或者加州，你也最好直接和芝加哥的公司打交道。此类公司一般都有免费电话。通过直接与清算公司打交道，你就避免了中间商赚差价，省下了一部分手续费。我前面已经解释过了，交易场内的交易员拿到什么指令就去执行，他才不会管报单的来源呢。

你账户的大小主要取决于你的经济状况。虽说大的账户有它的优势，但你也别指望交易水平平平的大账户能够胜过精细操作的小账户。如果你对自己在做什么一无所知，那么账户越大只会让你亏得越快。你应该听过"交易场中百万富翁'致富'的秘诀就是以千万富翁的身份入场"的故事。在市场中单纯地交学费并不能确保你学到东西。在脑海中始终绷紧资金安全的神经肯定有助于你严肃对待交易事业。

在行情数据方面，我没有太多发言权。但我主张你按照自己的交易需求来选择相应的行情数据服务（data service）。如果你一天只需要看一两眼行情，那就用不着购买实时行情数据。另外，近几年，就连交易所也开始在网上提供免费的实时行情数据了。所以，仅仅买你需要的以及有能力负担的行情数据服务即可。我已经遇到很多交易员，自以为成功之道在于这些软硬件设施，甚至有些人配置了七八个显示器来看行情。难道没有了这些花里胡哨的设备，就做不好交易吗？我不这么认为。

现在就剩下怎么选择交易的方法了。这个选择最好和你自己独有的心理特征相互适应。你自认为是"紧抓细节"还是"看准大方向，交易上大撒手"？如果你打算一天只看两三次市场，那你就需要能够把握市场整体趋势的方法。这也需要你把止损单尽量放得远一些，以免被盘整行情触发。这种做法的好处是，只要善于把握市场的整体方向，那就很可能充分获得一整天的走势波动。但坏处在于，这个方法缺少适当的灵活性。因此，在动手交易之前，充分认识方法的优缺点十分必要。否则，你只会频繁改变交易的方法，却无法真正利用好其中任何一种。

除了这种大撒手的交易方式，你也可以选择专心精准地做好每一单交易。用这种方法，你肯定只能获得很小的利润，但风险也会小很多。这很适合某一类交易人群，但也需要他们花更多时间关注市场行情。这种方法需要实时的行情数据和复杂的交易程序，来跟踪市场走势。由于进出场的次数更多，你也需要精心选择优秀的、手续费低廉的经纪商，来快速执行你的指令。

在这两种极端之间，也存在较多中间选择。新手交易员很容易在不同的方法之间换来换去。但我反对这一点。最一流的交易员总是专注于一件事，并反复操练，做到极致。成功的交易之道在于架起你的个性和交易风格之间的桥梁。知之者不如好之者，好之者不如乐之者。做你真心喜欢的事情，非常重要。

很多人经常请我判断他们是否适合从事交易这个压力巨大的行业。总的来说，我知道大多数人是不适合从事交易的。但是要判断一个人是否比另一个人更加适合做交易，大致有这么几条线索。首先看我们无力控制的因素：年龄。尽管年轻人的钱不如老年人那么多，但是世界早晚是他们的。因此我想给年轻的、准备入行的准交易员一些忠告："你需要学习的有很多，但你可以失去的真的非常少。最坏的情况不过就是你亏了一些钱，然后发现自己不适合做交易，转而去做其他行业而已。"

但对那些年将退休、想用养老金冒险的人来说，情况就完全不同了。这笔钱真的可以冒险吗？他能够承担亏掉这笔钱的代价吗？他还有其他的收入来源吗？

或许，交易中最有潜力的人选是那些其他领域已经赚了一大笔钱的精英。这种人靠白手起家致富，他们理解并敬畏风险，而且他们愿意为了可观的回报明智地抓住机会。

而前途最堪忧的准交易者是那些极贫穷的少数人。他们眼里只有金钱。他们不太热衷于成功之路上辛苦的长期的努力，他们只想走捷径。有一次，我把一位准客户介绍给我以前的客户——鲍勃。鲍勃在市场交易上赚了很多钱。这位准客户在与鲍勃交流完经验后，打电话给我，他开口第一句话就是："这个鲍勃是花了多久的时间才开始能一周赚 7000 美元的？"你看，这家伙对鲍勃的性格、资金情况一无所知，就以为他能够通过依样画葫芦效仿他人的成功。我立刻告诉他，我觉得我帮不上他的忙。

我这么说不是出于利他动机，而是纯粹为自己考虑。我很清楚，如果他交易不顺心，我就会成为他第一个谴责的对象。鲍勃交易了这些年，已经付出了该付的代价，但这个想入行的新手显然没有做好心理准备。

我想起了 20 世纪 80 年代早期上映的一部精彩电影，由杰瑞·刘易斯（Jerry Lewis）和罗伯特·德尼罗（Robert DeNiro）领衔主演的《喜剧之王》（ *The King of Comedy* ）。尽管观影的过程很痛苦（这也解释了为何它刚刚问世时票房不佳），但它的确是刻画现代社会对名望的病态渴望的佳作。杰瑞·刘易斯扮演的是成功的脱口秀大腕，而德尼罗扮演的是才艺平平的、廉价的单人喜剧演员鲁伯特·普帕金（Rupert Pumpkin），痴迷于效仿刘易斯那样的脱口秀大腕。鲁伯特·普帕金和母亲一起住在新泽西州。他喜欢在地下室里扮演杰瑞，幻想自己拥有大明星才能获得的灯光剪影。一天晚上，在杰瑞结束脱口秀以后，鲁伯特·普帕金强行进入杰瑞的豪华轿车里。起先杰瑞尽力克制自己，告诉他得从俱乐部开始表演，一点点往上爬。到后来，为了摆脱鲁伯特的纠缠，他答应让鲁伯特给他送一盘自己脱口秀的录音，看看效果。后来鲁伯特不计后果地搅入杰瑞的生活，以至于出现了一幕：鲁伯特绑架了杰瑞，赎金是一次在杰瑞脱口秀中露脸的机会。鲁伯特·普帕金终于有了15分钟功成名就的机会，结果被送进了监狱。但有趣的是，后来他获得了图书出版邀约的大笔金钱，并登上了《时代》杂志的封面，成为虽然身陷囹圄却仍然挂念着他的朋友杰瑞的大名人。自这一虚构的黑色幽默剧问世以来，现实中已有众多不计代价为求出名的新闻见诸报端。要说这部电影有什么问题，那就是它实在是太写实了。

在豪华轿车里，杰瑞试图以过来人的身份解释，如何从基础工作做起，但鲁伯特立刻就打断了他。他不想听到这些和努力奋斗有关的废话，他只想一步登天，马上功成名就。他打心眼里认为肯定有什么诀窍，可以在一两个小时里掌握并帮助他取得成功。不可思议的是，这种速成捷径居然有效果，并实际上成了现代社会的象征。

我说的这些和交易有何关联？关联很大。如果不付出足够的努力，你不可能成为另一个乔治·索罗斯（George Soros）。市场很少奖励那些经验浅薄的人。你需要花很多时间，才能让自己表现得像一个专业的交易者，甚至只有一点点儿像。很多人喜欢在学习过程中走捷径。罗斯·佩罗（Ross Perot）对这种人有过相当精彩的评论："打肿脸充胖子。"

在本书中，我已经充分讨论过理论和现实的差距所在。你充分地在理性层面获得认识是一码事，但获得打心底的、感性上的认同又是另一码事。对这一点的绝佳阐述，出现在1988年总统大选期间。CNN记者萧伯纳（Bernard Shaw）提问当时民主党候选人迈克尔·杜卡基斯（Michael Dukakis），如果他老婆被先奸后杀了怎么办？他没有给出最诚实的回答"我要把那个婊子养的碎尸万段！"，而是给了拐弯抹角的、政治正确的回答。这一点，正是扼杀他大选征途的重要因素之一。

同样，在市场中，理性认识是远远不够的。你把钱放到台面上，就一定要有一种一定会赢的直觉，否则是赢不了的。这就是为什么市场"专家"的建议或原理不明的交易系统都不会对交易者产生帮助的原因所在。如果不是打心眼儿里认同这个交易的信号，可想而知，交易者就不会真正心甘情愿地去冒险。就像承包商造房子，会先打基础，然后砌墙壁。如果结构有问题，房子就造不起来。做交易也是同样的道理。你首先要对市场的运作原理有一个框架性的认识，并通过框架来理解市场的走势表现。比如今天周二，市场开盘强势，但日内遭到了卖盘打压。昨天周一，走势非常强劲。那么今天的走势就是强势周一过后的周二应该有的表现：众多买盘的获利了结。我从感性的层面就认识到了这一点，因此我几乎从来不在强势周一过后的周二的早盘进行任何买入操作。

你能否认识到，模拟盘和实盘的差异非常大？多少次我苦口婆心劝你及时止损，但你还是不以为意。有一次你还忘了止损就去看牙医。结果，和那天亏损的心痛比起来，牙医在你牙齿上打洞的感觉简直不算什么。

我之前教你在盘整区间内部做买入或卖出，这种操作不是来自对市场的理论层面的理解，而是来自对我在市场中总是选错方向或跟随大众追涨杀跌的反思。跟其他几百号人一起站在交易大厅，争先恐后地叫嚷企图卖出平仓，这样的经历简直让人脊背发凉。你觉得在这种场景中，没入场的多头会怎么想？他们肯定想等待市场见底，好进场捡到便宜。因此，价格一路下来都不会遇到多头的阻挡。这种经历可谓发人深省、刻骨铭心、永不磨灭。

你知道为何交易新手容易干傻事吗？他们觉得只要发出了卖出的指令，就可以按照行情终端显示的最新价格成交了。但市场不是这样运行的。这就是场内交易员这么注重风险管控的原因。他们在感性层面就对市场可能造成的结果有深刻的领会。

我前面分享过那杯 1200 美元咖啡的故事。经过这种事情，难道我还会愚蠢到在该紧盯市场时，玩忽职守、开片刻小差吗？

几年前，我为一个成功人士工作，他常常说："我们的所作所为挑不出毛病。"他知道，他的努力经过时间的酝酿会产生收获。确实如此。而且，他还坚持日复一日做正确的事情。你不能期待回报立刻就兑现。

两年前，我和一位专业的股票投资者共进午餐。他之前选的 5 只股票都为我赚到了钱。所以那次，当他告诉我非洲的一只铜矿公司股票时，我留心记下，回头就买了 50 000 股。我这位朋友不同寻常的成就，我都看在眼里，他已经赢得了我的尊重。他从不心血来潮地选股票。他会研究公司财务、公司背景、管理层，以及行业趋势。我非常确信他已经做了充分的调研，更不用说他已经在这只股票上投资了 200 万股。当然我也肯定有一厢情愿的成分。

不久前，我在《纽约时报》的商业版块读到一则新闻，新闻提到非洲矿区的乡村俱乐部和高尔夫球课程正在蓬勃发展。当前几年这些非洲企业被国有化时，大多数训练有素的管理层离开了非洲。现在他们回来了，高尔夫产业也正在崛起，球童以及乡村俱乐部的其他工人都对前景感到振奋。你猜猜这对我的铜矿股票来说，意味着什么？

有时候，局部地区微妙的改变会远渡重洋带来强烈影响。大约 20 年前，智利海边出现了不太为人所知的凤尾鱼歉收。凤尾鱼突然间消失无踪。由于用凤尾鱼做成的鱼粉和大豆做的蛋白粉互为竞争商品，凤尾鱼供应减少就导致大豆的价格一飞冲天，很多交易员因此致富。

我知道很多人认为，在市场上不应该根据感性来交易，但对我而言，首先必须在感性上认同这笔交易，否则我就无法打电话下单。要是我感觉不到未来绝佳的回报机会正在等我，又怎敢在矿业股票上大笔押注？要是我不认为市场会大幅上涨，又怎么敢在周一早盘大仓位进场？做交易，必须要有一定程度的自信和热情，但我也说过，这两点必须扎根在现实基础上。

总结

华尔街有句话广为人知，那就是如果你不知道自己几斤几两，就来市场寻找答案的话，代价将异常高昂。如果你生活至今颠沛流离，没有着落，那么老实讲交易不适合你。你必须在交易以外做好充分的准备。我知道你的想法：如果能在市场中赚上一笔钱，一切都会变好。但讽刺的是，你越是看重钱，你就越是得不到钱。

市场就好比人生。你的优点和缺点都会在市场动荡不安的走势面前成百倍地放大。假如我是个刚刚入行的毛头小伙，我就知道我将在交易的世界里屡战屡败，屡败屡战。我不在乎付出多少，我只想尽我所能，学到和交易有关的一切。

交易会教给你一点，就是人生没有下坡路。无论发生什么，你总是能选择积极应对。假以时日，这一点就会融入你的血脉。你知道你能应对一切局面。交易上遭受重创又东山再起的事迹无穷无尽，千金散尽直到倾家荡产的事迹同样数不胜数。我希望你善于从自己的经历中汲取教训。

我总是问自己，为什么最好的交易者从不轻言放弃。我不确定我的理解是否正确。但我认为，享受交易的过程，顺其自然，而不是刻意追求特定的结果，才会发挥出最佳的交易水平。我们都见过这样的人，他们认为只要通过学习，就能找到一切问题的答案。但是学习只能够提供学院派的知识，仅仅是学习又怎能获得在实战中战胜大众的街头智慧呢？

学习交易是日积月累的过程。成功地将对市场的认识结合到交易行为上，需要旷日持久的努力。如果你过分用力，只会欲速不达。你能容忍多少次错失良机却仍然保持昂扬的斗志？你能容忍多少次因为轻率的举动毁掉整个交易却依旧百折不挠？太多的人总是陷入艰难的摇摆，时而患得，时而患失。

我有个朋友，总是受经纪人的影响而把好好的交易做砸。

有一天我问他："为什么你要听经纪人的话？"

"因为我没什么经验，"他回复说，"我入行的时间太短了，还没有搞清楚交易是什么状况。"

"但是他也搞不清状况。"我说。

不过我这位朋友挺有交易天赋，渐渐地，他学会了辨认形态，并对自己的判断越来越有自信。一次次的亏损教会他不要再踏入陷阱。渐渐地，他将自己的所学融会到一起，一点一滴，成长为一个真正的交易员。

尽管混沌与迷惑常常支配着市场走势，但最好的交易员内心像直布罗陀的磐石山（直布罗陀岩峰）一样坚定。我无数次在顶尖的交易员身上见到这种品质。它具体表现为一贯的沉着冷静、善于在不确定中寻找线索并做出合理决策的能力。

在 1986 年 1 月寒冷冬季里的一天，我本计划好与一位朋友在芝加哥商业交易所的私人会所共进午餐。当我步行前往交易所时，我正在想当天他的操作情况。因为这天，正好是"挑战者"号在佛罗里达州海岸爆炸失事的日子。市场像新闻中的火箭一样一坠千里。他的秘书很快过来通知我，他无法离开交易池。我马上表示理解。

那天的情况是这样的。早上事故的新闻刚刚出现时，他已经在标普股指期货上满仓了，结果根本来不及平仓，浮亏已经超过了 50 000 美元。但他没有慌乱，而是站在那里冷静地等待市场逐渐获得支撑。到那

天结束的时候，他盈亏打平了。说到保持沉着冷静，试问有几个人能在
滔天巨浪中显露英雄本色？

晚点儿他向我解释了当时的情况。他说："当时情况紧急，没有采取
行动的时间，市场直接下破了。但我知道，这个新闻仅仅是短暂的情绪
上的冲击，因此我决定按兵不动。"

但他又怎么知道他是对的？

通过长年累月的经验，一个人就能获得内在的认知。你应该注意
到，小孩子毫不费力就能学习母语。我有位朋友，能流利地说西班牙语、
法语、意大利语，当然还有英语。他掌握的这些语言如此流利，以至于
纽约的侍者以为他来自南美洲，而法国的饭店老板以为他是意大利人。
作为一个高中和大学时深受西班牙语困扰的人，我非常敬佩他取得的
成就。

有一次我问他："你究竟是怎样学会这么多语言的？"

他回答说："似乎我在理解它们之前，就已经掌握了。"

这恰恰就类似于有经验的交易员对市场产生的感觉。他们能够在意
识到之前就感知到走势的变化，包括不利的行情走势。

我猜，也许你对这种内在的感知不以为然吧！但我得告诉你，拥有
合适的心理机制比学会任何一条算法或者交易策略都更重要。如果你感
觉自己的操作与行情走势格格不入，那就开始观察形态吧！假以时日，
就像我那位学会忽略经纪人意见的朋友一样，你也会渐渐培养起值得信
赖的交易直觉。

在芝加哥生活的日子里，我认识了一个我见过的在债券市场中最好
的分析师，他名叫布莱恩（Brian）。他几乎每天都能分析出高点和低点
的位置，误差只有一跳。他会花费几个小时的时间来等待最佳的交易机
会。如果入场后没有马上发生预期的大幅走势波动，他就不想要这笔交

易了。实际上，大多数时候，他的盈亏都非常小，意思是在哪里进场，就在哪里出场了，只花 1 ～ 2 美元的手续费的成本。他就是最谨慎的那一类交易员。但问题是，真正一点儿风险都不用承担的完美的交易机会非常少，因此他经常好多天都做不了一笔交易。

布莱恩还有一个缺点，他非常吝啬。如果你跟他去饭店，他总是坚持点平价酒，来省下一点儿钱，就算不用他买单也是如此。他常常告诉我怎样能不花钱看《华尔街日报》，就是等一个人下了火车而忘了把报纸带走，报纸被留在了座位上。

有一次我问他："你知不知道为什么，都十年过去了，你还是只做 1 手交易？"

"我自己也常常感到不理解。"他说。

金钱就好比他的血液。你无法让他相信，只要在市场中适度松开攥得过紧的双手，就能获得多得多的金钱。实际上，他坚持认为通过他分析的技术可以赚到几百万美元——他确实善于捕捉高低点。

那个时候，我会邀请客户到交易所，和他们共进午餐。那时候市场波动的节奏缓慢，我用布莱恩的分析捕捉到了一次绝佳的交易机会。

我对他说："你瞧，我邀请了这么多人一起吃午饭，你何不加入我们，这样他们也能从你对市场的分析中获利。"当他发现我也在买入，他也果断抓住了交易的机会。我想这对大家都有好处。

如果你在这里看到了一点你自己的身影，那你就知道下一步该做何种改进了。而我的另一位朋友艾力克斯（Alex），正好是风险回避和布莱恩截然相反的那一类人。他是我在 20 世纪 70 年代末，在洛杉矶结识的朋友。艾力克斯也是位期货交易员，他喜欢和朋友们一起吃饭，讲起话来滔滔不绝。我常常与他在圣地亚哥的高速公路立交桥下面，一家叫作"潘乔"的墨西哥酒吧见面。餐厅的形状像个巨大的墨西哥帽，充满浓郁的墨西哥风情，里面充斥着自动唱机的响亮的音乐声、沁人心脾的冰镇墨西哥啤酒，以及大块的喷香的牛排。我们在嘈杂的说话声和音乐声中吃过晚餐，然后艾力克斯会叫来侍者。

"听我说，这些牛排味道不错，给我们一人再来一份。"于是我们都吃了两顿晚饭，然后酒足饭饱地回家。

艾力克斯为人豪爽，魅力十足。他的身边从不缺少美艳的女郎做伴。并且，他总是会坚持买单。有一次我急缺钱用，他一出手就借了我好几百美元。我后来还掉了，但永远忘不掉他的慷慨。

如果他开始交易，猜猜他的交易风格是哪一种？不错，他就是那种追求一击必杀的人。他敢于让自己的钱冒险，无论遇到何等挫折挑战，他的乐观进取都不会被磨灭。另外，一旦市场的走势符合预期，他就会赚得盆满钵满。在潘乔酒吧的美好时光，是后来更加光辉岁月的序曲前奏。他后来买上了跑车和无敌海景房。但几年后，我得知他的好运结束了。这又是个老套的故事。他把杠杆加到了极限，一旦资金流枯竭，他优渥的生活方式便轰然倒塌。他到底遭遇了什么状况，我不得而知。我只知道我从没有过机会体验这样的人生，因为我一直忙着在市场中求生存。

还记得我谈过的直布罗陀磐石山的事情吗？我不在乎你的生活环境如何，但你的内心必须坚如磐石。不能得意忘形，也不能一蹶不振。还是古希腊人说得好，凡事要适度。因此，傲慢（hubris）这个词，意思是过分的骄傲或自信，也由古希腊人造出来，就毫不奇怪了。虽然很多人在交易盈利时会不可避免地变得傲慢，但更加可取的态度仍然是感恩和谦卑。

顺便提一下，保持适度对交易和生活都是最佳的选择。古希腊人将保持适度作为奋斗的目标，是因为这正是最大的福祉所在。因此，悠闲地在烛光下享用虾与意大利面，再喝下两三杯新鲜的、凉爽的霞多丽白葡萄酒，要比在古堡庄园的边廊里享用雷鸟干红更加可取。更多未必总是代表更好。

当然，这里除了心理层面的因素，还有哲学上的观点值得思考。生活总是风水轮流转，也许今天还时运不济，明天就时来运转了。圣经上也说："领先的将要落后，而落后的反而领先。"如果你仅把它当成老生常谈，那你还没有充分领略市场的魅力。

我们的背景和格局很大程度上决定了我们的所作所为，甚至将我们困陷其中。或许正是这一点最终决定了交易中谁主沉浮。我们的成长环境基本上在出生时就决定了，但仍然有少数幸运儿克服了前途道路上的层层阻碍。不管怎样，你不要把市场中的成功简单归结为运气的因素。运气只会垂青于那些坚持在自己热爱的事业上奋斗的人。几年前，我在佛罗里达州的一个彩票店花 5 美元赢到了 25 000 美元，真是时来运转。这么多年来，我从来没见过身边朋友有买彩票中这么大奖的。告诉你我是怎么办到的：我在四位数的彩票上，买同样的号码，每个月一次，连续坚持了十年。你还能说这是幸运吗？我中奖的概率是一万分之一。但我通过坚持的策略，让我自己赢得胜利。我这里不是建议你也去买彩票，恰恰相反，买彩票是出了名的赔本的买卖。我只是建议你要通过努力和奋斗，让运气站在你这一边。

所谓幸运，就是给那些选择做自己热爱的事情并且有能力将它做好的人的。你好好研究体育界的冠军们，比如迈克尔·乔丹（Michael Jordan），或者老虎伍兹（Tiger Woods），看看他们在专业领域取得的成就。他们已经在自己的领域赢得了相当丰厚的回报，但是，自青年时代开始，这些赢家持续关注的都是工作本身，而不是金钱。任何需要努力的领域，情况都是这样的。没有人随随便便就能取得成功。我不知道你会怎样，但我只知道我自己，越努力越幸运。

　　每当我在市场上找出交易机会并成功获取利润，我就感到格外满足。我相信盈利是努力和坚持的结果。但总会有人相信，交易是任何人都能办到的，掌握三四个简单的算法公式就能从市场中盈利。这样的人不会理解交易的本质所在。我喜欢交易，正因为我喜欢市场带给我的智力上和道德情操上的挑战。我是否接受了必须接受的事实？我是否充分研究了市场的走势？我有没有非凡的毅力？我确信市场与生活有诸多相似之处。然而交易带给你的回报，远非金钱能够衡量。

推荐阅读

序号	中文书名	定价
1	股市趋势技术分析（原书第11版）	198
2	沃伦·巴菲特：终极金钱心智	79
3	超越巴菲特的伯克希尔：股神企业帝国的过去与未来	119
4	不为人知的金融怪杰	108
5	比尔·米勒投资之道	80
6	巴菲特的嘉年华：伯克希尔股东大会的故事	79
7	巴菲特之道（原书第3版）（典藏版）	79
8	短线交易秘诀（典藏版）	80
9	巴菲特的伯克希尔崛起：从1亿到10亿美金的历程	79
10	巴菲特的投资组合（典藏版）	59
11	短线狙击手：高胜率短线交易秘诀	79
12	格雷厄姆成长股投资策略	69
13	行为投资原则	69
14	趋势跟踪（原书第5版）	159
15	格雷厄姆精选集：演说、文章及纽约金融学院讲义实录	69
16	与天为敌：一部人类风险探索史（典藏版）	89
17	漫步华尔街（原书第13版）	99
18	大钱细思：优秀投资者如何思考和决断	89
19	投资策略实战分析（原书第4版·典藏版）	159
20	巴菲特的第一桶金	79
21	成长股获利之道	89
22	交易心理分析2.0：从交易训练到流程设计	99
23	金融交易圣经II：交易心智修炼	49
24	经典技术分析（原书第3版）（下）	89
25	经典技术分析（原书第3版）（上）	89
26	大熊市启示录：百年金融史中的超级恐慌与机会（原书第4版）	80
27	敢于梦想：Tiger21创始人写给创业者的40堂必修课	79
28	行为金融与投资心理学（原书第7版）	79
29	蜡烛图方法：从入门到精通（原书第2版）	60
30	期货狙击手：交易赢家的21周操盘手记	80
31	投资交易心理分析（典藏版）	69
32	有效资产管理（典藏版）	59
33	客户的游艇在哪里：华尔街奇谈（典藏版）	39
34	跨市场交易策略（典藏版）	69
35	对冲基金怪杰（典藏版）	80
36	专业投机原理（典藏版）	99
37	价值投资的秘密：小投资者战胜基金经理的长线方法	49
38	投资思想史（典藏版）	99
39	金融交易圣经：发现你的赚钱天才	69
40	证券混沌操作法：股票、期货及外汇交易的低风险获利指南（典藏版）	59
41	通向成功的交易心理学	79

推荐阅读

序号	中文书名	定价
42	击败庄家：21点的有利策略	59
43	查理·芒格的智慧：投资的格栅理论（原书第2版·纪念版）	79
44	彼得·林奇的成功投资（典藏版）	80
45	彼得·林奇教你理财（典藏版）	79
46	战胜华尔街(典藏版)	80
47	投资的原则	69
48	股票投资的24堂必修课（典藏版）	45
49	蜡烛图精解：股票和期货交易的永恒技术（典藏版）	88
50	在股市大崩溃前抛出的人：巴鲁克自传（典藏版）	69
51	约翰·聂夫的成功投资（典藏版）	69
52	投资者的未来（典藏版）	80
53	沃伦·巴菲特如是说	59
54	笑傲股市（原书第4版.典藏版）	99
55	金钱传奇：科斯托拉尼的投资哲学	69
56	证券投资课	59
57	巴菲特致股东的信：投资者和公司高管教程（原书第4版）	128
58	金融怪杰：华尔街的顶级交易员（典藏版）	80
59	日本蜡烛图技术新解（典藏版）	60
60	市场真相：看不见的手与脱缰的马	69
61	积极型资产配置指南：经济周期分析与六阶段投资时钟	69
62	麦克米伦谈期权（原书第2版）	120
63	短线大师：斯坦哈特回忆录	79
64	日本蜡烛图交易技术分析	129
65	赌神数学家：战胜拉斯维加斯和金融市场的财富公式	59
66	华尔街之舞：图解金融市场的周期与趋势	69
67	哈利·布朗的永久投资组合：无惧市场波动的不败投资法	69
68	憨夺型投资者	59
69	高胜算操盘：成功交易员完全教程	69
70	以交易为生（原书第2版）	99
71	证券投资心理学	59
72	技术分析与股市盈利预测：技术分析科学之父沙巴克经典教程	80
73	机械式交易系统：原理、构建与实战	80
74	交易择时技术分析：RSI、波浪理论、斐波纳契预测及复合指标的综合运用（原书第2版）	59
75	交易圣经	89
76	证券投机的艺术	59
77	择时与选股	45
78	技术分析（原书第5版）	100
79	缺口技术分析：让缺口变为股票的盈利	59
80	预期投资：未来投资机会分析与估值方法	79
81	超级强势股：如何投资小盘价值成长股（重译典藏版）	79
82	实证技术分析	75
83	期权投资策略（原书第5版）	169
84	赢得输家的游戏：精英投资者如何击败市场（原书第6版）	45
85	走进我的交易室	55
86	黄金屋：宏观对冲基金顶尖交易者的掘金之道(增订版)	69
87	马丁·惠特曼的价值投资方法：回归基本面	49
88	期权入门与精通：投机获利与风险管理（原书第3版）	89
89	以交易为生II：卖出的艺术（珍藏版）	129
90	逆向投资策略	59
91	向格雷厄姆学思考，向巴菲特学投资	38
92	向最伟大的股票作手学习	36
93	超级金钱（珍藏版）	79
94	股市心理博弈（珍藏版）	78
95	通向财务自由之路（珍藏版）	89

巴芒投资学

分类	译者	书号	书名	定价
坎宁安作品	王冠亚	978-7-111-73935-7	超越巴菲特的伯克希尔：股神企业帝国的过去与未来	119元
	杨天南	978-7-111-59210-5	巴菲特致股东的信：投资者和公司高管教程（原书第4版）	128元
	王冠亚	978-7-111-67124-4	巴菲特的嘉年华：伯克希尔股东大会的故事	79元
哈格斯特朗作品	杨天南	978-7-111-74053-7	沃伦·巴菲特：终极金钱心智	79元
	杨天南	978-7-111-66880-0	巴菲特之道（原书第3版）	79元
	杨天南	978-7-111-66445-1	巴菲特的投资组合（典藏版）	59元
	郑磊	978-7-111-74897-7	查理·芒格的智慧：投资的格栅理论（原书第2版·纪念版）	79元
巴菲特投资案例集	杨天南	978-7-111-64043-1	巴菲特的第一桶金	79元
	杨天南	978-7-111-74154-1	巴菲特的伯克希尔崛起：从1亿到10亿美金的历程	79元